Luis Alberto Ambroggio
Colección Dorada
Long Island al Día Editores

Primera edición: Septiembre de 2015
Segunda edición revisada: Agosto 2017

Diseño gráfico: Daniel Walter Lencinas Cautela
Diseño de la portada: Daniel Walter Lencinas Cautela
Foto de la contraportada: Lucy Lencinas
Revisión de textos: Madelín Longoria

ISBN: 978-1-5172560-6-7

"Colección Dorada, está integrada por autores que además son columnistas regulares del periódico digital, Long Island al Día.
www.lialdia.com

ESTADOS UNIDOS HISPANO

LUIS ALBERTO AMBROGGIO

2015

ÍNDICE

AGRADECIMIENTOS   5

INTRODUCCIÓN   7

CAPÍTULO I: Incidencia del español en los Estados Unidos.   21

CAPÍTULO II: Bilingüismo e Identidad   37

CAPÍTULO III: Del creador: Thomas Jefferson y el español: 53
              praxis, visión y filosofía política.

CAPÍTULO IV: De su voz literaria emblemática: El elemento   67
             hispano en la nacionalidad Americana según
             Walt Whitman y su resonancia hispanoamericana.

CAPÍTULO V: Creatividad y circunstancias: Estados Unidos   115
             Hispano en su vida literaria desde el 1513 hasta
             el presente.

CODA: PERSPECTIVAS EN VISTA AL PORVENIR   193

BIBLIOGRAFÍA   209

SOBRE EL AUTOR   215

Agradecimientos

Agradezco a quienes me han dado la rica y dichosa herencia de la historia, la cultura, el idioma hispano que inspira esta obra, mis padres, mi familia, mis raíces del pasado, del presente y del futuro, mis maestros y profesores, amigos, componentes de mi identidad diversa. A los que han configurado la historia, las estadísticas, las proyecciones y sueños de estas páginas.

A la Academia Norteamericana de la Lengua Española, a su Director Gerardo Piña-Rosales por su estímulo y palabras. A mis colegas y constantes investigadores y editores, Carlos Paldao, Bibliotecario y director de la colección de publicaciones de la ANLE, a Rosa Tezanos-Pinto, Directora del Centro de Estudios Latinos de la Universidad de Indiana.

Al Director de la Editorial y diario digital de Nueva York Long Island al Día, Jesús Ríos, por su promoción de la literatura útil y su empeño en dar a conocer nuestra hispanidad.

A la escritora Madelín Longoria, por su cuidadosa revisión crítica del manuscrito, valiosas sugerencias y ayuda editorial. A la Prof. Carmen Benito Vessel de la Universidad de Maryland por su apoyo.

A la Sociedad Internacional de Escritores, Poetas y Artistas, sus fundadores Manuel Leyva y Elizabeth Leyva y a todas las instituciones, personajes, voces y brazos del pueblo, que han alimentado la realidad de un Estados Unidos Hispano.

INTRODUCCIÓN

En la vida, se goza la aventura de compartir descubrimientos. El presente libro intenta reunir los textos de ensayos previos, conferencias y artículos sobre la hispanidad de los Estados Unidos vivida y expresada bajo diferentes puntos de vista, dándoles algo de una cohesion formal que ejemplifique su título. Aparecerá el yo autobiográfico del militante y entusiasta, como así también el nosotros involucrante; se pretende que cada nombre mencionado sirva como una amplia referencia y llamado para una investigación más vasta, ya que el espacio y la paciencia del lector obliga a veces a plasmar solamente una árida e insuficiente enumeración. No se enfoca ni resalta esta realidad ahondando en los detalles de su rica historia, sino más bien de su presencia cultural, literaria, aunque se salpiquen los párrafos con citas, datos de todo tipo en el rango de las posibilidades, incluyendo económicas, políticas y sociales. Esta realización y esfuerzos de rescate del Estados Unidos hispano está produciendo sus frutos como lo demuestra la popularidad de las obras recientes de Ray Suárez *Latino Americanos: El legado de 500 años que dio forma a una nación*[1], que documenta las confluencias de la diversidad hispana en los Estados Unidos; la de Felipe Fernández-Armesto, *Our America: A Hispanic History of the United States*[2] que incluso utiliza poemas para ilustrar sus discusiones sobre injusticias, inmigración, desigualdades y la importancia de conservar el idioma español, comenzando con el epígrafe atribuido a Pablo Neruda de "Toda la piel de América es nuestra piel"; también anteriormente la publicación de Matt S. Mier and Feliciano Ribero: *Mexican-American/American Mexican. From Conquistadores to Chicanos*[3] y la edición revisada del volúmen que abrió tantos ojos con su narrativa de 500 años de historia hispana desde una perspectiva peculiar y dinámica, *Harvest of Empire: A History of Latinos in America*[4] de Juan González, por citar solo algunas de las más exitosas publicaciones en el consumo de los lectores. Mi impetuosa, aunque no exhaustiva documentación del tema, cumplirá un papel complementario al de las obras antes mencionadas, concentrándose con un estilo ligeramente enciclopédico en ciertos aspectos puntuales de cultura, lingüistica so-

---

1 Nueva York, Calebra, Penguin Group, 2013
2 Nueva York, W.W. Norton and Company, 2014.
3 Hill and Wang; Rev Sub edition, 1994.
4 Nueva York, Penguin Books; Revised Edition, 2011.

cial, producción literaria, un tipo de boceto testimonial. A propósito asume el divertimiento de una erudición anecdótica, una aproximación, no ordenada ni científica, mezclando sorpresas ilustrativas en los lugares más inesperados, sin lógica ni rigor académico formal; tampoco escatimaré en transcribir sin preocupación, citas largas de quienes han escrito sobre los tópicos que aquí abarco porque me sobrepasa su especialización, su lenguaje y el nivel de información que poseen, con el consuelo borgiano de que la vida y la escritura perfeccionan permanentemente la repetición y rebeldía de un plagio. Aunque me permita, a lo largo del recorrido de este volumen, a aludir, sin detenerme en pormenores, a algunos enorgullecedores hitos históricos con abundantes crónicas estadísticas, a veces poco conocidas, de esta presencia consagrada y periférica. Por ejemplo, desde ya vale la pena como tema reseñable, presentar esta lista impresionante donde se puede comprobar la vastedad de los estados dentro del territorio actual de los Estados Unidos, que formaron parte de naciones hispanas (España o México), todos ellos hasta después de la declaración de la independencia en el año 1776, como una demostración fehaciente de la presencia hispana fundacional en nuestro país (uso desagradablemente solo el masculino que cuadra con Estado): Alabama Español hasta 1783, Arizona Español hasta 1821; Mexicano hasta 1848, Arkansas Español hasta 1800; Francés hasta 1803, California Español hasta 1821; Mexicano hasta 1848, Colorado Español hasta 1821; Mexicano hasta 1848, Florida Español hasta 1819, Luisiana Español hasta 1800; Francés hasta 1803, Mississippi Español hasta 1783, Nevada Español hasta 1821; Mexicano hasta 1848, Nuevo México Español hasta 1821; Mexicano hasta 1848, Texas Español hasta 1836; Independiente hasta 1836 y Mexicano hasta 1848, Utah Español hasta 1821; Mejicano hasta 1848 . La toponimia de esos estados y regiones apuntan a su origen hispano como el de muchas de sus ciudades (Sacramento, Los Ángeles, San Francisco, San Antonio, San Luis, San José, Sacramento, San Diego, El Paso, Santa Fe, etc.). Se ha destacado que incluso el nombre de California proviene del libro de caballerías, *Las sergas de Esplandián* (1510); allí designa un reino ficticio gobernado por Calafia, una reina negra. En términos de población, actualmente el estado que cuenta con mayor porcentaje de hispanohablantes es Nuevo México (46,3), seguido de Texas (37,6), California (37,6), como se puede comprobar en las tablas presentadas en el siguiente capítulo. El implante del idioma español en cada estado es diferente, tal cual lo son las colectividades nacionales que la configuran, puesto que en el suroeste los mexicanos se constituyen en mayoría, en Florida los cubanos, en el nordeste los puertorriqueños y dominicanos; en la zona metropolitana de Washington D.C., los salvadoreños; de hecho en el área metrolpolitana de la Capital de los EE.UU., Washington D.C., una cuarta parte de sus habitantes son hispano-parlantes con una importantísima historia de personalidades[5]. Y es aún más llamativo que en la actualidad, en la icónica ciudad

5 Documenta esta presencia la antropóloga Maria Sprehn-Malagón y los co- autores Jorge Hernandez-Fujigaki, Linda Robinson en su libro *Latinos in the Washington Metro Area*, Mount Pleasant, Arcadia Publishing Co., 2014 La expedición de Juan de Oñate: 30 de abril de 1598. Madrid: Sotuer, D.L. 1997. Y, sobre todo, su serie

10

más grande de los Estados Unidos, Nueva York, uno de cada tres de sus habitantes habla español; hasta Manhattan es calificado como Boricua Central cuando los puertorriqueños celebran su desfile anual y que, por ejemplo, la ciudad de San Francisco (antes llamada Yerba Buena), fue creada por la querida y admirada Juana Briones. Datos que irán revelando nuestra presencia hispana una y múltiple, con la amplitud elocuente de sus parámetros en los capítulos venideros.

Las proyecciones indican que para el año 2030 los hispanos serán el grupo étnico más numeroso del país, superando incluso a los anglosajones y afroamericanos. Esto anticipa importantes efectos sociales que ya se están empezando a notar; por ejemplo en la gran cantidad de medios de prensa en español que aparecen actualmente en los Estados Unidos. En el país existen más de 13 diarios, 150 periódicos no diarios, 125 revistas, unas 600 emisoras de radio y unos 100 canales de television hispanos.

Al mismo tiempo cabe hacerse eco de manifestaciones recientes como la que aparece en el artículo del *New York Times* de Noam Scheiber, quien, el 8 de Marzo del 2015, señalaba que el crecimiento laboral para los Hispanos está sobrepasando al de otros grupos. También las conclusiones del estudio realizado, a pedido de Univision, por IHS Economics, una firma global especializada en análisis y perspectiva económica, estableciendo que se necesitan hispanos en los Estados Unidos. Concluye literalmente que con los llamados baby-boomers al borde del retiro, y la población anglo creciendo en tasas muy bajas, el aporte de los inmigrantes será fundamental para garantizar un crecimiento económico sostenido en Estados Unidos durante los próximos veinte años. "La fuerza laboral no hispana no alcanzará para compensar su salida." Es más, afirma el estudio, si se logra destrabar el nudo gordiano que hay en Washington D.C. en materia migratoria, la economía de Estados Unidos podría crecer más allá de lo previsto en la actualidad, gracias al aporte de los inmigrantes, y en particular de los hispanos, contradiciendo la hispanofobia y la fobia antimigratoria de ciertos sectores, como la ejemplificada recientemente por Donald Trump con sus insultantes, falsas e irresponsables declaraciones racistas contra los inmigrantes hispanos, específicamente mexicanos, lo que le valió la expulsión de NBC, Univisión y otras consecuencias negativas, pero que aún no ha sido corregida y condenada como se merece. Seguidas por las afirmaciones de su defensora e igualmente hispanofóbica Ann Coulter. Pero esto en vez de amedrentar, sirve para estimular nuestra determinación de hacer valer nuestra presencia, historia, nuestra cultura hispana de los Estados Unidos, como parte del orgullo de nuestra identidad, dignidad, aporte y constitución fundamental de nuestra nación estadounidense, como lo hace, entre otras instituciones, la *National Hispanic*

---

de *"Españoles olvidados"* en esradio.libertaddigital.com. Y en http://www.elespiadigital.com/index.php/informes/8662-de-tristan-de-luna-a-menendez-de-aviles

11

Foundation for the Arts. Trump repite el grito discriminatorio histórico, como el de los paradójicamente llamados Cuáqueros (Quakers) de Pennsylvania, que en 1729 se refirieron a los recientemente llegados Escoseses e Irlandeses como un grupo de posibles criminales. Ya en 1990, sin embargo, las estadísticas mostraban que la participación activa en la mano de obra estadounidense de los grupos inmigrantes de México (69.7%) y los países hispanoamericanos Colombia (73.7%), Nicaragua (74.7%), Guatemala (75.7%), el Salvador (76.3%), superaban al promedio de la participación de los Estados Unidos en general (65.3%) y al de los grupos de inmigrantes de otros países como Canadá (52.1%), Japón (54.2%) y Gran Bretaña (57.3%).

Casi como profecía y no por nada, tal cual apunta José Antonio Crespo-Francés, el gran documentalista de la influencia hispana en el desarrollo de los Estados Unidos[6], curiosamente en 1775, el Congreso Continental, a propuesta de Thomas Jefferson, rechazó la libra esterlina y adoptó el "dólar español", como la unidad monetaria legal básica. El signo del dólar ($) se tomó de las columnas del escudo imperial de armas español con el lema "Plus Ultra". Es curioso que en la actualidad varias hispanas firman los billetes estadounidenses como las Tesoreras en fechas específicas dentro de los años que se mencionan: Romana Acosta Bañuelos (1971-1974), Katherine Davalos Ortega (1983-1989), Catalina Vásquez Villalpando 1989-1993), Rosario Marín (2001-2003), Anna Escobedo Cabral (2004 -2009), Rosa Gumataotao Rios (2009-2015).

Ahora retrocedamos una vez más en el tiempo con José Antonio Crespo-Francés, en su dedicación a documentar con lujo de brillantes puntualizaciones con los numerosos estudios citados, la actuación hispana en las etapas del desarrollo de Estados Unidos, en todas ellas, repasando un poco de esa valiosísima historia, parte de nuestro orgullo y abolengo, más allá de lo que se ha dado en llamar "la estética de la violencia colonial" [7].

Me refiero a hechos concretos como las primeras bodas hispanas (y europeas) llevadas a cabo en lo que llegaría a ser el territorio estadounidense o eventos como la

---

6 Es imposible alistar todos sus libros y artículos sobre estos temas que he tenido el gusto de leer a lo largo de los años, en adjuntos a correos electrónicos que me envió o enlaces a los que me remitió, de los que fui tomando nota. Solo cito aquí algunos libros y ensayos: *El legado de Juan de Oñate: Los últimos días del Adelantado*, Sevilla : Arboleda, 2003. *Don Pedro Menéndez de Avilés: deuda histórica de un soldado ignorado de Felipe II.* Madrid: J.A. Crespo-Francés, 2000. Juan de Oñate y el Paso del Río Grande: el Camino Real de Tierra Adentro (1598-1998, editado con Mercedes Junquera, Ministerio de Defensa, 1998. La expedición de Juan de Oñate. 30 de abril de 1598. Madrid: Sotuer, D.L. 1997. Y, sobre todo, su serie de "Españoles olvidados" en esradio.libertaddigital.com. Y en http://www.elespiadigital.com/index.php/informes/8662-de-tristan-de-luna-a-menendez-de-aviles.
7 Rabasa, José (1993). "Aesthetics of Colonial Violence: The Massacre of Acoma in Gaspar de Villagrá's "Historia de la Nueva México"". College Literature 20 (3): 96–114).

celebración de las primeras Navidades en la historia del país en 1539, cerca de su actual capital, Tallahassee, cuando Hernando de Soto fuera nombrado primer gobernador de la Florida; la fundación de la primera iglesia del país en 1560 por Fray Francisco de Pareja donde más tarde se fundaría San Agustín, el 8 de setiembre de 1565, por el capitán general Pedro Menéndez de Avilés, la ciudad más antigua de los Estados Unidos, celebrándose allí la primera misa de Acción de Gracias. Y luego la fundación de Nuevo México en 1598 por Juan de Oñate, hispano del Nuevo Mundo, de Zacatecas, México, celebrando el primer *Thanksgiving* o Acción de Gracias, del suroeste, como lo poetiza mi amigo el poeta Robert L. Girón -un hispano de nuestros días, nacido en Nebraska, en 1952-, en el poema que incluyera en la antología *Al pie de la Casa Blanca. Poetas hispanos de Washington, DC* (que coedité con Carlos Parada) en el cual evoca aquella llegada y la misa celebrada el 30 de abril de 1598 en su texto "El primer Día de Acción de Gracias (Thanksgiving)", trabajo, escrito originalmente en inglés que traduje y termina así: "Todo esto fue documentado para que España ganara el territorio veintitrés años antes que los Peregrinos desembarcaran en Plymouth; y así en 1598, a orillas del Río Grande, el Primer Día de Acción de Gracias tuvo lugar en Texas". A su vez, estos hombres representaron la primera obra de teatro en territorio actual estadounidense en el Paso, Texas, durante el año 1598, según indica el investigador Jorge Huerta, obra de referentes religiosos y la segunda en 1599, *Moros y Cristianos*, escrita por un capitán de la expedición, Marcos Farfán de los Godos, y el capitán Gaspar de Villagrá, miembro del *Consejo de Guerra* de Oñate, quien a su vez se constituye como el primer notario y hombre de leyes en los EEUU, además de fungir como el relator de la expedición, autor de la primera obra épica norteamericana, *Historia de la Nuevo México*, que describimos con más detalle en los capítulos que siguen.

Otra primicia la protagoniza Juan de Oñate en 1598 al fundar la segunda ciudad más antigua de la nación, San Gabriel de los Españoles, hoy Chamita y en 1605 al construir la capital más antigua de un estado, la ciudad de Santa Fe. En 1602 se lleva a cabo el primer proceso judicial en San Agustín (reconocida actualmente como la ciudad más antigua de los EE.UU.). Fray Junípero Serra en 1769 realiza otra primicia original hispanounidense al crear San Diego de Alcalá, la primera de las 21 misiones que dejó establecidas en California hasta su muerte en 1784.

También existen aclaraciones interesantísimas en la etapa de la revolución libertadora con respecto a la contribución hispana, clave en el desarrollo de la misma. Apunta José Antonio Crespo-Francés, a quien citamos: "en 1777 España le ofreció al general francés La Fayette el uso del puerto de Pasajes, Guipúzcoa (País Vasco, al norte de España), así como la fragata Victoria, ya que Francia le había negado la autorización para unirse a las tropas de Washington. España trató de interceder con Inglaterra bajo la condición de que le concediera la independencia a Estados Unidos. Inglaterra no aceptó la propuesta. En1779 España declaró la guerra a Inglaterra. El gobierno inglés le ofreció al español que si no intervenía en el conflicto con los rebeldes de su colonia norteamericana, le devolvería Gibraltar y la Florida, y le concedería derechos para pescar en Newfoundland. España no aceptó la oferta. El rey Carlos III concedió al gobierno de los patriotas norteamericanos una ayuda de 5 millones de *pesos duros*, que se convertiría en su primera moneda oficial, como primera contribución a la guerra de independencia de Inglaterra", financiádola así a medias con el Rey de Francia, su sobrino, a través de una compañía mercantil, "Rodriguez Hortalez & Cía". En 1779 España declaró la guerra a Gran Bretaña y en 1779, Bernardo Gálvez, gobernador de Louisiana, derrotó a los ingleses y tomó Bâton Rouge y Saumure, y dos años después, luego de la batalla de Yorktown, "en1781, ocupaba, por rendición, Mobile y Pensacola, haciendo prisioneros al almirante Chester y al general Campbell junto con 10.000 soldados, lo que debilitó substancialmente el empuje militar inglés contra las tropas de Washington"[8].

Después de la Revolución y en el período de formación de los Estados Unidos, cabe mencionar algunos eventos de implicaciones importantes para su desarrollo. En 1781 el gobernador de Cuba abrió, por orden recibida desde España, una subscripción en La Habana para ayudar a Washington, con una colecta de plata y de oro del pueblo, organizada por el agente español, Francisco Saavedra de Sangronis, en palabras de José Antonio Crespo-Francés "consiguiendo reunir de la sociedad cubana 1,5 millones de pesos, armas, uniformes, ropa y tropas que salieron en 12 barcos poco antes de la decisiva batalla de Yorktown que puso final a la guerra. Después de Yorktown, Inglaterra trató de reorganizar sus fuerzas en las Bahamas, pero una escuadra española derrotó a la inglesa del almirante Maxwell y ocupó la isla. Como punto final de la contribución de España al desarrollo de los Estados Unidos de América, se impone mencionar la enorme importancia y ventaja que tuvieron los emigrantes estadounidenses cuando en el siglo XIX encontraron durante su desplazamiento hacia el oeste, carreteras, pueblos y ciudades, guías, cosechas de granos, cultivos agrícolas de todo tipo, enormes cantidades de ganado vacuno, caballar, bovino, porcino y animales domésticos de todas clases, vinos, frutas, arroz, etc. De entre ellos hemos de destacar el caballo, que entró con los españoles por el suroeste y que cambió la vida de los nativos de las praderas y llanuras que lo desconocían... Lograron caballos mediante el intercambio o el asalto a los españoles y otras tribus indias, principalmente a los Pawnee y los Comanche, para obtener así los que necesitaban. También podían capturarlos salvajes, pues los españoles tenían las costumbre de dejar pastar en libertad a las yeguas preñadas y muchas veces las tormentas y la dificultad de poner cercas en las inmensas llanuras hizo que muchos caballos quedaran libres, llamados mesteños por los españoles, de ahí la denominación "mustang". Con el movimiento anglosajón hacia el oeste... muchas

---

8 http://hispanismo.org/historia-y-antropologia/17655-la-contribucion-hispanica-al-desarrollo-de-los-estados-unidos-de-america.html

14

tribus indias estaban ya españolizadas y cristianizadas. Sin esta contribución el *"Go West"* del siglo XIX hubiera sido extremadamente dificultoso, lento, sangriento, y por lo tanto muy distinto del que fue para los nuevos colonos anglosajones en su mayoría, donde yacen los restos de Fray Junipero Serra, en Carmel, California"[9].

En este paseo de descubrimientos, comparto, sin ninguna congruencia y simplemente porque el fenómeno abarca más y más, tocando direcciones impensadas, dos datos significativos y generalmente desconocidos, de este período. El famoso almirante David Farragut, de la Guerra Civil, era descendiente de un español Jordi Farragut (George Farragut) de Minorca, quien luego de llegar a América en 1766, se unió a las fuerzas de la Revolución Americana, siendo un teniente en la Marina de Carolina del Sur y luego en las fuerzas navales continentales. El edificio de sinagoga más antiguo existente en los Estados Unidos (Touro Synagogue), en la colonia de Newport, Rhode Island, fue patrocinado por un judío converso ibérico en el siglo XVIII, Duarte (Aarón) López, quien al llegar a los Estados Unidos, regresó a sus raíces religiosas, donando la sinagoga a la Congregación Yeshuat Israel que posiblemente funcionaba en la zona desde 1658, recibiendo luego a miembros inmigrantes del Caribe que se llamaban Mordechai Campanal, Moisés Israel Pacheco, quienes en 1677 compraron un terreno para crear el cementerio judío de la comunidad; los apellidos de otros miembros fundadores, además de los citados, también hispano-ibéricos, eran Simón Méndez y Abraham Burgos.

Todo esto simplemente para introducirnos en la riqueza polifacética del Estados Unidos Hispano que se irá documentando con el pasar de estas páginas sin ninguna pretensión de tratado completo o definitivo ya que desde el comienzo somos una nación en formación y progreso, cuya realidad a lo largo de 500 años requeriría muchos tomos de escritura. Este libro solo intenta proclamar el honor de la raigambre de nuestra hispanidad estadounidense, llamar la atención, estimular al lector, a posibles investigadores, a emprendedores para que esta presencia se conozca, se aprecie, se integre debidamente a lo que implica nuestro país en su pasado, presente y futuro: se corrijan los libros de historia, las percepciones equivocadas, se integre nuestro idioma, nuestra cultura, tenga representatividad nuestra presencia, se edifiquen museos Hispano-Americanos junto a los museos erigidos de las otras culturas que componen nuestra nación.

Algunas aclaraciones sobre la elección de los términos utilizados en este libro[10].

---

9 http://hispanismo.org/historia-y-antropologia/17655-la-contribucion-hispanica-al-desarrollo-de-los-estados-unidos-de-america.html
10 Reproduzco aquí, con algunas modificaciones, el artículo que publicase en el periódico Long Island al Día en su edición del 4 de Agosto del 2012: "¿Hispano, Latino, Español o Castellano?"

No se pretende encontrar soluciones dogmáticas, sino justificar predilecciones o preferencias en temas que (como todos los buenos temas) enardecen las pasiones con la emoción de sus muchas connotaciones, dentro de nuestra perenne búsqueda identitaria. En el libro, hablo siempre del español y de lo hispano, frente al castellano y latino, y me explico en una interpretación que espero ilumine la controversia y justifique las elecciones en el contexto del Estados Unidos Hispano, tomando la postura de José Martí cuando hablaba de los "hispanoamericanos" de Norte América en contraste a los Inglés-parlantes de Norte América.

Si el idioma es nuestra patria, parafraseando a Albert Camus, me quisiera aferrar a la universalidad del español, ése que poetizara Pablo Neruda cuando se expresó en *Confieso que he vivido*: "Qué buen idioma el mío, qué buena lengua heredamos de los conquistadores torvos… el idioma. Salimos perdiendo… Salimos ganando… Se llevaron el oro y nos dejaron el oro… Se lo llevaron todo y nos dejaron todo… Nos dejaron las palabras".

Pero ¿por qué digo español y no castellano? Una preferencia que elijo dentro de los avatares de la política y la historia. Si bien, muchos consideran estos términos sinónimos y algunos insisten en que nos refiramos a nuestro idioma como castellano, en mi casa, en mi escuela, en mi patria de la infancia aprendí siempre el español, ese idioma que nos dejó quien solíamos llamar *"nuestra madre patria"*. El idioma de España como nación, que también tiene muchos otros como el gallego, el catalán, el euskera, etc. Lo dijo ya el anónimo de Lovaina: "Esta lengua de la cual damos aquí preceptos se llama española. Llámase así no porque en toda España se hable una sola lengua que sea universal a todos los habitadores de ella, porque hay otras muchas lenguas, sino porque la mayor parte de España la habla". Y también lo señalaba en 1737 el valenciano Gregorio Mayans y Siscar en su libro *Orígenes de la lengua española* al escribir: "Por "lengua española" entiendo aquella lengua que solemos hablar todos los españoles cuando queremos ser entendidos perfectamente unos de otros."

Y ése es el idioma que nos dejaron, el que usaban cuando descubrieron y conquistaron este Nuevo Mundo desde Alaska hasta la Patagonia; el idioma no solo de Castilla, sino también de León y Aragón. Dicho sea de paso, en el español gauchesco hay muchas expresiones del español andalúz y no es difícil al hablar con un canario (de las Islas Canarias), confundirlo como si fuese Cubano o Venezolano por el modo de expresarse, su modalidad y acento.

Evitando entonces en mi foro interno polémica o ambigüedad, opto por referirme a nuestro idioma, como el español de los Estados Unidos, con una presencia internacional y panamericana que nos une más allá de los mestizajes, variedades geolectales, influencia de culturas, lenguas y estructuras socio-económicas regionales que lo enriquecen y distinguen en ese dinamismo constante en la evolución sociolingüística del diálogo comunitario.

Considero apropiada tal preferencia por una serie de argumentos (a los que siempre se les puede encontrar una antítesis). Es la preferencia de todas las Academias de la Lengua Española y su Asociación (ASALE). De hecho el *Diccionario Panhispánico de Dudas*, aprobado por la Asociación de Academias de la Lengua Española, establece el término "Español", para designar la lengua común de España y de muchas naciones de América, que también se habla como propia en otras partes del mundo y considera válidos los términos castellano y español.

La polémica sobre cuál de estas denominaciones resulta más apropiada está hoy superada. El término español resulta más recomendable por carecer de ambigüedad, ya que se refiere de modo unívoco a la lengua que hablan hoy más de cuatrocientos millones de personas. Además, es la denominación que se utiliza internacionalmente (Spanish, espagnol, Spanisch, spagnolo, etc.). Aún siendo también sinónimo de español, resulta preferible reservar el término castellano para referirse al dialecto románico nacido en el Reino de Castilla durante la Edad Media, o al dialecto del español que se habla actualmente en esa región. En España, se usa asimismo el nombre castellano cuando se alude a la lengua común del Estado en relación con las otras lenguas cooficiales en sus respectivos territorios autónomos, como el catalán, el gallego o el vasco.

Sin embargo otros, como Andrés Bello, el reconocido lingüista y escritor venezolano, opinan de forma diferente, al titular su principal obra *Gramática de la lengua castellana*, explicando en las nociones preliminares (3b) que; «Se llama lengua castellana (con menos propiedad española) la que se habla en Castilla, que con las armas y las leyes de los castellanos pasó a América, y es hoy el idioma común de los Estados hispanoamericanos». No concuerdo con tal afirmación.

Si bien ese idioma común en los siguientes países se identifica la lengua oficial como "castellano": Bolivia, Colombia, Chile, Ecuador, El Salvador, Paraguay, Perú, Venezuela y España ahora luego de la Consitución de 1978, por el contrario en los siguientes países lo es el "español": Cuba, Guatemala, Honduras, Nicaragua, Panamá, Costa Rica, Guinea Ecuatorial, la República Dominicana, Argentina, Puerto Rico y México, aunque no lo declaren como tal. En Estados Unidos en los documentos oficiales se habla del "español" (Spanish), y no del "castellano" (Castillian).

En general, los países, las instituciones gubernamentales y educativas, las Academias de la Lengua, se refieren a esta lengua común de España e Hispanoamérica (que incluye a los Estados Unidos) como "español", prefiriendo reservar el vocablo "castellano", como dijimos, para referirse al dialécto romántico oriundo del Reino de Castilla, de León y Aragón durante la Edad Media, o al que se utiliza en la actualidad en esas regiones de España, según lo indicado por la cita incluída en uno de los párrafos anteriores.

Insisto entonces en la preferencia por el término "español" para designar al idioma que nos entronca con una historia, cultura, literatura excepcional, el idioma que nos une y nos identifica, continental e intercontinentalmente.

Después de lo expuesto, una conclusion lógica, rápida y aparentemente fácil sería "si hablo español entonces soy hispano". O, a la inversa, ¿por qué me llaman "latino" si no hablo latín? Y en esta controversia entran las emociones que producen las experiencias de casi toda la civilización humana con su historia de conquistas y reconquistas, algunas no tan infelices como otras.

En el mundo académico se ha utilizado fríamente la clasificación de algunos críticos literarios, arbitraria como todas las clasificaciones (y ésta en particular, sin mayor profundización en este uso de nomenclaturas, tan controvertido), que distingue a los escritores entre "hispanos", aquellos de procedencia hispánica en los Estados Unidos que han optado por escribir en español, y "latinos", aquellos de procedencia hispánica que escriben en inglés. Como sostengo en el estudio preliminar a la antología *Al pie de la Casa Blanca. Poetas hispanos de Washington DC*, sin privilegiar uno sobre el otro, consciente de sus resonancias y manejos socio-políticos, prefiero hispano, por la procedencia del imperialismo francés del a veces preferido y más popular término "latino" que paradójicamente es utilizado por algunos con orgullo y por otros de una manera despectiva.

A modo de ilustración me permito citar el mentado informe del Pew Hispanic Center que publicó recientemente sobre el tema de la identidad y encontró que 51 por ciento utiliza el origen de su país para identificarse y 24 por ciento utiliza los términos hispano o latino. Pero cuando se trata de elegir entre los términos hispano o latino, los encuestados optan por el primer término en un margen de 2 contra 1, aunque noto una creciente popularidad en la literatura, la academia y ciertos grupos mediáticos y políticos por el referente de "latino".

Pero frente a una apreciada poeta como Sandra Cisneros con "Yo soy Latina" y otros que militan cerradamente por este término, y lo que presumen ser su connotación identitaria, opto por la designación de "Hispano", porque –a pesar de la llaga de la Conquista y reconociendo esa desventura histórica- no estoy de acuerdo con quienes quieren eliminar la realidad de la hispanidad en nuestra identidad y substituirla por la latinidad (latinidad ¿de quién? ¿De los romanos? ¿De los franceses?). Efectivamente este concepto de latinidad surge a partir de la expresión América

Latina creada en siglo XIX por el sociólogo francés Michel Chevalier (1806-1879), promotor del imperialismo francés en América. Seguido en 1861 por L. M. Tisserand, quien llamó "L'Amérique Latine" a lo que hasta entonces se conocía como Sudamérica o las Indias. Este término de América Latina creado por Chevalier y Tisserand pretendía justificar los objetivos imperialistas franceses, que se materializaron con la intervención de Napoleón III en México (1861 -1867) y la imposición del Emperador Maximiliano. A pesar de que este Emperador extranjero en México resultó ser más liberal de lo deseado y apoyó el rescate y desarrollo de las culturas nativas, la adopción del término "latino" fue un instrumento de los imperialistas franceses para justificar cierta "hermandad" identitaria como "latinos" con los sujetos a los que estaban conquistando. Curioso apoyo verbal a sus esfuerzos de una nueva conquista.

Esto, el uso despectivo con que me he encontrado en los Estados Unidos al ser alguien denominado como "latino", y el orgullo en nuestra historia, cultura, lengua hispana con todas sus imperfecciones, me motivan a elegir el vocablo "hispano" para identificarme, e identificar a quienes de algún modo por su idioma, historia o cultura, hayan sido conformados dentro del contexto hispano, ya sean europeos, mestizos, amerindios, afro-americanos, etc. De hecho vale la pena destacar que la población emigrante indígena mexicana, centroamericana, suramericana rechaza la palabra "latino". Además aprecio lo que opina Duard Bradshaw, presidente panameño de la Asociación Nacional Hispana de Abogados: "Te voy a decir por qué me gusta la palabra hispano. Si usamos la palabra latino, excluimos a la península ibérica y a los españoles. La península ibérica es de donde venimos, todos tenemos un poco de ese pequeño hilo (thread) que proviene de (comes from) España".

Sobre todo, lo prefiero porque nos hace más comunidad, como fuerza socio-política y presencia poblacional con amplios referentes, sin ser conservador. Al contrario, potenciando la capacidad de distinguir incluyendo a una gran población estadounidense que va creciendo, que se está empezando a hacer respetar porque puede basarse en su rica historia y cultura para estar orgullosa y reconocida por la mayoría anglosajona, y no simplemente con esa distinción generalizada (anglosajones, blancos europeos del Norte versus los países latinos del sur).

Para cerrar este enfoque personal de pensadas elecciones, adopto las conclusiones de Jorge J.E. García en su libro *Hispanic/Latino Identity. A Philophical Perspective* [11], entre otros quien luego de analizar los téminos y concepto de "Hispano" y "Latino" desde cuatro enfoques amplios y diferentes; empírico, politico-sociológixo, lógico y pragmático, destaca la elección estratégica del témino "Hispano" como identitario de nuestra población porque está anclado en la red de conecciones

---

11 Malden, MA: Blackwell Publishers, 2000

históricas, que desde siglos continúa hasta el presente y, al mismo tiempo que nos identifica, nos diferencia en un sentido positivo más allá de separaciones regionales o nacionales, con orgullo y sin necesidad de aceptar o fomentar discriminaciones. El lector a lo largo del libro, profundizará su propia preferencia y así siento que no tengo que pedir perdón por escribir pasionalmente y compartir mis sencillas aproximaciones y predilecciones en lo que creo nos identifica como hispanos, con sensibilidad para quienes optan por las alternativas y su validez sentimental. En todo caso, sin representar ningún interés nacionalista, politico o institucional, nada le quita al Estados Unidos Hispano; son solo matices.

Más y más viviremos el Estados Unidos Hispano.

En fin, concluimos esta introducción, con ciertos datos de interés para ponerle números fidedignos y recientes a este nuestro **Estados Unidos Hispano**. Se ha pronosticado que Estados Unidos, del segundo pasará a ser, a partir del 2050, el primer país hispano-parlante del mundo. Hoy en día nueve de cada diez de los que son padres o lo van a ser, quieren que sus hijos sepan hablar español, aparte del inglés. El 73.9% de los hispanos (mayores de 5 años) habla primariamente español en casa. El poder adquisitivo de los 54 a 57 millones de hispanos ha aumentado de una forma exponencial. Hay registrados 11 millones de votantes hispanos. El optimismo por el uso del idioma y la identificación con la cultura hispana en el futuro se alimenta con cifras que indican esta proyección, ya que el 60% de los hispanounidenses tienen menos de 35 años, 75% menos de 45, su edad media es de 28 años (mientras que la de todo EE.UU, es de 37 años). Una nueva perspectiva de una nación que se precia ser un "melting pot" y en la que su hispanidad –como veremos en el Capítulo IV- es un elemento primordial de su nacionalidad, ya captado en la visionaria apreciación del emblemático vate estadounidense, Walt Whitman.

CAPÍTULO I

INCIDENCIA DEL ESPAÑOL
EN LOS ESTADOS UNIDOS

EL CAPITAN GASPAR · DE VILLAGRA · DE EDAD 55 AÑOS.

GASPAR DE VILLAGRA

Si queremos proclamar al Estados Unidos Hispano, uno de los esfuerzos y objetivos a lograr es el sentir orgullo sobre nuestro abolengo y legado hispano de los Estados Unidos; y empiezo por exhibirlo al hablar de este tema, la incidencia del español en y de Estados Unidos como un elemento fundamental de la nación estadounidense, parte de ese esfuerzo multifacético por rescatar y valorar el idioma, la historia, la cultura hispana de los Estados Unidos que nos identifica como comunidad y nos enriquece como nación. Para ello utilicé en parte y actualicé la información que se detalla en el documento pionero *Enciclopedia del Español en los Estados Unidos*[12], en la que he tenido el honor de colaborar con tres ensayos.

Historia

Para entender la verdadera incidencia del español en los Estados Unidos es importante recordar y conocer la historia hispana de los Estados Unidos que se remonta al siglo XVI, mucho antes que llegasen los peregrinos. Si bien al comienzo esta presencia se basa en incursiones ocasionales, como el viaje a la Florida de Ponce de León en 1512-13, que inicia nuestra historia, que repito llamativamente ha tratado de callar la historia oficial de los Estados Unidos, y que sigue siendo ignorada por historiadores anglosajones incluso recientes y de otro modo supuestamente amplios en su aproximación como es el caso de Howard Zinn en su best seller *People history of the United States*[13] en el que desconocen los asentamientos hispanos y solamente destaca los aspectos criticables de Colón, Cortés, Pizzaro, conquistadores algunos que no afectan directamente a los Estados Unidos. Cabe señalar que a partir del 1513, estas incursiones hispanas se efectuaron desde el sur de la Florida hasta lo que luego se llamaría Nueva Inglaterra, y también hacia el oeste, llegando a Texas. Del oeste del país, salieron de California a Alaska, con recorridos que

---

12 Humberto López Morales (coordinador), *Enciclopedia del Español en los Estados Unidos,* Madrid: Instituto Cervantes, Santillana, 2008.
13 New York: Harper Perennial Modern Classics, 2005.

abarcaron desde la costa del Golfo a Iowa, las Dakotas y Nebraska.

De esas expediciones surgieron asentamientos hispanos a lo largo de lo que hoy constituye el territorio estadounidense: En 1526 Lucas Vázquez de Ayllon, funda en las Carolinas, la colonia San Miguel de Gualdape (algunos la llaman incorrectamente Guadalupe). Dos años después, en 1528, Pánfilo de Narváez desembarca cerca de Tampa, y explora la península floridiana. Luego en 1539 Fray Marcos de Niza, con el esclavo negro, Estebanillo, emprende su expedición exploradora, en los estados actuales de Nuevo México y Arizona. En ese mismo año en 1539 Hernando de Soto es nombrado primer gobernador de la Florida y desde 1539 al 1543 explora no solo Florida, sino también Georgia, Arkansas, Mississippi, Alabama, Louisiana y el noroeste de Texas. Descubre el río Mississippi, donde lo entierran cuando muere. En 1540 Francisco Vázquez de Coronado con Fray Marcos de Niza llegan a las imaginarias Siete Ciudades, de techos de oro, según los entendidos, así llamadas por un error óptico de los expedicionarios, y descubren el Gran Cañón del Colorado. Tres años después, en 1543, Juan Rodríguez Carrillo, explora las costas de Oregón, y su piloto, Ferrelo, alcanza el paralelo 44 (estado de Washington), hasta que llegan Menédez Avilés y Tristán de Luna Arellano a conquistar Florida entre 1559-1561, hecho reconocido también por la cultura dominante como se puede ver en la edición de la Sociedad Histórica de Florida, *The Luna Papers*, publicado por Herbert Ingram Priestley en 1928. En 1561 se crean en Virginia las misiones jesuíticas de Axacan; en Georgia en 1565 se establecen las misiones franciscanas; ese mismo año Menéndez de Avilez funda San Agustín en Florida; en 1570 las misiones de Chesapeake. En 1598, durante la campaña de Oñate, se funda el pueblo de San Juan, reubicado años después y rebautizado con el nombre de Santa Fe, en Nuevo Mexico, la misión de El Paso, en 1682, y otra situada al este de la misma Texas en 1690. Toda esta actividad fundacional sigue en el siglo XVIII: en 1718 se funda la famosa mision de San Antonio, en Texas; en 1763 se incorpora toda la Luisiana a la Corona española, y desde 1763 en adelante comienza en firme la colonización de California de la mano de Portola y de Fray Junipero Sierra. Si bien, toda esta presencia hispana cambia de "camiseta" política a partir del 1810, concluyendo en 1821 con la implementación del Tratado de Cesión por el que la Florida pasa a manos de la incipiente nación estadounidense y la salida en 1822 del último gobernador español de California y, fuera ya del suelo continental, con el triste, y aún no del todo resuelto, episodio de Puerto Rico, en 1898, sin embargo esta historia que es nuestra (de los Estados Unidos) nos ha dejado una riqueza e impronta histórica, cultural y linguistica, que –aunque hayan querido ser ignoradas, borradas- es una presencia que se rescata, sigue, y vivimos hoy con orgullo y con un gran dinamismo, de tal modo que como sostienen Paz Soldán y Alberto Fuguet , "no se puede hablar de Latinoamérica sin incluir a los Estados Unidos"[14].

---

14 *Se habla español: voces latinas en USA*, Alfaguara, 2001, p. 19

Como lo veremos con más detalles en el Capítulo III, ya el visionario creador de los Estados Unidos, Thomas Jefferson lo había previsto cuando en 1787 le escribió a su sobrino Peter Carr: "Bestow great attention on Spanish and endeavor to acquire an accurate knowledge of it. Our future connections with Spain and Spanish America will render that language of valuable acquisition. The ancient history of that part of America, too, is written in that language." En mi traducción: "Préstale mucha atención al español y procura adquirir un conocimiento exacto del mismo. Nuestras relaciones venideras con España y la América Hispánica harán que la adquisición de este idioma sea muy valiosa. La historia antigua de esa parte de América también se ha escrito en ese idioma."

Demografía

Hoy la población de origen hispano en Estados Unidos suma un total de 54.1 millones de habitantes, constituyendo más de un 17% de la población total del país, según el censo del 2013 (algunos como el CDC sitúa esa cifra en 57 millones). Son 16 los Estados que tienen 1 millón o más ciudadanos hispanos (Arizona, California, Colorado, Florida, Georgia, Illinois, Massachusetts, Nevada, New Jersey, New México, New York, North Carolina, Pennsylvania, Texas, Virginia y Washington) y 21 en los que los hispanos se constituyen en la minoría más importante (además de los estados anteriormente nombrados se añaden aquí Connecticut, Idaho, Iowa, Kansas, Nebraska, New Hampshire, Oregon, Rhode Island, Utah, Vermont, y Wyoming). Los hispanos nos hemos convertido en el primer grupo de inmigrantes del país, por encima de la población afro-americana y asiática. Uno de cada cuatro niños que nacen en los Estados Unidos es de procedencia hispana y todos los índices marcan una tendencia en aumento. Valga un dato significativo: entre el 1 de julio de 2005 y el 1 de julio de 2006 los hispanos constituyeron casi la mitad (1,4 millones) del crecimiento total de la población (2,9 millones). En la actualidad se estima como el grupo de mayor crecimiento del país (suponiendo el 78% de los nacimientos). Se calcula que cada año 800 mil hispanos cumplen 18 años. Como señalé anteriormente, la juventud de la población hispana, su alto índice de natalidad y su creciente presencia en el sistema educativo y laboral, perfilan un horizonte en el que la lengua española cobra un protagonismo crucial: en 2050 se prevé que la población hispano estadounidense superará los 132 millones, conviertiéndose entonces según el Census Bureau en el 30% de la población total de los Estados Unidos. La distribución actual de la población hispana en los Estados Unidos se configura aproximadamente con un 43 % en el Oeste, un 33% en el Sur, un 15% en el Noreste y 9 % en el Medio Oeste, siendo los Mejicanos[15] el grupo que lo encabe-

---

15 Escribo mejicano con "j", a propósito, además de hacerlo generalmente con "x" para incluirlos a todos y todas las grafías..

za, seguido por los puertorriqueños, luego los cubanos y, en las últimas décadas, los dominicanos, salvadoreños, y de otros países centroamericanos y suramericanos; los españoles son una minoría aunque en crecimiento. Como proyección cabe notar que, aunque más de la mitad de ellos hablan inglés con fluidez, son alrededor de 40 millones el número de residentes de los Estados Unidos, de 5 años de edad o más que hablaban español en sus casas en el 2011 (un 76% de la población hispana mayores de 5 años), marcando esta cifra un aumento del 117 por ciento desde 1990, cuando solo 17.3 millones lo hacían; esto implica que los que hablan español en casa constituyen al menos el 12.9 por ciento de los residentes de los EE.UU. de 5 años de edad o más, ya que otros factores pueden aumentar ese porcentaje.

Según la publicación del Pew Hispanic Center del 2011 esta es la tabla estadística de estados con mayor porcentaje de crecimiento de población hispana, en el período 2000-2010: Carolina del Sur (148%), Alabama (145%), Tennessee (134%), Kentucky (122%), Arkansas (114%), Carolina del Norte (111%), Maryland (106%), Mississippi (106%), Dakota del Sur (103%), Delaware (96%), Georgia (96 %), Virginia (92 %). Constituyéndose los Estados con mayor población hispana conforme a la siguiente escala en millones según la mencionada publicación del Pew Hispanic Center, 2011: California (14.014), Texas (9.461), Florida (4.224), Nueva York (3.417), Illinois (2.029), Arizona (1.895), Nueva Jersey (1.555), Colorado (1.039). Nuevo México (953), Georgia (854), Carolina del Norte (800), Washington (756). La lista de Estados conforme a la proporción de población hispana es: Nuevo México (46,3%), Texas (37,6%), California (37,6%), Arizona (29,6), Nevada (26,5%), Florida (22,5%), Colorado (20,7%), Nueva Jersey (17,7%), Nueva York (17,6%), Illinois (15,8%), Connecticut (13,4%), Utah (13%).

Esta significativa presencia demográfica, además del creciente interés en el aprendizaje del español y su enseñanza en las escuelas, ubica al español como el segundo idioma con mayor número de hablantes en Estados Unidos. El español de los Estados Unidos tiene componentes y características linguísticas, gramaticales y lexicográficas de cada uno de los países de origen, como así también componentes criollos, indígenas, anglos (spanglish), además del original (castellano, andaluz, canario), con una dialectología llena de matices con manifestaciones sociolinguísticas diferenciables entre un idioma local, culto, popular, como variedades del español patrimonial. Estados Unidos ya es el segundo país hispanohablante del mundo, por encima de España, Colombia y Argentina. En Arizona, California, Nuevo México y Texas (y debo añadir la zona metropolitana de la Capital de los Estados Unidos, Washington DC.), uno de cada cuatro o cinco habitantes hablan español. Al respecto traigo a colación una anécdota del álbum familiar:

En 1984, me llama el Director de la escuela primaria Spring Hill en la cual estudiaba mi hijo Xavier (que tenía entonces 5 años; hoy con un doctorado en Biofísica) porque se había peleado con otro estudiante. Al interrogarlo, en casa, éste fue el intercambio: "Sí, papá me peleé con otro chico porque me dijo *mejicano* y yo le decía que no, que yo era *virginiano*. Y el insistía en llamarme *mejicano*. Entonces me enojé y peleé con él y me llevaron a la oficina del Director". Luego se vuelve hacia mí con una expresión en su cara que aún recuerdo, diciendo: "Pero, papá ¿qué es *mejicano*?" Concluí entonces que los virginianos también hablamos español. Jefferson nos exige.

Cultura, idioma, identidad: literatura y otros artes

Nuestro idioma y cultura hispano-estadounidense (o hispanounidense) es pujante en sus diferentes expresiones: literatura, música, artes, teatro, cine, con una historia que nos remonta al siglo XVI, período colonial, aunque, repito, nos disguste la así llamada "estética de la violencia colonial". Permítanme aquí (como lo haré más en profundidad en el Capítulo V) utilizar el género de la poesía con el que estoy más familiarizado para ilustrar esta presencia hispana, su idioma, historia, cultura, su identidad. Los debo remitir al capítulo V que explaya la literatura (y principalmente poesía) escrita en español en los Estados Unidos desde 1549 hasta el presente, imposibles de resumir en este momento, pero que recorreremos a vuelo de pájaro en los seis cuerpos poéticos que la componen: el colonial, mexicano-estadounidense, puertorriqueño continental, cubano-estadounidense, la poesía de los exilios españoles, suramericanos, centroamericanos, del caribe español, y los movimientos actuales, a los que añadiremos referencias a las obras de género narrativo, en prosa, como novelas y otros géneros literarios, como el ensayo y el teatro.

Como verán allí se demuestra la riqueza histórica y el valor literario universal de nuestro idioma de los Estados Unidos. El mismo análisis detallado se ha hecho en *La Enciclopedia del Español en los Estados Unidos* antes citada con los géneros de la narrativa y ensayo (mexicanos, centroamericanos, cubanos, dominicanos, suramericanos y españoles), dramaturgia (el teatro chicano, puertorriqueño, cubano, teatros hispanos en general, mencionándose publicaciones, obras de teatro y espectáculos producidos por todos los sectores hispanos y cuya cantidad nos imposibilita una mención pormenorizada en este espacio limitado, aunque intentamos hacerlo en el capítulo V. Sólo basten aquí como referencia rápida los nombres de Tomás Eloy Martínez, Gioconda Belli, Isabel Allende, entre los internacionalmente reconocidos que decidieron escribir en español desde los Estados Unidos y los premios Pulitzer hispanos Oscar Hijuelos y Junot Diaz que escribieron sus novelas en inglés, aunque con toques hispanos, referencias que amplío en el último capítulo. Están aparareciendo más libros específicamente sobre la idiosincrasia de nuestro idioma en los Estados Unidos, como el de John M.

Lipski, *El español de America*[16], el de Carmen Silva-Corvalán, *Sociolingüistica y pragmática del español*[17], el de Ángel López García-Molina, *El español de Estados Unidos y el problema de la norma lingüística*[18], *El español en los Estados Unidos: E Pluribus Unum? Enfoques Multidisciplinarios* (Colección Estudios Lingüísticos) de Domnita Dumitrescu[19]. Hasta uno con un título algo desagradable excepto por la ironía *Smart Spanish for t…s (tontos tachado) Americanos*[20] de Eleanor Hamer y Fernando Díez de Urdanivia, que me hizo recordar la experiencia de mi amigo el poeta laureado Robert Pinsky que reencarné en español al compilar su poesía selecta en la edición bilingüe de *Ginza Samba*[21] y su poema titulado en español "El burro es un animal" en el que relata airado con sarcasmo y pasión poética su experiencia escolar de que "Nosotros, chicos de la Clase de los Bobos no podíamos inscribirnos en Frances,/por eso en cambio aprendimos la diferencia entre ser y estar [...]/.¿Es larga la historia? El idioma de Cervantes y Gongora era/ adecuado para nosotros, siendo bobos. Hay dos tipos de ser." (pp. 138-141).

Importa destacar además que en el sector editorial en los Estados Unidos, una de las industrias que muestra un crecimiento sostenido es la industria del libro en español y que en los últimos años se ha multiplicado con una fuerza sin precedentes. Las ventas de libros en español ascienden a más de 350 millones de dólares. Dicha cifra supera las ventas de la Biblia y compite con los negocios de ventas de libros electrónicos en inglés. El auge de la lectura en español ha convertido a los Estados Unidos en el segundo país importador de libros de España en América, según estadísticas del año 2008. A esto debemos añadir la abundancia de Revistas tanto populares como literarias y/o especializadas publicadas en español y la actividad creciente de instituciones culturales que se desarrollan en español en todos los Estados Unidos. Para más detalles en ésta y las otras áreas así llamadas "industrias" me remito al Documento de Trabajo titulado "Los latinos y las industrias culturales en español en Estados Unidos" de Jéssica Retis y Ángel Badillo, publicado en Enero del 2015 por el Real Instituto Elcano[22]

En el campo musical se escucha siempre la resonancia de los Premios Grammy Latino celebrados anualmente en Los Ángeles y los éxitos que han conseguido en Estados Unidos artistas como Alejandro Sanz, Selena, Shakira, Ricky Martin, Julio y Enrique Iglesias, Juan Luis Guerra o Carlos Santana, nombres junto a los cuales

---

16 Madrid: Cátedra, 1996.
17 Washington DC, Gerogetown University Press, 2001
18 Nueva York: Academia Norteamericana de la Lengua Española, 2014.
19 Nueva York: Academia Norteamericana de la Lengua Española, 2013.
20 Nueva York: Skyhorse Publishing, 2012.
21 Madrid/México: Vaso Roto Ediciones, 2014.
22 En: http://www.realinstitutoelcano.org/wps/wcm/connect/cca34480471bd3ab9079ba12dd3b68de/DT01-2015-Retis-Badillo-latinos-industrias-culturales-en-espanol-en-EEUU.pdf?MOD=AJPERES&CACHEID=cca34480471bd3ab9079ba12dd3b68de

se recuperan los de figuras históricas como Antonio Machín, Celia Cruz, etc. A lo que añadimos el "boom latino/hispano" que se ha producido en Hollywood a finales del siglo XX y principios del siglo XXI. También la presencia destacada de hispanos en el área de la Danza, espectáculos y conciertos de música clásica con preeminencia en la última década del siglo XX y la primera del siglo XXI: baste con señalar figuras como Plácido Domingo en la ópera, como tenor, conductor y Director Artístico de la Opera de los Ángeles (y al frente el venezolano Gustavo Dudamel, el hombre que rejuvenece la música clásica según la revista National Geographic, Director de la Orquesta Filarmómica), y de la Organización de Washington National Opera empezando en 1986. Asimismo las bailarinas y directoras de compañías de danza como la rusa-hispana Maya Plisetskaya, la argentina, residente en EE.UU., Paloma Herrera con el American Ballet Theatre; Julio Bocca, José Limón, Ángel Corella; Antonio Carmena y Gonzalo García (en el Ballet de New York); Jaime García Castilla; Rubén Martín y Clara Blanco (en el Ballet de San Francisco); Yuri Yanowski (en el Ballet de Boston); Sergio Torrado -que interpretaba a Rothbart en la película «Cisne Negro»- (en el Ballet de Pennsylvania) y muchos más (palabras que se repetirán como estribillo después de las ennumeraciones). No se trata ya de subrayar la notoriedad de numerosos actores o directores de origen hispano **en la industria cinematográfica** estadounidense (Benicio del Toro, Salma Hayek, Pedro Almodovar...), sino de constatar cómo "el español comienza a ser parte importante de producciones de mediano y alto presupuesto", como dice mi amigo Joaquín Badajoz en el artículo con el que cierra el panorama más amplio que escribió con Roberto Fandiño sobre "El cine en español en los Estados Unidos"[23]. Ampliaremos algunos de estos referentes al final del paseo.

Otras áreas de incidencia: servicios públicos, gobierno y legislación, enseñanza, medios de comunicación, presencia en el campo de los negocios.

Servicios públicos, gobierno y legislación: Entre los servicios públicos me refiero, entre otros, a los religiosos ya que las Iglesias, además de su papel histórico, han sido y siguen siendo el principal canal de integración de los inmigrantes en la vida social, cultural y política de los Estados Unidos y todas ellas han creado centros de actividad religiosa en español y lo utilizan tanto en sus actos religiosos, misas, servicios, su lenguaje litúrgico y cancionero, como en todas las actividades para atender a sus feligreses. También en el terreno de la salud, en el campo médico, sanitario y atención hospitalaria, el español ocupa una presencia de suma importancia, con numerosas asociaciones hispanas presentes. Mis nueras prácticamente han aprendido español, una a través de su práctica ginecológica en los Hospitales de

---

23 "El cine en español en los Estados Unidos", en *La Enciclopedia del Español en los Estados Unidos*, pp. 867-911.

Virginia y Washington y otra en su quehacer como profesora. Asimismo los servicios de atención al ciudadano han recurrido a la traducción al español para ofrecer su asistencia a la población sin discriminación. Son 64 los organismos o agencias federales que tienen que ofrecer servicios en español con sus títulos orginales desde los Tribunales, el Departamento de Estado hasta la Administración de Alimentos y Medicamentos (FDA), como se puede comprobar en sus portales cibernéticos. En términos de leyes cabe señalar, como lo hace Leonel Antonio de la Cuesta, que "la legislación federal, en algunos casos, permite la publicación en lenguas extranjeras de ciertos documentos, así como información relativa a diversas actividades de dichos gobiernos, pero no lo hace de manera sistemática... (siendo)...la situación de la legislación constitucional de los estados federados: treinta proclaman el inglés como lengua oficial y veinte no: Hawai es el único estado oficialmente bilingüe. El español es de facto la segunda lengua de los Estados Unidos... (aunque el) que sea proclamada como tal o cooficial en los textos legales correspondientes es algo que podría ocurrir, pero a largo plazo"[24]. Debemos aclarar que comúnmente se asume que Nuevo México es también oficialmente un estado bilingüe siendo el español y el inglés sus idiomas oficiales. En realidad la Constitución original del Estado en 1912 legisló un Gobierno bilingüe, pero sin adoptar un lenguaje oficial. La Constitución estableció que durante los próximos veinte años todas las leyes adoptadas por la Legislatura se publicaran en ambos idiomas. Hoy se require que muchas novedades legales sean publicadas en Inglés y en Español. Bill Clinton dijo que esperaba ser el último presidente de los EE.UU que no supiera español.

En cuanto a la **enseñanza** relacionada con el español es preciso traer a colación las siguientes consideraciones y datos. Dentro del campo de los estudios lingüísticos, evaluando la cantidad y calidad de la enseñanza del español en Estados Unidos, se debe responder al interrogante y preocupación por la unificación del uso del idioma. Respuesta esencial para sondear el futuro del español, tanto en relación a su difusión como por lo que atañe a su calidad y su presencia en las instituciones públicas. En este sentido, los análisis revelan paradójicamente un español restringido frecuentemente al ámbito familiar y vecinal, que por un lado se encuentra con dificultades para expandirse a círculos laborales, educativos o culturales y, por el otro, con un marcado crecimiento de interés y utilización en todos esos ambientes, a pesar de prohibiciones y campañas en su contra. Dos notas merecen especial atención: la clasificación del español como lengua extranjera (en detrimento de la educación bilingüe), y su posición privilegiada en la educación secundaria, en comparación con otras lenguas. El debate sobre la educación bilingüe en la enseñanza estadounidense cobra protagonismo en la segunda mitad del siglo XX, con el aumento de inmigrantes, la lucha por los derechos civiles, y la presión de

---

24 "La lengua española y la legislación estadounidense", en *La Enciclopedia del Español en los Estados Unidos*, p. 548

determinadas poblaciones hispanohablantes. El predominio de una política monolingüe defensora de "una sola lengua para un sólo país" se topa con el problema de integrar en la escuela a alumnos que no saben inglés y la necesidad contemporánea de un multilingüismo, además de la necesidad de comunicarse en las comunidades en donde la presencia hispana es prevalente. Por ello, frente a la política de mantenimiento del idioma de origen se ofrece en todo caso una educación bilingüe transicional, orientada hacia la adquisición del inglés (Ley de Educación Bilingüe de 1968) y muchos cursos para el aprendizaje del español, que valida lo que les decía en el año 1968 cuando trabajé en el Comité de la Casa Blanca para el Desarrollo de la Comunidad Hispana a los que me insistían que hablase siempre y aprendiese bien el inglés y yo les respondía "Más vale que Uds. aprendan el español". Los pocos de ellos que aún viven, cuando me ven hoy me dicen: "Luis ¡cúanta razón tienes!".

En efecto, la enseñanza del español supone el contrapunto de su realidad: es el idioma más estudiado en Estados Unidos como lengua extranjera, según las estadísticas: en el ciclo de secundaria acapara el 78% de las matrículas, seguido de lejos por el francés (28,8%) y el alemán (5,4%). El español sigue siendo la lengua preferida en el ámbito universitario estadounidense. El número de alumnos supera por mucho al de los otros idiomas. En el año 2006 hubo más de 820.000 estudiantes de español en las universidades, en comparación con el poco más de 200.000 de francés y de 90.000 en alemán. En total y juntando todos los ámbitos de la enseñanza pública y privada, estudian español unos 6 millones de alumnos. La demanda sigue creciendo y su incremento se estima en un 60% durante los próximos años. Por otra parte apunta a este creciente interés la cantidad de centros de estudio del español presentes en Estados Unidos. Además de los importantísimos centros de español y literatura hispanoamericana de las Universidades y de las personalidades de hispanistas distinguidos en los Estados Unidos, destaco siquiera algunas de las Instituciones que se preocupan del español en los Estados Unidos, encabezados por la Academia Norteamericana de la Lengua Española, el Instituto Cervantes, la Hispanic Language Association, La Hispanic Society, The Spanish Institute, El Centro Cultural Español de Miami, El National Hispanic Cultural Center en Albuquerque, El Obervatorio de la lengua española y las culturas hispánicas en los Estados Unidos en la Universidad de Harvard, la Asociación de Licenciados y Doctores Españoles en los Estados Unidos (ALDEEU), Círculo de Escritores y Poetas Iberoamericanos (CEPI), la Fundación Cultura Hispánica de Estados Unidos, La Asociación Internacional de Poetas y Escritores Hispanos (AIPEH), La Asociación Hispanoamericana de Profesores de Español y Portugués (AATSP), The Modern Language Association (MLA), la División Hispánica de la Biblioteca del Congreso, entre otros organismos.

Las siguientes estadísticas demuestran el nivel educativo de los hispanos en los Estados Unidos: el 62% de los hispanos de 25 años o más han obtenido según cifras del 2009, una educación secundaria, mientras un 14% ha obtenido un grado universitario de Licenciatura o superior, o sea más de 4 millones, de los cuales cerca de un millón tienen títulos avanzados de Maestría, Doctorado o profesionales. En el 2008, el 12% de los estudiantes universitarios y el 20% de todos los estudiantes de primaria y secundaria, eran hispanos. Entre el 2009 y 2010 las inscripciones de hispanos en la Universidad ascendió en 349,000 estudiantes hispanos, comparándose con un aumento de 88,000 afroamericanos y 43,000 asiáticos y una baja de 320,000 blancos no hispanos. Las cifras como realidad y como metas a superar.

Medios de comunicación masiva: los medios de comunicación y las actividades culturales son las que mejor reflejan el impacto del español en los Estados Unidos, como lo indicamos en la introducción. A la creciente difusión en español por la prensa escrita, a la expansión de emisoras y cadenas de radio nacionales e internacionales, o de la influencia y repercusión social de las compañías televisivas y del uso de internet, se añade la proliferación de una industria cultural que aglutina la producción narrativa, ensayística, la creación de revistas y publicaciones literarias, el cine, el teatro, la música, etc. Actualmente pueden escucharse muchas emisoras de radio, ver programas de TV en español en cualquier sitio de los Estados Unidos, y encontrar prensa escrita en español en cualquier rincón de nuestro país. El crecimiento cuantitativo va unido al mejoramiento en la calidad de las publicaciones, proceso a su vez paralelo al aumento de los ingresos y del conocimiento de la población hispana. Ejemplo de ello son los diarios *La Opinión* de Los Ángeles, con una tirada de 124 mil ejemplares y un público de 520 mil lectores, o *La Prensa* de Nueva York, con un público lector aproximado de 240 mil lectores y así podríamos seguir con el *Diario las Américas, El Nuevo Herald, Hoy, El Tiempo Latino, Washington Hispanic*, etc. 600 publicaciones hispanas se traducen en 20 millones de ejemplares repartidos a diario en Estados Unidos en virtud de un público potencial de 40 millones de lectores.

La magnitud que está tomando la televisión en español es todavía más impresionante. En Estados Unidos el primer canal de transmisión de información en español a través de la televisión es Univisión, cadena que se ha situado ya como la quinta cadena de televisión más importante, tan sólo por detrás de NBC, ABC, CBS y FOX. Telemundo, segunda cadena en importancia que transmite en español, se ha incorporado por razones de mercado a la NBC, mientras que otras empresas anglohablantes cuentan con filiales en español, como lo demuestra el caso de la cadena de informativos CNN y los canales de todos los países en español que traen al país Mega TV y Direct TV, MundoFox, UniMás, Bein Sports. En este contexto, el mercado publicitario invierte cada vez más en la promoción en español de sus productos, teniendo en cuenta de que, según se apunta, el 50% de los hispanos presta más atención a los anuncios en su idioma. En cuanto a las redes sociales, según el Instituto Cervantes, el español es la tercera lengua más usada en Internet y la segunda más empleada en Facebook, Twitter y Wikipedia.

En la economía: Si bien no todas las actividades en este campo se realizan en español, deseo simplemente compartir algunos datos que nos aproximan al estado actual del mercado hispano, su poder de compra y el de la empresa hispana y cómo las empresas de propiedad hispana registran en la última década incrementos de más del 80%, tanto en el número de empresas como en nivel de recaudacion. Esto tiene implicaciones directas en el uso del español en las campañas de promoción, atención al cliente y sector comunitario, empleo y contribución a programas sociales de la comunidad hispana. Como datos interesantes destacamos los siguientes: el poder de compra de la población hispana en los Estados Unidos llegó a $870 billones en el 2008 y se proyecta que llegará a $1.3 trillones en el 2015. Suman ya casi 2 millones y medio las empresas cuyos propietarios son hispanos; un aumento de un casi 45% con respecto al año 2002 y se espera que lleguen a 4,3 millones en seis años con un crecimiento de un 41.8%; Las entradas generadas por estas empresas superan la cifra de $345.2 billones que se obtuvo en el 2007, un aumento de 55.5% con respecto al 2002 y que a su vez se espera alcance a $539 mil millones en 6 años marcando un crecimiento de un 39%. Para apreciar la magnitud del crecimiento anotemos que este monto era de $ 29 billones hace apenas 10 años. Existen más de 80,000 Jefes de Directorios hispanos (CEO); 51,000 médicos y cirujanos; 49,000 profesores universitarios, 39,000 abogados y 2,800 periodistas, reporteros, correspondientes, números que, por supuesto, quisiéramos y vamos a aumentar. La importancia del español en el ambiente ejecutivo, profesional y comercial, ahora y para el futuro, lo ilustro con otra anécdota del album familiar:

> En un viaje de familia a West Virginia, para esquiar, en la entrada, mientras les doy instrucciones en español a mis hijos (edad 10, 5 y 4 años), un muchacho rubio, alto, de unos 30 años sale y me llama "estúpido". Inmediatamente lo paro y con mis hijos agarrados a mi pierna, implorándome "papi no hagas un escándalo", lo detengo con un "excuse me, sir"… Ud. Me llamó estúpido y quiero saber en qué basa su evaluación. Lo invito a comparar títulos universitarios, etc. a lo que simplemente me dice "hable en inglés", cuando le aclaro que hablo en español por elección y para que mis hijos hereden una riqueza cultural, de cosmovisión, etc. que él ni siquiera puede imaginar. De hecho le pregunto si alguna vez ha salido de West Virginia. Yo le aclaro que mis hijos con el español, además del inglés que es su idioma nativo, podrán entender portugués, italiano, latín y facilitárseles el aprendizaje del francés y otros idiomas, se queda sin argumento, aunque repite "habla inglés". Mis hijos, desde entonces, viven con orgullo la riqueza de su lenguaje/cultura hispana… Al finalizar su Maestría en Administración de empresas, mi hijo mayor, basado en aquella experiencia de la infancia que conté al ir a esquiar a West Virgina y en el poema "Co-

munión", fue premiado por su Universidad, Virginia Tech, por su ensayo sobre la "Importancia del bilingüismo/biculturalismo en Mercadeo Internacional para el empresario estadounidense", evento significativo desde un doble punto de vista: el que un empresario estadounidense se sintiese orgulloso de su bilingüismo/biculturalismo y lo expusiese como una receta de futuro y que Virginia Tech, una Universidad, incrustada en el Sur de Virginia y la tecnología, lo reconociese y lo premiase.

En términos de **presencia cívica:** dos indicadores. En las elecciones presidenciales del año 2008 votaron 9.7 millones hispanos (50% de los elegibles), 2 millones más de los que votaron en las elecciones del 2004 (un aumento del 47%). En la reelección del Presidente Obama en el 2012, el voto hispano marcó una diferencia, como lo hizo diez años antes en la costosa pérdida de Florida para Al Gore (a causa de la población cubano-americana) en las elecciones presidenciales del año 2000 que ganó George W. Bush. Más de 1.1 millones de hispanos son o han sido miembros de las Fuerzas Armadas de los Estados Unidos, un número sobresaliente con respecto a la totalidad que en el 2011 estaba compuesta por 1,477,896 miembros activos y 1,458,500 en la reserva. Lo importante es que el idioma como síntesis de nuestra compleja pero reconocible identidad nos provoque a votar y servir a la patria desde nuestra cosmovisión, desde nuestro sistema de valores que incluye la relación personal, el sentido de comunidad, familia, aferramiento a nuestros valores culturales y sociales.

Orgullo y futuro

Nuestro idioma, el español, es nuestra patria, parte básica de lo que define nuestra identidad y nos enraíza a una historia y cultura riquísimas ya sea en nuestro país, en los Estados Unidos, como a lo largo de las Américas desde Alaska hasta la Patagonia, Europa y Asia. Nuevamente proclamamos con Pablo Neruda: "el idioma... Se llevaron el oro y nos dejaron el oro...": el idioma español; este es un tesoro que nos enriquece como personas y como comunidad.

Nuestro futuro es prometedor, sin dejar de ser un constante desafío, frente a los intereses opuestos. Ahora, sin salirme del tema, por vivir en los Estados Unidos (como lo haría en todo país en donde conviven culturas diferentes) quiero proclamar las ventajas comprobadas del bilingüismo al conservar y utilizar el español y el inglés, en la formación de una personalidad (identidad individual y social) más sensible, humana, abierta, multidimensional, con recursos añadidos, liberada de etnocentrismo, amplitud en nuestra cosmovisión, con autoestima y aprecio de otras culturas, capacidad cognoscitiva y facilidad para aprendizaje de otras lenguas, es innegable. Incluso en términos laborales y de competencia en el plano global económico y commercial, como le sucedió recientemente a mi hija, Doctora en Epidemiología, que trabaja en un preeminente Hospital Universitario de Niños, y recibió una propuesta de cooperación del Ministerio de Salud Pública de El Salvador. Al presentárselo a su Jefe, él le pide que traduzca el documento del español al inglés, pero en el apuro, él mismo confía tal tarea a la tecnología fácil de la traducción automática del internet, que lo deja estuperfacto y sin entender el encabezamiento por haber recibido un documento y solicitud oficial del "Ministry of Public God bless you"!, confusión que dilucidó con la risa y aclaración de mi hija de que se trataba del "Ministerio de Salud Pública", gracias a su bilingüismo, frente a la aberración de la traducción cibernética utilizada.

La pujanza del español en los Estados Unidos, incluso en su hibridad bilingüe es manifiesta. Los hispanos se sienten más y más orgullosos de su lengua y su cultura, están recuperando su historia; los anglos están apreciando esa historia anterior al Mayflower y aprendiendo el español en cantidades más numerosas, a pesar de las campañas en contra como los movimientos de solo Inglés ("English only"), Inglés como único idioma oficial, la idea de borrarlo o arruinarlo. Ya en 1980 la revista popular *Time* conmovió a América con su proclama de que los 80's serían la "Década de los Hispanos". En Julio del 2000, el ***Alburqueque Sunday Journal*** publicó un artículo especial bajo el título "Hip to Hispanic- MANY LATINOS SAY THE REST OF THE NATION IS JUST CATCHING UP TO WHAT THEY ALWAYS KNEW: THEIR CULTURE IS COOL". Como les digo a mis amigos, frente al comentario xenofófico de Newt Gringricht, el poderoso político estadounidense "Spanish, the language of the ghetto" o el artículo ignorante y racista de Samuel Huntington sobre "la amenaza hispana al sueño Americano", no hay remedio: más vale que se vayan acostumbrando a la realidad histórica y sociopolítica de la presencia hispana (historia, lenguaje y cultura) cada vez más significativa en Estados Unidos, por su crecimiento demográfico debido a nacimientos (49% del total en el 2006) e inmigración. Entonces les insisto que vayan aceptando y aprendiendo el español vital como uno de los idiomas nacionales de los EE.UU. que sobrevivirá con sus idiosincracias lingüísticas a las campañas para eliminarlo ("erasure strategy"), inmune a la conquista del idioma dominante, aunque no a las impurezas de una convivencia sociolingüística.

Orgullosos de estas perspectivas, propongo –sin separarme del tema de este capítulo- que adoptemos el bilingüismo sabio porque nos otorga una apertura y libertad de elección, como dice el Prof. David de los Reyes, "en los usos y beneficios que nos ofrece la increíble pero real galaxia mcluhiana del universo mediático contemporáneo… gracias al lenguaje que despierta mundos e imprime la más humana de las emociones: el asombro"[25]. También porque el bilingüismo logrado nos permite

---

25 "La lengua española y la legislación estadounidense", en *La Enciclopedia del Español en los Estados Unidos*, p. 548

transitar desde el "siempre extranjero" (*forever foreigner*) al "siempre ciudadano" (forever citizen) de un mundo ideal en el que el "nosotros" y "ellos", como estructura de distanciamiento, se va eliminando, basados en nuestra experiencia compleja y en la que las categorizaciones que nos dividen y singularizan se va integrando (hombre, mujer, hispano, anglo, blanco, negro, oriental, ocidental, etc.), como lo soñó místicamente aquel monje del s.XII, Hugo de San Victor, citado por Edward W. Said en *Culture and Imperialism:*

> "Es, por lo tanto, una fuente de gran virtud para la mente práctica el aprender, poco a poco, primero a cambiar en las cosas visibles y transitorias, de manera que luego puedan ser dejadas atrás en su totalidad. La persona que encuentra a su tierra natal como dulce es simplemente un principiante tierno, mientras que aquel para el que toda tierra es como su tierra nativa ya es fuerte; pero es perfecto aquel para quien todo el mundo es un lugar extranjero"[26] (o acaso, podríamos actualizarlo, diciendo que es su "tierra madre", con una diversidad como factor de riqueza –no de pobreza- en el ecosistema que compartimos).

Aunque nunca dejaremos de sentir lo que expresé en el poema "Comunión", estudiado en escuelas y universidades[27], cuyo texto e historia se transcribe en el capítulo siguiente; poema que brotó visceralmente mucho antes de conocer la pregunta de mi amigo el poeta cubano Herberto Padilla: *"Cómo puede seguir uno viviendo con dos lenguas, dos casas, dos nostalgias, dos tentaciones, dos melancolías"*.

No existen conclusiones. Cada uno las saca conforme a lo que siente, a lo que vive, a lo que se aplica a sus circunstancias individuales y comunitarias, sus experiencias y convicciones, sus luchas y responsabilidades, sus logros y contribuciones. En mi caso, además de la militancia por rescatar y vivir plenamente nuestra historia y cultura hispana, nuestro idioma español para expresar con elación nuestra existencia y contribución a Estados Unidos, país que conformamos, debo concluir que un verdadero bilingüismo y biculturalismo, en el que el español ocupa su lugar al lado del inglés, ha sido tremendamente positivo a lo largo de mi vida, experiencia y expectativas, personal y profesionalmente. La cultura hispana y el español con que he sido bendecido en mi raíz me enorgullecen y con nuestro esfuerzo y disposición para utilizarlo, fomentarlo, defenderlo, enseñarlo, para contribuir a que la mayoría lo valore y lo llegue a considerar como una riqueza en su propia contextura y esencia como ciudadano estadounidense, el español seguirá floreciendo a través del tiempo y del espacio: el español que es nuestro español estadounidense.

---

26 Edward W. Said, *Culture and Imperialism*, Vintage Books, New York: 1994, p. 335
27 Véase, por ejemplo, la tesis doctoral de Elisa Hopkins de la Universidad Estatal de Pennsylvania, "SHARING MULTICULTURAL POETRY WITH ELEMENTARY EDUCATION STUDENTS: A TEACHER INQUIRY INTO DEVELOPING CRITICAL CONSCIOUSNESS", 2007.

CAPÍTULO II

BILINGÜISMO E IDENTIDAD[28]

28 Adaptación de la conferencia magistral pronunciada en Febrero del 2008 en la "IV Jornada de Educación", organizada por la Asociación de Profesores Hispano-Canadienses (APH-C), en la Universidad de Toronto y del Discurso de repuesta al homenaje en la Alcaldía de Toronto, Metro Hall, durante el Vigésimo Festival de la Palabra y de la Imagen que se presentó entre septiembre y octubre del 2011, auspiciado por York University y otras instituciones.

JOSE MARTÍ

Profundizando en el tema que esbozamos al final del capítulo previo y ahora soñando no como académico sino como poeta, hubiese preferido recitar exclusivamente este poema chino que traduje del inglés, como una visión romántica sobre la problemática de la identidad y de las dualidades:

Chuang Tzu soñó que era una mariposa,
que goza flotar en la brisa
sin preocuparse de quién era.

Cuando Chuang Tzu despertó, se encontró confundido:
¿soy el hombre que soñó que era una mariposa?
¿o soy una mariposa, que soñó ser un hombre?
¡Tal vez toda mi vida sea simplemente un momento en el sueño de una mariposa!

Sin embargo, acaso más dolido, rebelde y militante, más adecuado a nuestra realidad de vivir en una cultura dominante anglosajona, la identidad hispanoamericana me ronda en el poema "Comunión" que escribí originalmente en inglés, traducido luego al español, para ser traducido de nuevo y curiosamente al inglés por una escritora de Columbia University, Lori Carlson, quien le cambió el título por "Aprender inglés" (Learning English), y que lleva en textos de literatura más de 500,000 copias, 30,000 CDs, 20,000 DVD. En mi versión original, antes de las interesantes mutaciones, se llamaba "COMUNIÓN":

Vida
para entenderme
tienes que saber español
sentirlo la sangre de tu alma.

Si hablo otro lenguaje
y uso palabras distintas
para expresar los mismos sentimientos
no sé si de hecho

seguiré siendo
la misma persona.[29]

He aquí los cuestionamientos del lenguaje, bilingüismo, biculturalismo y la identidad, que desarrollaré a partir de mi experiencia familiar de tres generaciones bilingües en los EE.UU. y las investigaciones antes mencionadas sobre la historia, cultura, literatura y presencia hispana en los EE.UU.

En este capítulo destacaré la riqueza, los valores, y las dificultades del bilingüismo en relación con la identidad, entendida como identificación (igualdad) y diferenciación, en el contexto del vínculo de integración espacial (individuación), integración temporal (mismidad) e integración social (pertenencia), conforme a la categorización de León Grinberg[30] o a los modelos antropológicos resumidos por Robbins: identidad en equilibro (*the identity health model*), identidad interactiva (*the identity interaction model*) e identidad como cosmovisión (*the identity world-view model*)[31]. También deberemos tomar en cuenta los conceptos de identidad "impuesta', "asumida", "negociable" en las categorizaciones de Pavlenko y Blackledge[32.]

Cuando me refiero a bilingüismo lo hago sólo en el contexto general y estadounidense del inglés de la mayoría y el español de la creciente minoría hispanoamericana (como categorización política y unficadora más allá de la adjetivación de "latina"). Hablo del español, lenguaje que ha despertado la mayor hostilidad en los EE.UU. tanto por parte de los que no lo hablan como por la de los que lo hablan, no sólo por su competencia con el inglés sino como vehículo de una identidad cultural antagonizada, y por la proclividad a ser conquistado con el así llamado "spanglish" y otras sutiles infiltraciones de anglicismo en la gramática, sintaxis, vocabulario y mentalización del español[33]. Como discutí anteriormente hablo del idioma, el oro en la confesión de Pablo Neruda y hablo de español (no castellano), por tratarse del lenguaje que aprendimos en la escuela y nos une a los hispanoparlantes por encima de todos los dialectos, transformaciones regionales, provincialismos, nacionalismos, convivencias lingüísticas identitarias (como por ejemplo, el caso del guaraní y el español en Paraguay), con los matices sociolingüísticos, socioeconómicos, geopolíticos, de este "melting pot" que es la población hispanoparlante en los Estados Unidos.

---

29 En *Bridges to Literature*, McDougal Littell, New York: 2002, 2008; en *Cool Salsa, Bilingual Poems on Growing latino in the United States*, ed. Lori M. Carlson , Henry Holt and Company, New York, 1994.
30 León Grinberg, *Teoría de la identificación*, Madrid: Tecnipublicaciones, 1985.
31 R.H. Robbins, "Identity, culture and behavior", *Handbook of social and cultural anthropology*, Chicago, Honingman Ed., Rand McNally and Co., 1973.
32 Pavlenko, Aneta and Adrian Blackledge, "Introduction: New Theoretical Approaches to the Study of Negotiation of Identities in Multilingual Contexts." In: Pavlenko, Aneta and Adrian Blackledge, eds. *Negotiation of Identities in Multilingual Contexts*. Clevedon: Multilingual Matters: 2004, pp.. 1-33.
33 Por eso algunos, como John Lipski, hablan de que "La Lengua Española en los Estados Unidos: avanza a la vez que retrocede", *Revista Española de Lingüística 2004*, No. 33, pp. 231-260.

Lenguaje, bilingüismo e identidad

El lenguaje, como hecho humano, es un fenómeno universal y étnicamente singular, activo y vital, individual y colectivo (y arbitrario: característica muy pertinente al tema en discusión), que encarna y define una identidad, permite serla y proyectarla de una manera dinámica y en continua adaptación. Es entonces un instrumento de apropiación de una experiencia individual y colectiva heredada y al mismo tiempo, una forma de descubrimiento, mantenimiento y proyección de esa experiencia en el ámbito social. Un proceso integrador de la identidad que nos hace encontrarnos con nosotros mismos y con los otros de una manera satisfactoria, de cierto gozo, e integral en cuanto significa y comunica. El lenguaje como vivencia y expresión identitaria de una cultura, de una cosmovisión, de un sistema de valores, es un sistema e institución social. Coincidamos en que el enfoque sociolingüístico no es el único que nos permite abordar el tema de la identidad y su problemática. Pero definitivamente el nuestro es un abolengo lingüístico. En el caso específico del hispanoamericano se trata de un fenómeno de interacción supranacional, panhispanoamericanismo, con un lenguaje compartido por los americanos de habla española que hemos nacido en un momento universal de España, como decía Octavio Paz[34], quien añade en *Laberintos de la soledad* :

"No tenemos más remedio que usar un idioma que ha sufrido ya las experiencias de Góngora y Quevedo, de Cervantes y de San Juan, para expresar a un hombre que no acaba de ser y que no se conoce a sí mismo. Escribir (y podríamos añadir "enseñar") equivale a deshacer el español y recrearlo para que vuelva a ser (hispanoamericano) mexicano, sin dejar de ser español. Nuestra fidelidad al lenguaje, en suma implica fidelidad a nuestro pueblo y fidelidad a una tradición que no es nuestra totalmente, sino por un acto de violencia intelectual"[35].

Y así nos arraigamos –como escritores, promotores, profesores, como herederos y beneficiarios de nuestro lenguaje que nos identifica como portadores de nuestro imaginario hispanoamericano- en la labor de grandes personalidades como Domingo Faustino Sarmiento, José Martí, Rubén Darío, Alfonso Reyes, Pablo Neruda, Octavio Paz y muchos otros, quienes han asumido la tarea de ser expresión –fuente y foco– de una cultura propiamente hispanoamericana, muchas veces a contrapelo de las desarraigadoras y desintegradoras realidades locales, en palabras de Andrés Gallardo[36]. Parafraseando a Mauricio Ostria, podríamos sostener que el lenguaje y

---

34 En *Las peras del olmo*, México, Universidad Nacional Autónoma de México: 1965, p.11
35 México, Fondo de Cultura Económica: 1983, p. 147
36 "Octavio Paz, *Identidad y lenguaje*", Centro interdisciplinario de estudios latinoamericanos, en http://209.85.165.104/search?q=cache:tJ6ASR2XixMJ:www.fh.userena.cl/ciel/octavio_paz_identidad_y_lengua-je.html+%22como+Domingo+Faustino%22%2BRub%C3%A9n+dar%C3%ADo&hl=en&ct=clnk&cd=10&gl=us

la literatura han sido "en verdad, uno de los instrumentos más eficaces en la creación de esa conciencia unitaria continental. Y es que la creación literaria, al representar uno de los momentos de la reflexividad con que la cultura suficientemente madura se contempla, se constituye en una forma de conocimiento del mundo y reconocimiento de sí en el mundo y, por lo tanto, en una instancia de percepción de la propia identidad cultural"[37].

Por eso los hispanoamericanos de los Estados Unidos, a pesar de hablar en inglés más de un 75% del tiempo, al menos en la primera, segunda y hasta tercera generación, nos resistimos a abandonar el español, no sólo como método de comunicación, sino como aferramiento a nuestra identidad, como se ha documentado, entre otras, en la población puertorriqueña y esto con todas las implicaciones históricas, sicológicas, sociales, políticas, educativas, acceso a servicios privados y públicos (como salud y otros), positivas y negativas, como veremos a continuación.

Si analizamos la **definición, historia y filosofía del lenguaje**, entenderemos con Platón la importancia y dificultad en nombrar con conocimiento (razón) las cosas, reflejo de las ideas (en griego "logos" significa "palabra" y "razón"). En Cratilo y en la cultura sumeria-hebrea, nombrar es poseer lo nombrado (por eso no se nombra a Dios). El que nombra es el responsable de las determinaciones de las cosas; es el legislador de lo existente. Al Dios decir, en el *Génesis*, hace y así podríamos seguir con Aristóteles y la importancia política del ser humano como ser sociolingüístico. El entusiasmo de Hobbes en establecer que el lenguage es la invención más útil y humana de los hombres, sufriendo la duda cartesiana y el giro del idealismo kantiano, pasando por el salvajismo de Rousseau, llegando a Hegel que en su "Fenomenología de espíritu", aborda la significación del lenguaje, afirmando dialécticamente que el lenguaje expresa al yo mismo, invididuo y universalidad, con la conclusión de que por el lenguaje se adquiere presencia y permanencia. Luego vendrán Sausurre con su antinomía entre lengua y habla, Chomsky y otros. Basta esta cita de Ulibarri para sintetizar estas complejidades:

> *"In the beginning was the Word. And the word was made flesh. It was so in the beginning and it is so today. The language, the Word, carries within it the history, the culture, the traditions, the very life of a people, the flesh. Language is people. We cannot conceive of a people without a language, or a language without a people. The two are one and the same. To know one is to know the other."[38]*
> *(En el principio era la palabra. Y la palabra se hizo carne. Así era en el principio y así lo es hoy. El lenguaje, la Palabra, lleva consigo la histo-*

---

37 "Lo uno y lo diverso en la literatura hispanoamericana", en *Estudios Filológicos*, 1989, No. 24, p.99
38 Ulibarri 1972, citado por Carlos J. Ovando y Collier V. en su libro *Bilingual and ESL Classrooms. Teaching in Multicultural Contexts.* New York, McGraw-Hill: 1985m p. 64.

ria, la cultura, las tradiciones, la vida misma de un pueblo, su carne. Lenguaje es pueblo. No podemos concebir un pueblo sin un lenguaje, y un lenguaje sin un pueblo. Los dos son uno y el mismo. Conocer a uno es conocer al otro).

Para documentar la larga y difícil historia del español (lo hispanoamericano) y el inglés (lo anglosajón) en los Estados Unidos, baste recordar que el español en los territorios estadounidenses precede a la nación y al inglés, tal cual lo documentamos en la introducción. Además, los eventos históricos exacerban la coexistencia-competencia-dificultades entre estos dos idiomas y culturas en los Estados Unidos: En 1836-1848 se dan la secesión de Tejas y la guerra Mejicano-estadounidense. En 1849, la incursión anglosajona en California en busca del oro, la cual enfrenta como "enemigos" a los hispanoparlantes de la región. En 1898 la guerra española-estadounidense que origina la "independencia" de Puerto Rico y Cuba de España, pero los fuerza a entrar en la esfera de influencia política estadounidense. En 1910-1920 la Revolución de México que causa la emigración masiva de mejicanos a los EE.UU. El establecimiento en 1912 de Nuevo México como estado. Desde 1918 hasta 1930 el programa de Braceros que trae mejicanos pobres como mano de obra a los EE.UU. La xenofobia originada durante la Segunda Guerra Mundial, contra los mejicano-estadounidenses. El flujo de puertorriqueños con la *Operación Fomento* del año 1948. El comienzo de la inmigración masiva de cubanos a raíz de la Revolución de Cuba en los años 1959-1960, aunque su influencia y literatura han existido por siglos en Nueva York, Florida y otros estados. La presencia de César Chávez en el movimiento de defensa de los derechos civiles de los años 60. En los setenta, la llegada de sudamericanos a raíz de las dictaduras y los conflictos socio-políticos en sus países (Argentina, Chile, Uruguay). La inmigración de centroamericanos (nicaragüenses, salvadoreños) por la razón antes dicha en la década de los 80. Asímismo, en los noventa, el crecimiento de la población dominicana en los EE.UU. Todos estos acontecimientos que provocaron el crecimiento de la población hispanoamericana en los EE.UU., son la causa de grandes oportunidades, pero también de resentimientos por parte de la cultura dominante., ya predispuesta tradicional e históricamente contra la identidad, el lenguaje y la cultura hispánica, como lo marcan las confrontaciones, invasiones en el Caribe español, centroamérica (Puerto Rico, Cuba, Nicaragua, Panamá), y suramérica (Chile con el golpe militar contra Allende; Argentina en la guerra de las Malvinas), con EE.UU actuando en contra de las naciones hispanoamericanas a favor de los ingleses, con posturas frecuentemente antagónicas y con un espíritu de marginalización y "tokenism", de admisión nominal y en número limitado de una minoría religiosa o racial en puestos de trabajo, escuelas, asociaciones, etc, para cumplir aparentemente con la ley o aplacar a la opinión pública) hacia lo hispanoamericano, con enfrentamientos culturales, como si fuesen "clash of civilizations", un choque de civilizaciones según la concepción de Samuel Huntington.

Entre los **aspectos sicológicos** de esta relación entre lenguaje (bilingüismo) e identidad en el contexto hispanoamericano-inglés, quiero destacar que si bien hay una construcción relacional de la identidad, no es una construcción relativista. Los conceptos, las existencias y los comportamientos del yo (individuo) y de la alteridad (el otro, los otros, el tiempo y el espacio, el entorno), se configuran, se confirman y se afirman humanamente en un proceso dinámico de singularidad y diferencia.

Dijimos anteriormente, parafraseando a Brown[39], que el lenguaje es un modo de vida; está en la raíz misma de nuestro ser, interactuando simultáneamente con nuestros pensamientos y sentimientos, de un modo concreto, específico y diferenciable. Los ataques contra el lenguaje nativo de uno (el español, por ejemplo) en situaciones de autoridad (escuela, trabajo), su prohibición, roba, humilla, hiere, desconcierta, crea baja auto-estima; son ataques al ser y al modo de vida, a su persona y a su etnia. Por otra parte, un consumado individuo bilingüe –los estudios lo han comprobado- goza de una excelente autoestima. En un contexto extremo, cabe notar que, la mayor parte de las víctimas de los crímenes de odio ("hate crimes") en los EE.UU. son hispanoamericanos, atacándose de una forma violenta la base de la identidad que consiste en estar en paz con uno mismo como individuo y comunidad y, por lo tanto, la propia percepción del individuo, haciéndolo vulnerable en su médula, con una subyugación sicológica, creando sentimientos de sospecha, inseguridad, y desconfianza. Este fenómeno no se da en un vacío, sino que está condicionado por la historia, la educación, los prejuicios, la manipulación e ignorancia de la cultura dominante e imperial para mantener su hegemonía, con devastadoras consecuencias sicológicas para los individuos de minorías discriminadas y privadas de su identidad lingüística y cultural, como lo ha documentado, entre otros, Lambert en 1987.

Las implicaciones **sociológicas** del trinomio lenguaje, bilingüismo e identidad son numerosas y complejas. El lenguaje, en su función identitaria de individualización, diferenciación y pertenencia, es un mediador en el proceso de las relaciones sociales con todas las certezas, pero también con todos los conflictos que esto implica, además que intenta expresar el proceso de construcción de identidades en la interacción de los actores que compiten para nombrar y significar la realidad circundante. Valga recordar lo que señaló Dewey que el vocablo "comunicación" tiene la misma raíz etimológica que las palabras "comunidad" y "común". Ya hablamos de la función relacional del lenguaje en la construcción de la identidad. El concepto mediático del lenguaje como factor determinante de una comunidad, de su imaginario, de su ser y conciencia social, con todos los conflictos y sus resoluciones, a través de compromisos, etiquetas, reglas y normas de comportamiento. El carácter dialógico y dinámico entre las experiencias sociales y el lenguaje que influye en

---

39 D. Brown, *Principles of Language Learning and Teaching,* New Jersey: Preutize Hall Regents: 1994, p. 38.

la configuración de la sociedad y su cambio, a través de adaptaciones e innovaciones. Se ha demostrado que una persona bilingüe tiene la apertura y habilidad para adaptarse y cambiar códigos, su contenido y registro, según la situación en la cual se desarrolla socialmente, con la posibilidad de ser positivo con respecto a las identidades en juego, todo con mucha más facilidad que una persona formada en un monolingüismo estricto y cerrado, quien será negativo con respecto a las otras identidades, como ilustraremos más detalladamente en la siguiente sección.

Dentro de esta discusión, resalto algunos temas en el **contexto político** del lenguaje, bilingüismo e identidad. Para encuadrar el debate, veamos un poema de hace casi dos siglos del poeta de Nuevo México José María Alarid quien expresó en el mismo un tema que se repetirá constantemente en esta lucha entre las culturas representadas por el lenguaje: *Hermoso idioma español/¿que te quieren prohibir?/Yo creo que no hay razón/Que tú dejes de existir.*

Nos hemos referido ya y expandiremos luego en la controversia entre la aceptación del bilingüismo como realidad política y la educación bilingüe y los movimientos de "Inglés solamente" en una devoción monolingüística etnocéntrica que quiere abolir otros lenguajes nacionales. Como punto de interés se ha destacado que se utilizó a la policía para poner en vigencia los programas de monolingüismo ("English only") prohibiendo el bilingüismo y la educación bilingüe; no teniendo necesidad de la misma en el caso de que se adoptase una política de bilingüismo y educación bilingüe. El lenguaje no es sólo un instrumento de identidad, de definición del invididuo y un vehículo de interacción e intercomunicación en la sociedad, sino también, desde el principio, una importante herramienta de la administración del estado, de control y transmisión de ideologías semióticas y de configuración de la identidad nacional. Instrumento de poder e influencia, por cuanto el que nombra determina las cosas, discrimina su jerarquía y valor, legisla su simbología y significado, escribe la historia que, como ha dicho Hannah Arendth, no busca la verdad necesariamente, sino fijar un sentido al pasado, para explicar y motivar el presente y futuro en la cohesión del grupo involucrado. Pablo Freire, el pedagogo brasileño, con quien tuve el gusto de compartir una mesa de discusiones en el año setenta, nos ha hecho reflexionar sobre la política de la educación, conscientizándonos cómo a través del lenguaje se puede construir una nueva sociedad para luchar contra la injusticia social sistémica que se inculca también por el contenido del lenguaje[40]. En nuestro contexto geopolítico, el "monolingüismo" o "lingüicismo" de la postura del "English only" es como todos los "ismos" negativos (racismo, clasicismo) un sistema estructural ideológico usado para legitimar, efectivizar y reproducir una división no equitativa del poder, definido a base del lenguaje, que se utiliza enton-

---

40 Pablo Freire, *Pedagogy of the opressed*, New York, Continuum: 1970. *The politics of education.* South Hadley, MA, Bergin and Garvey: 1985.

ces para "imponer" una identidad y la discriminación entre "alto" (high) y "bajo" (low): "Spanish, the language of the ghetto" (en la expresión ignorante y racista de Newt Gringricht, el poderoso político estadounidense) y sus colaterales en la promoción de un homogeneismo xenofóbico, especialmente contra lo hispano.

En este contexto, el control de los **medios de comunicación**, juega un papel importante. La presencia de los medios de comunicación hispana en los EE.UU. (TV, Radios, Periódicos, Revistas), que resienten individuos como el antes mencionado Newt Gringrich, es una afirmación política que permite el mantenimiento de la identidad cultural, con expresión de sonidos, imágenes, movimientos, y música que difunden sensorialmente el lenguaje, aunque su responsabilidad en el área del cuidado del lenguaje a veces sufra. El libro **Hablando bien se entiende la gente** y numerosas iniciativas de colegas de la Academia Norteamericana de la Lengua Española, en Yahoo y programas en la Televisión y otros medios, continuamente se trata de guiar a evitar los "horrores" anglicistas que a diario cometemos los hispanoparlantes en los Estados Unidos. Ya con sarcasmo había dejado constancia de las dificulades de la coexistencia entre los dos lenguajes, un poeta de siglo XIX que publicaba en California bajo un seudónimo-inicial V. He aquí su poema:

Conocí aquí en California
Una paisana muy bella
Con dieciocho primaveras.
Mas como estaba educada
En la americana escuela,
Inglesaba algunas frases
Que olían a gringo a la legua.
Con frecuencia se le oía
Llamar al cesto basqueta,
Cuenta las cuadras por bloques,
A un cerco decirle fensa
Al café llamarlo cofe
A los mercados marqueta
Al bodegón grosería

Esto nos lleva a algunas reflexiones, acaso someras, sobre la función de la educación, y de las instituciones educativas en el campo del lenguaje, el bilingüismo y la formación de la identidad (en un proceso de desarrollo personal, socialización, aculturación: identidad heredada, identidad asumida e identidad negociada). El énfasis en el bilingüismo en los ámbitos educativos implica profesionales comprometidos con una metodología de apertura, descolonizadora (en el trabajo de Smith[41]),

---

41 L.T. Smith, *Decolonizing methodologies*, London: Zed Books Ltd.: 1999.

con una valentía y dedicación humilde y liberadora, en palabras de Pablo Freire[42] para superar las fuerzas de opresión e imperialismo identitario y cultural. Las investigaciones sociolingüísticas y los estudios de comunicación en las escuelas han demonstrado que la capacidad cognoscitiva de los estudiantes se beneficia críticamente cuando se utiliza la gama completa de sus talentos de lenguaje y comunicación[43]. La educación bilingüe, la educación en un bilingüismo, como Jim Cummings explica no es, como se ha querido argumentar, un "plot"(conspiración) de los activistas hispanos, sino una serie de medidas que se ponen en práctica en distintos países del mundo para proveer oportunidades eficaces de aprender tanto para los del lenguaje minoritario como para los del lenguaje mayoritario[44]; añadimos no sólo en función de la adquisición de un lenguaje adicional –a lo que la escuela puede contribuir de una forma modesta- conceptos o palabras, sino de actitudes, cosmovisión, responsabilidad como miembros de una comunidad global diversa. Para concluir, como dicen los teóricos (Cummins[45], Hammers & Blanc[46]), hay que escaparse del modelo educativo dominante "orientado a la transmisión" del conocimiento de un lenguaje, a un modelo que capacita a los estudiantes haciéndolos valorizar sus talentos lingüísticos y culturales con la activa partipación de la comunidad, para obtener de un modo significativo un mayor desarrollo lingüístico y cultural, solidificando la convivencia democrática con la riqueza de la diversidad.

Bilingüismo e identidad en Estados Unidos: ¿hacia dónde nos dirigimos?

La pujanza del español con las variaciones de las diferentes regiones, países, fuentes culturales, flujos inmigratorios, ha contribuido al crecimiento y expansión del español en los Estados Unidos, como factor identitario y de cambio social para las comunidades y la nación. Si bien, como Suzanne Romaine dice en su libro *Bilingualism*[47] "en el nivel semántico, una persona bilingüe puede expresar el significado mejor en un lenguaje que en el otro, especialmente con respecto a ciertos temas o en ciertos contextos" (p.13), sin embargo siempre el bilingüismo es un "recurso a ser cultivado y no un problema a resolver" (p.7). Los estudios culturales y de teoría crítica han acentuado la importancia del bilingüismo en la construcción positiva, con autoestima, de la identidad a través de los lenguajes, la raza, el género y la clase social.

En nuestro **contexto y realidad**, personal y profesional, felizmente hablamos (enseñamos) dos lenguajes que nos permiten funcionar y cultivar mejores relacio-

---

42 Pablo Freire, *Pedagogy of the oppresed*. New York, Continuum: 1970
43 Tharp & Gallimore 1988
44 Jim Cummins, *Bilingual and ESL Classrooms*, Ovando/Collier: June 1997: prólogo, p.x.
45 Jim Cummins, *Empowering minority students*, Harvard Educational review, No. 56: pp. 18-36
46 *Bilinguality and Bilingualism*, Cambridge, Cambridge University Press: 200.
47 Oxford: Wiley-Blackwell; 2nd. Edition, 1995.

nes como individuos, en el conjunto familiar y en el conjunto social, en el plano nacional y en el supranacional. A pesar de los enemigos del bilingüismo y de la educación bilingüe, un bilingüismo logrado contribuye a mejores calificaciones individuales, conclusiones del mismo US General Accounting Office en un estudio independiente en 1987 que contradicen al Secretario de educación William Bennett y sus esfuerzos por imponer la solución de sumergirse solamente en el inglés para progresar. Es cuestión de sumar, no de restar en esta vida.

Existen desafíos y luchas que nos acompañan y nos esperan en los esfuerzos por defender nuestra identidad lingüística y cultural hispanoamericana en un espíritu de bilingüismo. Frente a guardias armados para defender la imposición del inglés como único idioma y expresión cultural, iremos con ministros religiosos, oraremos, pero no dejaremos de luchar por lo que estimamos justo y necesario para nuestro país. Ya hemos hablado de los numerosos conflictos históricos y culturales entre los EE.UU. y el mundo hispanoamericano. Sabemos que legalmente, por lo general, los tribunales han tomado el bando de los enemigos del bilingüismo (sobre todo en los lugares de trabajo) descartando la defensa de que el lenguaje está intrínsecamente ligado al origen e identidad, y dictaminando que el uso de un lenguaje diferente al inglés va en detrimento de la moral del monolingüismo de los que hablan sólo inglés y que sólo se debe mantener un lenguaje (el inglés) para asegurar una armonía y una gerencia adecuada en el lugar del trabajo. El monolingüismo, la ideología estándard, la homogeneidad, es la norma, la diversidad lingüística (y cultural) es la desviación. Hay que soñar en inglés y la población anglosajona se aferra más al inglés en reacción a lo que perciben como una amenaza lingüística y cultural de lo hispanoamericano. Sus esfuerzos por prohibir el español en escuelas, lugares de trabajo, servicios públicos, ha tenido éxitos parciales y han sido declarados anti-constitucionales en ciertos estados que se han esforzado en legislarlo. Además toda esta postura se esgrime a partir de la promulgación de mitos y caracterizaciones de la "falta" de los "valores" americanos (entiéndanse anglosajones) por parte de los que hablan otros idiomas. Samuel Huntington en su antes citado artículo advierte preocupado, que a no ser que los hispanos empiecen a hablar inglés, América (esto es EE.UU.) va a sufrir una erosión de sus valores el derecho individual, la ley del derecho, la ética de trabajo, la habilidad y deber de crear un mundo mejor todo dentro de los cánones de un protestantismo anglosajón, esto, en su extremadamente prejuiciada teoría, sería reemplazado por "tendencias hispanas" descritas como falta de ambición y confianza, falta de ética de trabajo y deseo de educación, desconfianza en el mundo que está fuera del circuito familiar, aceptación de la pobreza como modo de vida basado en la división tierra(sufrimiento)-cielo(premio) de la enseñanza de la religión católica. Nótese que los "valores" del monolingüismo/monoculturalismo inglés están catalogados de una forma positiva mientras que las tendencias de los otros están verbalizadas negativamente "falta de...", alimentándose los mitos de que los que usan otros lenguajes (especialmente los hispanos) son insubordinados, maleducados, crean líos, tienen malos hábitos, son violentos, vulgares. Quiero ser optimista y pensar que son simplemente la "última patada del cisne". Me complace comprobar que estos privilegios de los monolingues anglos están siendo revisados e incluso revertidos por las legislaturas, tribunales y arreglos extrajudiciales. Cada vez más se está entendiendo y promulgando la necesidad de aprender el español en los Estados Unidos. Hasta el punto que el mismo presidente de los Estados Unidos, Bill Clinton, confesara, como aludimos antes, su esperanza de ser el último presidente de los Estados Unidos que no hable español. En fin, la aceptación de la injusticia y de que el homogeneismo no beneficia al país ni es necesariamente fiel a sus ideales de democracia, aceptación de la riqueza, de la diversidad.

Frente a este panorama, pienso que **nuestras responsabilidades** como ciudadanos hispanounidenses, educadores, escritores, depositarios y promotores del lenguaje/ cultura hispánica en un contexto bilingüe, bicultural, son, como lo dije en el discurso de Toronto, con motivo de la Celebración de XV Festival de la Palabra y de la Imagen 2007, Huellas Latino-canadienses, invitado por el CCIE (Celebración Cultural del Idioma Español)[48]: (1) **expresar**, de una forma comprometida, a veces rebelde, siempre con nostalgia, para vencer el olvido, para darle vida a la memoria, con la insuficiencia de las palabras, el corazón de nuestro pueblo que es la América hispana, hispano-parlante que vive en los Estados Unidos y Canadá; (2) **contribuir con orgullo al rescate** de nuestra historia, cultura, arte, teatro, nuestra música, nuestro lenguaje, dentro de una cultura dominante, que –para su propio detrimento y pobreza- a veces tiende a ignorarla, a veces menospreciarla (contrario a lo que le aconsejó en 1787 el sabio y visionario Thomas Jefferson a su sobrino Peter Carr en la carta antes citada: "La lengua española. Préstale mucha atención y procura conocerla en detalle" y otras veces directamente a repudiarla (como en los lamentables casos xenofóbicos antes mencionados del ex-representante y candidato presidencial de los EE.UU. Newt Gingrish al afirmar "Spanish, language of the ghetto" y de Samuel Huntington cuando habla de "la amenaza hispana al sueño americano", que merecen no sólo nuestra reacción y repudio, sino el de toda la comunidad estadounidense civilizada y pensante); (3) **darla a conocer** al mundo, su existencia histórica y vibrante, como pretende este libro y muchos otros mencionados, **enseñarla** con dedicación, cuidado, orgullo y pasión (el lenguaje es expresión de pasiones), respeto, en las clases, conscientes de que contribuimos a formar mejores ciudadanos, al enriquecimiento de su acerbo cultural e identitario, a la configuración de una sociedad abierta y adaptada a los requisitos de un mundo integrado en paz y desarrollo. (4) **celebrarla y cultivarla**: a esta historia, estas expresiones culturales y artísticas, esta rica y creciente vida hispánica en Norte América, como lo están haciendo ya muchísimas organizaciones y personas; (5) **buscar vínculos y unión**

---

48 Publicado en el Vol. 6, Noviembre 2007 en la Revista *Glosas* de la Academia Norteamericana de la Lengua Española

para estrechar contactos, aunar esfuerzos, agrandar nuestra presencia y expresión, para que nuestra voz sea cada vez más oída y apreciada. (6) **Luchar** para que nuestro país, EE.UU., adopte la postura de Europa, de reconocer el derecho a que se use el idioma español de los Estados Unidos, sin restricciones, como idioma de la minoría más grande de la nación, luego del inglés.

Insistimos que nuestro futuro es prometedor, sin dejar de ser un constante desafío, frente a los intereses opuestos. Las ventajas comprobadas del bilingüismo en la formación de una personalidad (identidad individual y social) más sensible, humana, abierta, multidimensional, con recursos añadidos, liberada de etnocentrismo, amplitud en nuestra cosmovisión, con autoestima y aprecio de otras culturas, capacidad cognoscitiva y facilidad para aprendizaje de otras lenguas, es innegable. Incluso en términos de competencia en el plano global económico y comercial.

El auge del español en los Estados Unidos, incluso en su hibridismo bilingüe es patente y está comprobado (utilizando los dos verbos –ser y estar- que tanto le fascinan a mi amigo, el poeta Laureado de los Estados Unidos, Robert Pinsky). El bilingüismo otorga riqueza, apertura y libertad de elección, como lo dijéramos en el capítulo anterior citando al Prof. David de los Reyes. Las consecuencias positivas del bilingüismo adoptado en países de norteamérica, como Canadá, en cuanto a identidad nacional, construcción cívica de la nación y oportunidades de sus ciudadanos (como lo documentó Stacy Churchil en su estudio "Language education, Canadian civic identity and the identities of canadians"[49]) nos debe servir como un ejemplo importante y edificador a tener en cuenta, en países con realidades semejantes pero que se aferran etnocéntricamente a un idioma, inglés, como ciertos sectores de los EE.UU. A pesar de que he descrito al estadounidense (anlgosajón) como devoto monolingüe, las cosas van cambiando y más y más se entiende que nos debemos preparar para la realidad de una nación post-monolingüista.

Por segunda vez no existen conclusiones, sino proyecciones.

Nuevamente reitero, como adelanté en el capítulo anterior, pero ahora con la militancia de que pueda sumar adeptos a esta posición, para mí, el bilingüismo y el biculturalismo han sido tremendamente positivos, en mi vida personal, social y profesional, validando con mi propia experiencia las conclusiones del estudio de Holm & Holm (1990) citado por Jon Reyner en su artículo "Bilingual Education for Healthy Students, Healthy Communities"[50]. Lo mismo puedo decir de mis hijos, cuyo idioma nativo es el inglés. Ahora sólo juego con mis nietos, nueve de

---

49 Ver en http://www.coe.int/t/dg4/linguistic/Source/ChurchillEN.pdf.
50 July/August 2006 ejemplar de la Revista Language Learner de la National Association for Bilingual Education, pp. 8-9.

ellos, con edades de uno a trece años –que me llaman abuelo- a que utilicen el español. Uno de ellos, de cinco años, entona orgulloso el "Hola, amigos", por lo tanto, únicamente los puedo dejar en el sendero que cada uno recorra, con el poema de Antonio Machado transformado en canto y que hoy nuevamente se hace canción en nuestras bocas:

Todo pasa y todo queda
pero lo nuestro es pasar
pasar haciendo camino,
camino al andar…
caminante no hay camino
se hace camino al andar.

CAPÍTULO III

DEL CREADOR:
THOMAS JEFFERSON Y EL ESPAÑOL,
PRAXIS, VISIÓN Y FILOSOFÍA POLÍTICA.

THOMAS JEFFERSON

Otro de mis grandes descubrimientos como componente fundamental del Estados Unidos Hispano es Thomas Jefferson, el creador de nuestro país y veremos el porqué en esta detallada documentación de su visión, su práctica y convencimiento. Figuras, como Thomas Jefferson, Mahatma Gandhi, Cervantes, son genios que le pertenecen a la humanidad entera, aunque hayan brillado dentro de una geografía, un tiempo y un espacio determinados. Sobrepasan el espacio y se adelantan a los tiempos, son profetas, líderes, patriotas universales, seres inmortales. Su genialidad polifacética permite valorarlos desde muchos puntos de vista, sin ser necesariamente perfectos en todos sus aspectos. No se puede confundir genio con perfección[51].

Thomás Jefferson (nacido en Shadwell, Virginia, en el año 1743), ha sido llamado el **Sabio de Monticello**, una de las figuras más fascinantes de la historia, el creador de los Estados Unidos de América. Hombre renacentista, como genio encarna paradojas en su vida pletórica que han permitido numerosas interpretaciones, enfoques, síntesis genial de aspectos positivos y sus antítesis, como lo detalla minuciosamente Alf J. Mapp, Jr. en sus volúmenes ***Thomas Jefferson: A Strange Case of Mistaken Identity***[52] y ***Thomas Jefferson: Passionate Pilgrim***[53]. Fue el mentor de los artículos fundacionales de la democracia norteamericana que goza ya de más de 200 años sin interrupción, proclamando la libertad de expresión, de religión, y otros derechos humanos, demostró su ser excepcional y visión en su praxis y filosofía política en general, pero especialmente en un aspecto poco conocido que quiero documentar aquí: su aprendizaje, relación, defensa y promoción del idioma español, con el que un hispano o partidario del multiculturalismo se identifica, ya que

---

51 Aclaro que en este capítulo, utilizo y completo la información que existe en los volúmenes *The Road to Monticello, The Life and Mind of Thomas Jefferson,* de Kevin J. Hayes (Oxford University Press: 2008), *The Life and selected writings of Thomas Jefferson,* editado por Adrienne Koch y William Peden, New York, The Modern Library: 1998, y otros documentos, biografías, de Thomas Jefferson consultados. Por lo general he realizado personalmente las traducciones al español de todos los textos, cuyas versiones aparecen originalmente en inglés en los lugares bibliográficos citados a lo largo de este trabajo.
52 Lanham, Madison Books: 1987.
53 Lanham, Madison Books: 1993.

Jefferson, como genio, al poseer una multiplicidad de talentos, aptitudes y alcances extraordinarios ofrece posibilidades casi infinitas para uno encontrar áreas de identificación con él. Me identifico y festejo esta característica admirable de suma relevancia en el legado histórico de nada menos que el creador de la Declaración de la Independencia y arquitecto de los principios fundamentales que conforman la base constitucional de los Estados Unidos. Estableció, con su comportamiento en este asunto, un ejemplo personal y de estadista que sobresale en este tiempo en que aún se mantienen actitudes basadas en el antagonismo histórico entre las culturas anglosajona e hispana, xenofóbicas y cortas de mira como las antes citadas de Samuel Huntington, Newt Gingrich, proponentes del "English only" y otras posturas más extremas.

Sin desconocer o menospreciar su familiaridad con otros idiomas y sus obras literarias, el foco principal de nuestra concentración y énfasis en este ensayo historiográfico es recoger datos concretos e históricos a lo largo de la vida multifacética de Thomas Jefferson como hacendado, estudiante, profesional, pensador, inventor, diplomático, dirigente político, fundador de Universidades, para ilustrar de una manera fehaciente el aspecto fascinante y visionario en la existencia de este individuo excepcional, héroe universal del pensamiento social y político.

Repasando un poco de historia, tildado como filósofo de la libertad y apóstol en la Era de la Razón, Thomas Jefferson redactó en 1776 la **Declaración de Independencia**, donde plasmó las ideas de Locke, entre otros; justificó la rebelión por las transgresiones del rey Jorge III contra los derechos reconocidos a los ciudadanos por la constitución no escrita de Gran Bretaña, algo que pudo haberse basado en la postura del jesuita español Juan de Mariana (De Rege et Regis Institutione), cuyo libro **Historia de España** aparece en el catálogo de la Biblioteca de Jefferson elaborado por E. Millicent Sowerby. Su defensa de la democracia, de la igualdad, del derecho de los pueblos a disponer de ellos mismos y del derecho natural de los hombres «a la vida, la libertad y la búsqueda de la felicidad»[54] ha marcado los ideales, aunque no siempre la historia posterior, de los Estados Unidos. Es importante notar que si bien idealizaba al pequeño propietario agricultor independiente, Thomas Jefferson pertenecía a la aristocracia de los grandes hacendados del Sur, posición que había completado con muchos estudios, recibiéndose de abogado. Sus inquietudes intelectuales lo acercaron a la filosofía de la Ilustración, a ideas liberales, con una erudición literaria excepcional.

Al perder Thomas Jefferson las elecciones presidenciales en 1796 frente al fede-

---

54 Palabras escritas por Jefferson para la Declaración de la Independencia. Ver el análisis del Dr. John C. Munday Jr., en su artículo " LIFE, LIBERTY, AND THE PURSUIT OF HAPPINESS" en http://www.avantrex.com/essay/freetalk.html.

ralista John Adams, a causa de una disposición constitucional luego derogada, se convirtió en vicepresidente como segundo candidato más votado (1797-1801). Finalmente, ganó las elecciones en 1800 y 1804, constituyéndose en el tercer presidente de los Estados Unidos, con dos mandatos consecutivos, entre 1801 y 1809.

Me permito citar el primer párrafo de su discurso inaugural al hacerse cargo de la presidencia con la esperanza de que sea repetido y practicado por los dirigentes políticos de todas las naciones de nuestro planeta:

"Justicia igual y exacta para todos los seres humanos, de cualquier estado o persuasión, religiosa o política; paz, comercio y amistad honesta con todas las naciones, sin perturbar las alianzas con ninguna; apoyo a los Gobiernos de los estados en todos sus derechos, como la administración más competente para los asuntos domésticos...; preservación del Gobierno General en todo su vigor constitucional, como el ancla de nuestra paz doméstica y seguridad internacional..."[55]

Lo más relevante de sus dos mandatos fue la consolidación de la delegación de funciones entre los poderes constitucionales, según la cual el gobierno federal estaría a cargo de las áreas de defensa y de política exterior, dejando a los Estados una amplia autonomía en política interior. Así puso en práctica, una vez más, sus convicciones filosóficas sobre la necesidad de limitar el poder para salvaguardar la libertad.

Thomas Jefferson y el idioma español

Su erudición y genialidad las manifiesta en este caso al adelantarse a los tiempos y valorar la historia hispana de los Estados Unidos, y su aprecio, conocimiento, interés de promoción del idioma español, reconociendo su importancia cultural y geopolítica. Convencido de la relevancia de los idiomas en general para comprender, familiarizarse y ser sensible a las diversas idiosincrasias nacionales[56], Jefferson practicaba lo que predicaba, al aprender por lo menos seis idiomas con un nivel variado de fluidez. Políglota y lector asiduo –en sus versiones originales y traducciones- de los clásicos Greco-latinos (Odisea, Ilíada, Eneida), árabes, de las creaciones literarias y filosóficas francesas, inglesas (incluídos autores escoceses y galeses), su interés y familiaridad, si bien inicialmente rudimentaria con el español data de mucho antes de 1784, ya que le comentó en 1775 a John Duane en un en-

---

55 Tomado de "First Inaugural Address" en el libro de *Thomas Jefferson, Writings*, ed. Marril D. Peterson (New York: Library of America, 1984), pp. 492-496.
56 "... have long considered the filiation of languages as the best proof we can ever obtain of the filiation of nations".—To John S. Vater. V, To John S. Vater. v, 599. (M., 1812.) 4459 (Cyclopedia, p 474).

cuentro, y éste a su vez se lo transmitió a John Adams, en estas líneas: "Él [Jefferson] ha aprendido francés, italiano, español y quiere aprender alemán"[57]; realización que estaría más de acuerdo con su teoría sobre la importancia del aprendizaje temprano de los idiomas (entre los que Jefferson cita al español[58]). Este aprendizaje muy posiblemente se ubique entonces en sus años universitarios. Coincido en esto con su biógrafo B. L. Rayner al sostener que Jefferson aprendió el español durante sus estudios en el Colegio William and Mary de Williamsburg, de donde se graduó con los más altos honores, lo que estaría refrendado por lo que le informa el mismo Jefferson a Joseph Delaplaine en su carta fechada el 12 de Abril de 1817[59].

Esto implica que tal aprendizaje tuvo lugar mucho más de una década antes del mentado viaje en Julio de 1784 en el Ceres, en cumplimiento de su cargo y misión como ministro plenipotenciario en París, durante cuya travesía de 19 días, según describe John Quincy Adams en sus memorias[60] basadas en anotaciones que hizo luego de una cena con Jefferson en 1804, éste habría aprendido (repito más bien perfeccionado su conocimiento) el español con un libro de gramática española y una copia del Don Quijote que le había prestado Cabot. Esta es literalmente la anotación de John Quincy Adams en su diario: "Con respecto al español, era tan fácil que lo aprendió con la ayuda de un Don Quijote que le prestara el señor Cabot, y una gramática, en el curso de un viaje a Europa, en el cual estuvo solamente 19 días en el mar. Pero el señor Jefferson cuenta historias ampliadas..." ["As to Spanish, it was so easy that he had learned it, with the help of a Don Quixote lent him by Mr. Cabot, and a grammar, in the course of a passage to Europe, on which he was but nineteen days at sea. But Mr. Jefferson tells large stories..."]. En realidad, cuando Jefferson le devuelve y agradece a Cabot los dos volúmenes prestados del Don Quijote le escribe: "Le envío al Sr. Tracy para que le sea devuelta a Ud. la copia del Don Quijote que Ud. tan graciosamente me prestara: por lo que la devuelvo muy agradecido. Los vientos han sido tan propicios que me dieron la oportunidad de leer el volumen primero. Esto por ahora me ha permitido superar las dificultades con el idioma de manera que a mi arribo podré completar [su lectura] con placer. Descubrí que fue un modo muy ventajoso de aprovechar mi tiempo..." [61]

Además es altamente significativo cómo Jefferson trabajó asiduamente para inculcar—con la pasión típica de su personalidad—su postura y visión sobre el idioma

---

57 John Adams, *Diary and Autobiography of John Adams*, ed. L.H. Butterfield et al., 4 vols (Cambridge, Mass.: Belknap Press of Harvard University Press, 1961) 2:218.
58 "In general, I am of opinion, that till the age of about sixteen, we are best employed on languages: Latin, Greek, French, and Spanish. * * * I think Greek the least useful".—To J. W. Eppes. ii, 192. (Cyclopedia P., 1787.)
59 Life: 1998, p. 621.
60 John Quincy Adams, *Memories of John Quincy Adams* (Philadelphia: J.B. Lippencott & Co., 1874), 1:317.
61 Carta de Jefferson al señor Cabot, Julio 24, 1784, Papers, 27: 739-740.

español a su familia inmediata y círculo de influencia. En una carta del 15 de Octubre 1785 a J. Bannister Junior incluye el aprendizaje del idioma español como una de las materias requeridas, al responder a la pregunta sobre las materias de una educación norteamericana útil [What are the objects of a useful American education?][62]

Nada más ni nada menos que esa novela clave de la lengua castellana y del canon universal, el Don Quijote, se constituyó en el libro básico para el aprendizaje del español, no solo de Jefferson personalmente, sino también por parte de sus hijas. Así en 1783 le dio una copia con este propósito a su hija mayor Martha Jefferson Randolph, y fue el texto que otra de sus hijas más joven, Mary Jefferson Eppes, utilizó para el estudio del español. En una carta a su tía, Elizabeth Eppes, con quien residía su hija Mary, le escribe: "He insistido en que lea diez páginas al día de su Don Quijote en español, y que tome una lección en gramática española…" ["I have insisted on her reading ten pages a day in her Spanish Don Quixote, and getting a lesson in her Spanish grammar…"][63]. Y su progreso en el aprendizaje del español era un tema que Jefferson seguía constantemente en sus cartas enviadas con posterioridad a su hija Mary.

En esta llamativa línea de insistencia e interés de Jefferson porque su familia y allegados aprendiesen el español, muchas veces he traído a colación en mis presentaciones[64] la antes citada carta que Thomas Jefferson le envió desde París el 10 de agosto de 1787 a su sobrino Peter Carr en la que escribe: "Español. Préstale mucha atención y procura adquirir un conocimiento exacto del mismo. Nuestras relaciones venideras con España y la América hispánica harán que la adquisición de este idioma sea muy valiosa. La historia antigua de esa parte de América también se ha escrito en ese idioma. Te envío un diccionario". [Spanish. Bestow great attention on this, and endeavor to acquire an accurate knowledge of it. Our future connections with Spain and Spanish America will render that language a valuable acquisition. The ancient history of that part of America, too, is written in that language. I am sending you a dictionary][65]. Ya se lo había advertido antes (desde París el 19 de Agosto de 1785) con estas frases, luego de mencionar el Diccionario Inglés-Español de Baretti y que le estaba mandando una Gramática y otros libros en español: "Nuestra conexión futura con España hace que el más necesario de los idiomas modernos, después del francés (sea el español). Cuando llegues a ser un hombre público, tendrás oportunidad de utilizarlo, y la circunstancia de poseer tal idioma, podría darte una situación de preferencia frente a otros candidatos" [Our

---

62 Life: 1998, p. 358.
63 Carta de Jefferson a Elizabeth Eppes, 7 de Marzo de 1790
64 "La incidencia del español en los Estados Unidos", en www.lawrencebookfair.com/images/Ambroggio.pdf
65 Life: 1998, p. 398.

future connection with Spain renders that the most necessary of the modern languages, after the French (is Spanish). When you become a public man, you may have occasion for it, and the circumstance of your possessing that language, may give you a preference over other candidates."][66] Y con renovada preocupación se lo volvió a recordar en 1788: "Aplícate al estudio del idioma español con toda la dedicación que puedas. Él y el inglés que cubren casi toda la superficie de América, deberían ser muy bien conocidos por cada habitante, que intenta mirar más allá de los límites de su finca" ["Apply yourself to the study of the Spanish language with all the assiduity you can. It and the English covering nearly the whole face of America, they should be well known to every inhabitant, who means to look beyond the limits of his farm."][67]

Era un tema en el que recaía con ahínco como lo demuestra esta misiva fechada el 6 de Julio de 1787 a su futuro yerno Thomas Mann Randolph, hablando en general sobre su educación: "El español es de lo más importante para un americano. Nuestra conexión con España ya es importante y será cada día más. Además de esto la parte antigua de la historia americana ha sido escrita principalmente en español" ["the Spanish is most important to an American. Our connection with Spain is already important and will become daily more so. Besides this the ancient part of American history is written chiefly in Spanish."][68]

Conjuntamente con esta postura, es destacable -y vale la pena analizar- la cantidad y calidad de obras en español que Jefferson leyó y coleccionó a lo largo de su vida, como parte de su praxis. A raíz de su viaje a Francia, anteriormente citado, en París, Jefferson compró dos ediciones separadas en francés y español de las *Aventuras de Telémaco* para continuar su mejoramiento en el dominio del español. Además tanto su entusiasmo por el español y su literatura, como su curiosidad en leer la historia de las exploraciones españolas iniciales en el territorio americano, lo llevó a adquirir durante su estadía en Europa numerosos libros que le permitiesen expandir su conocimiento del idioma, las tradiciones, la literatura española. Entre ellos obtuvo las *Obras poéticas* de Don Vicente García de la Huerta, dramaturgo español contemporáneo neoclásico reconocido por la vena política de sus poemas y tragedias; los nueve volúmenes de la antología poética *Parnaso-Español*, compilada en 1768 por Juan José López Sedano; también una colección de romances de varios autores que incluye textos de Francisco de Quevedo y Sancho de Moncada, titulada *Romances de Germanía*, editada originalmente en 1609 por Juan Hidalgo y, por fin, *Las eróticas*, poemario lírico de métrica clásica de Esteban Manuel Villegas (en su

---

66 *Life*: 1998, p. 350.
67 To Peter Carr. ii, 409. (Cyclopedia, P., 1788.).
68 *Life*: 1998, p. 394. Se puede ver también el intercambio de cartas entre Jefferson y Thomas Mann Randolph del 6 de Julio de 1787 (Papers, 11: 558) y del 8 de Marzo de 1790 (Papers, 16: 214).

edición de 1774), que contiene traducciones de Horacio y una versión en español del libro de Boecio *De consolatione Philosophiae*, que el mismo Jefferson utilizó como modelo posteriormente para consolarse ante la partida de sus amigos los Cosways, y sobretodo de María Cosway hacia quien se había sentido atraído y con quien había congeniado profundamente. Imitando el diálogo entre la cabeza (Head) y el corazón (Heart) expuesto en el libro de Boecio, desahogaba sus pensamientos y sentimientos íntimos provocados por esta relación con María Cosway; "Una de las cartas de amor más notables en la lengua inglesa", según la opinión de Julian Boyd.[69]

Asimismo, y siguiendo su interés por conocer la historia hispana de América contada por los más destacados escritores de la época, Jefferson solicitó y recibió en el verano del año 1786 del Encargado de Negocios de la Embajada de los Estados Unidos en España, William Carmichael, dos libros claves del "Inca" Garcilaso de la Vega: *La Florida del Inca y Comentarios reales*, acaso la obra maestra de este cronista e historiador peruano, considerada como el punto de partida de la literatura hispanoamericana. También consiguió la obra cumbre de Fray Juan de Torquemada *Los veinte ivn libros rituales i Monarchia Indiana, con el origen y guerras de los Indios Occidentales, de sus poblazones, descubrimientos, conquista, conversión y otras cosas maravillosas de la mesma tierra,* mejor conocida con su título abreviado de *Monarquía Indiana y la Historia Natural y Moral de las Indias* de José de Acosta. Todo esto, conforme le detalla a James Madison para satisfacer "su intenso deseo de coleccionar a los escritores hispanos originales sobre la historia americana"[70], interés que incluso cultivó con la lectura de obras traducidas al inglés, como la de Francesco Saverio Clavigero *History of México* que, según Jefferson, "merece más respeto que cualquier otra obra sobre este tema".[71]

Estos no son los únicos libros en español que leyó Jefferson como lo indican anécdotas que aparecen en diversas etapas de su vida. Por ejemplo, el Capitán Nathaniel Cutting registró en sus archivos de eventos cotidianos el haber presenciado el hecho de que Jefferson, luego del desayuno, le leyese a su hija Mary la *Historia de la Conquista de México* de Don Antonio de Solís y Rivadeneyra (amena obra escrita por encargo real y publicada originalmente en 1684 cuyo nombre completo es *Historia de la conquista de México, población y progresos de la América septentrional, conocida con el nombre de Nueva España*), que intercala narraciones de los conquistadores con descripciones de las costumbres y ritos de los nativos, como lo hacen las obras escritas en español en los Estados Unidos de Gaspar de Villagrá (*Historia de la Nueva Mexico, 1610*) y de Fray Alonso Gregorio de Escobedo (*La*

---

69 En su edición de Papers 10: 453.
70 Carta a James Madison del 2 de Agosto de 1787, Papers, 11: 667-668
71 Carta a Joseph Willard del 24 de Marzo de 1789, Papers, 14: 697-698.

Florida, escrita a partir de 1587). En su diario, Cunning deja constancia también de la ternura con que Jefferson ayudaba a su hija Mary, de 11 años, en su aprendizaje del español, historia y geografía.[72]

En Febrero de 1790, preparándose para un viaje a Nueva York, Jefferson empaca para leer, el libro *Historia general de las Indias y conquista de México* de Francisco López de Gómara, cronista español que se desempeñó como capellán y asistente de Hernán Cortés. En esta época, continúan las cartas a Mary, su hija, insistiendo en que siga estudiando español. Ella le contesta informándole sobre su progreso en la lectura de *Don Quijote* y, al acabarlo, sobre su intención de empezar a leer el *Lazarillo de Tormes (La vida de Lazarillo de Tormes y de sus fortunas y adversidades)*, considerado durante la Inquisición de contenido herético pero que inició en España el género de novela picaresca. Luego, con humor de abuelo, con motivo de haber dado a luz Martha (su hija mayor) a una niña (Anne Cary Randolph), Jefferson le escribe una carta a Mary el 16 de Febrero de 1791 diciéndole : "Espero que le prestes mucha atención a tu sobrina y le empieces desde ya a dar lecciones de clavicordio, de español, etc.,"[73]

A mediados de 1790, Jefferson recibió de regalo de William Short -quien obviamente conocía los gustos de su amigo- una nueva edición de *Don Quijote* llevada a cabo por la Real Academia Española fundada en 1713 y constituida legalmente en 1714 por Felipe V. Un dato que me emociona doblemente, primero por tener el honor de pertenecer a la misma academia y segundo por relacionarse con la misión y objetivos de la Academia Norteamericana de la Lengua Española, cuya Delegación en Washington presido, y que Jefferson, sin dudas, apoyaría entusiásticamente en la actualidad.

Además, para alimentar sensorialmente su presencia y admiración (él era de los que pensaban "siento, por lo tanto soy"), adquirió durante su estadía en Francia, retratos de Colón, Américo Vespucio, Cortés, Magallanes y cuando alguien visitaba su casa en Monticello (como los Smith), les mostraba con orgullo estos retratos y su Biblioteca con sus más preciados volúmenes, entre ellos la *Historia de la Nueva España escrita por Hernán Cortés* que contenía además de una colección de sus cartas de México, otros documentos y notas de Francisco Antonio Lorenzama, Obispo de México, como lo relata la Sra. Smith en su diario.[74]

Si bien nos es imposible detallar cada uno de los incidentes en que figura el español

---

72 "Extract from the Diary of Nathaliel Cutting", Papers, 15: 497-498.
73 Papers, 19: 282.
74 Aparece en Margaret Bayard Smith, *The first Forty Years of Washington Society*, ed. Gaillard Hunt, New York, Charles Scribner's Sons, 1906, pp. 66-79.

en la vida de Jefferson y su relación con hijos, nietos, familiares, amigos y otros destinatarios de sus diálogos, atenciones o cartas, los ya mencionados pintan un cuadro adecuado de lo que nos propusimos documentar con respecto a su relación con el español en términos de su conocimiento, uso, aprecio, visión y valoración dentro de su filosofía política.

Incluso cuando en su retiro, empezó a pensar en reducir, vender, donar su colección de libros, comprobamos su interés profundo y continuo por el español. Retiene hasta el final una copia del *Don Quijote* para su biblioteca y uso personal, entre otras obras maestras y luego de fundar la Universidad de Virginia, en uno de los logros que le enorgullecía para ir formando su biblioteca, ordena la compra entre otros, del volumen de Francisco Álvarez titulado *Noticia del establecimiento y población de las colonias inglesas en la America Septentrional*; con el subtítulo de *"religion, orden de gobierno, leyes y costumbres de sus naturales y habitantes, calidades de su clima, terreno, frutos, plantas y animales, y estado de su industria, artes, comercio y navegacion"*, publicado en 1778.

Jefferson, la Biblioteca del Congreso y su División Hispánica

El saqueo y destrucción de la Biblioteca del Congreso y los tres mil volúmenes que la componían por las tropas británicas en Agosto de 1814 fue un acto repugnante y repudiado que entristeció y enfureció a muchos, especialmente a Jefferson, el genial amante de los libros. Con anterioridad a este trágico evento, Jefferson había apoyado a la Biblioteca del Congreso desde el poder ejecutivo y, sobretodo, cuando ejerció la presidencia, nombrando una persona a cargo (Librarian of Congress), persuadiendo a los legisladores a que adquirieran, entre otros, los libros de la Biblioteca de Benjamín Franklin. Esta destrucción lo motivó a apresurarse en su decisión de vender su biblioteca para que formase la base de la nueva Biblioteca del Congreso, lo que consideró no tanto un honor personal, sino otro modo de formar parte del legado nacional. Ante el proyecto de resolución sometido por Robert Goldsborough el 7 de Octubre de 1814 para la consideración de ambas cámaras del poder legislativo de que se autorice la compra de la Biblioteca del Sr. Jefferson, ex-Presidente de los Estados Unidos, surgieron los debates y se ventilaron fuertemente objeciones de todo tipo, incluyendo las de las voces cortas de vista de quienes pretendían una biblioteca excluyente de lo que no estuviese estrictamente relacionado al campo del Derecho, de los que respiraban un etnocentrismo anglosajón excluyente y los defensores del monolingüismo. Charles Ingersoll, representante de Pennsylvania, comentó al respecto: "la discusión y votos de la Cámara de Representantes en relación a la compra de la Biblioteca de Jefferson traicionó las prevenciones inglesas de algunos, la estrecha parsimonia de otros y los prejuicios partidarios de casi todos"[75]. Más específicamente se objetó el contenido de la Biblioteca de Jefferson y el hecho de que "una gran proporción de sus libros estuvieran escritos en idiomas extranjeros".[76]

Final y felizmente prevalecieron los sensatos, los que apreciaban (o al menos no menospreciaban) una formación y capacidad referencial multidisciplinaria, la diversidad, la riqueza cultural y lingüística del país, encarnada en la vida, la biblioteca y la visión jeffersoniana. El 30 de Enero de 1815 se aprobó la legislación autorizando la compra, y por un precio de aproximadamente $4 dólares por volumen (que era lo que había propuesto Jefferson), un acercamiento monetario que ciertamente no reflejaba el valor intrínseco de la colección. Se embarcaron desde Monticello aproximadamente unos 6,700 volúmenes. El 8 de Mayo de 1815 Jefferson le escribió a Samuel Harrison Smith: "Hoy salió el décimo y último carro cargado de libros... Es la colección más selecta de libros en los Estados Unidos y espero que no deje de tener un efecto general en la literatura de nuestro país".[77]

Los libros claves de la literatura, historia y cultura en español antes citados y otros, junto con las copias de *Don Quijote* existentes en la Biblioteca de Jefferson, fueron los que iniciaron la División Hispánica de la Biblioteca del Congreso[78], que contiene una de las colecciones de libros en español más completa del mundo y cuya sede —las vueltas de la vida- está en uno de los edificios históricos más bellos de Washington D.C., casa central de la Biblioteca del Congreso, que se llama con precisión y justicia "The Jefferson Building". Gracias eternas de todo el mundo al genio que dijo "no puedo vivir sin libros", a lo que este humilde admirador añadiría "sin libros en español".

Muerte y Legado

Thomás Jefferson murió el 4 de Julio de 1826, en su casa de Monticello, Virginia, en el cincuentenario de la Independencia, cuya Declaración había redactado y dejó este epitafio compuesto por él mismo y que, por consiguiente, demuestra sus predilecciones entre tantos logros que obtuvo en su vida. Es significativo tanto por lo

---

75 Charles J. Ingersoll, *History of the Second War between the United States of America and Great Britain*, 2 vols. (Philadelphia: Lippincott, Grambo, 1852), 2: 271-272.
76 *New Hampshire Sentinel*, 5 de Noviembre de 1814.
77 Ticknor, *Life, Letters and Journals*, I: p.36.
78 Por ejemplo, además del *Don Quijote*, las siguientes obras de Cervantes en español fueron parte de la colección de Jefferson que compró la Biblioteca: *Los Seis libros de Galatea* (1784), *Trabajos de Persiles y Sigismunda* (1781), *Novelas Exemplares* (1783), *Viage al Parnaso* (1784), dentro de las centenas de libros en español que integraban dicha colección, según deja constancia Reynaldo Aguirre en su volumen *Works by Miguel de Cervantes Saavedra in the Library of Congress*, Washington D.C.: Hispanic Division, Library of Congress, 1994

que incluye como por lo que omite. Curiosamente, no menciona su presidencia y destaca su contribución a las ideas, educación y academia. De hecho su Manual of Parliamentary Procedures influenció no solo el poder legislativo de los Estados Unidos, sino muchas otras legislaturas alrededor del mundo, habiendo sido traducido durante su vida al francés (1814), al alemán (1819) y al español en el 1826.

AQUÍ FUE ENTERRADO
THOMAS JEFFERSON
AUTOR DE LA DECLARACIÓN
DE LA INDEPENDENCIA AMERICANA
DE LOS ESTATUTOS DE VIRGINIA
PARA LA LIBERTAD RELIGIOSA
Y PADRE DE LA UNIVERSIDAD DE VIRGINIA
Nacido el 2 de Abril, 1743
Murió el 4 de Julio de 1826[79]

El legado de Jefferson es inabarcable, infinito, se presta al asombro de muchos descubrimientos como los que hemos documentado aquí. Aunque, en ocasiones revelase no estar convencido del todo sobre la vida luego de la muerte, Jefferson vive y vivirá en la inmortalidad de su auténtico perfil de genio, a través de su contribución histórica, ideológica, su existencia pasional avant garde, a partir de sus sentimientos, su visión y filosofía geopolítica que –entre muchas otras genialidades- le llevó a apreciar, promulgar el español en todas sus dimensiones. Hecho que—además de todos sus logros y aclamaciones patrióticas y nacionales—lo establece como un ejemplo extraordinario, héroe y estímulo (role model) para quienes anhelan (sean hispanos o no) a que se rescate, se aprecie la historia, la cultura, la lengua hispana de los Estados Unidos, presente y vibrante en el territorio nacional desde 1513, entre las muchas culturas que componen el país. También para quienes con sabiduría y visión postulan como modelo una cultura multilingüe en los Estados Unidos y, por supuesto, para los cincuenta millones de hispanoparlantes estadounidenses con una proyección de alcanzar los ciento treinta y dos millones para el 2050, que se sienten orgullosos de la cultura e historia hispana estadounidense y universal y tratan de mantener, rescatar y cultivar el idioma español como base de un panamericanismo y como el segundo idioma de los Estados Unidos, país que Thomas Jefferson sabiamente concibió con sus principios y accionar visionarios.

---

79 HERE WAS BURIED/THOMAS JEFFERSON/AUTHOR OF THE/DECLARATION/
OF AMERICAN INDEPENDENCE/OF THE/STATUTE OF VIRGINIA/FOR/RELIGIOUS FREEDOM/AND
FATHER OF THE/UNIVERSITY OF VIRGINIA/Born april 2, 1743 o.s.
Died [july 4. 1826] / Fecha obviamente añadida después de su fallecimiento.

CAPÍTULO IV

DE SU VOZ LITERARIA EMBLEMÁTICA: EL ELEMENTO HISPANO EN LA NACIONALIDAD AMERICANA SEGÚN WALT WHITMAN Y SU RESONANCIA HISPANOAMERICANA

WALT WHITMAN

2

Aunque pareciera extraño, el Cosmos, Barbudo de Manhattan, Whitman, configura otro de mis grandes descubrimientos dentro del contexto de la conformación del Estados Unidos Hispano y de ser parte integral de Hispanoamérica. Abro esta incursión en el mundo whitmaniano con las palabras del dominicano Pedro Mir cuando poetizaba:

¡No, Walt Whitman, aquí están los poetas de hoy,
los obreros de hoy,
los pioneros de hoy,
los campesinos de hoy,
firmes y levantados para justificarte!

Pero quiero ir más allá porque en la polvorienta inmortalidad de la vida a la que cantaba el hijo de Manhattan en su épica de un lirismo abiertamente incauto, ese ahora eterno que me pertenece en este capítulo y a todos nosotros , no dejo de tomarme de las grandes voces hispanas como la de Darío y su admiración por su democracia y humanismo, de la reverente afinidad y sentida sinceridad de José Martí dándole incluso virtudes más allá de las reales, de la presumida y alterada imitación de Chocano, de la protesta vehemente y "rota" de Pablo de Rokha, de la desinvitación de Langston Hughes. Veremos cómo Whitman está en todos: lo abrazo y lo abrazamos entusiasmados en su complejidad como el profeta soberbio de la liberación natural y humana, maestro de emanaciones, vagabundo semidivino e indestructible, a pesar de sus propias demandas y por su inclusión llena de la admiración del elemento hispano en la nacionalidad americana. Con la deuda de Neruda sentimos en su poesía "impura" al igualitario, con Borges al místico, con Paz al democrático liberal contradictorio, con Darío al "gran viejo, bello como un patriarca, sereno y santo". En fin, con mi amigo Fernando Alegría (y su ya clásico volumen *Walt Whitman en Hispanoamérica*[80]) me entrego al genio polifacético que en sus *Hojas de Hierba* y especialmente en su "Canto de mi mismo", nos

---

80 Mexico: Colección Studium, 1954

conjura con las paradojas e ironías de su idealización, de su culto de liberalización y anti-dominación, de apertura con todos los inmigrantes, de los mitos y lecturas múltiples, la admiración y reacciones encontradas que su genio complejo estimula. Este poeta que dijo en el siglo XIX ser *el poeta del alma y el poeta del cuerpo, del viejo y del joven, del necio tanto como del sabio; de la Nación formada de muchas naciones, las pequeñas iguales a las grandes; camarada de las gentes todas, tan inmortales e insondables* como él mismo, *un libre enamorado encarnando con su amplitud del tiempo la humanidad entera, todas las presencias prohibidas o que sufren*; que no somos nada *si no el acertijo y la resolución del acertijo al mismo tiempo* y que todos respiramos *el aire común bañando a nuestro globo* y que tuvo la valentía de auto-evaluarse proféticamente en su contradicción con aquellos famosos versos: ¿*Me contradigo?/ Muy bien, pues me contradigo,/ (Soy grande, contengo multitudes.)*

El elemento hispano en la democracia poética de Whitman y su concepción de la nacionalidad Americana.

Utilizando el lenguaje de Whitman, la placentera y atrevida promiscuidad del yo en todos y todos en el yo, transmito este aspecto de su pensamiento, creación y escritura, que vive también en mi yo que quiere militar con humilde orgullo en documentar y destacar la presencia y poesía hispana en y de los Estados Unidos. Además de utilizar en sus poemas palabras en español como "Libertad" o "camarado" (camarada) y manifestar su aprecio por la contribución española al tesoro lexicográfico inglés, me resulta admirable que Whitman, a pesar de su juvenil e incongruente apoyo a la Guerra Mejicana (que le provocó a Mauricio González Garza arrecho con su Manifiesto de Destino llamarlo en el título de su libro "racista, imperialista, antimexicano"), que haya lanzado en su contestación a la invitación que le hicieran para celebrar en Santa Fe el 333 aniversario de su fundación, estas declaraciones avanzadas y visionarias a finales del siglo XIX (1892), al hablar del "elemento hispano de nuestra nacionalidad", afirmando con aserciones convencidas y convincentes, que: "El carácter hispano le va a proveer algunas de las partes más necesarias a esa compleja identidad Americana. Ningún origen muestra una mirada retrospectiva más grandiosa, en términos de religiosidad y lealtad, o de patriotismo, valentía, decoro, gravedad y honor... Con respecto al origen hispano de nuestro Suroeste, es cierto que no hemos ni siquiera comenzado a apreciar el esplendor y el valor excelente de este elemento étnico. ¿Quién sabe si ese elemento, como el curso de un río subterráneo que gotea invisiblemente por cien o doscientos años, emerge ahora con un fluir más extenso y una acción permanente?"[81]. Un

---

81 Whitman, Walt. *Prose Works*. Philadelphia: David McKay, 1892; Bartleby.com, 2000. /http://www.bartleby.com/229/5004.html

aspecto profético, apocalíptico del complejo discurso democrático de Whitman con sus incontables ennumeraciones y variedades que aún no se ha destacado lo suficiente y pasa desapercibido o es ignorado por muchos de sus estudiosos, críticos y admiradores en el mundo.

Resonancia de la democracia poética de Whitman en los poetas hispanoamericanos

Los invito de aquí en más, a comprobar literalmente cómo estos destacados de las letras hispanoamericanas vibraron al unísono e hispanizaron la vida, versos y visión poética de Whitman.

La presencia de Whitman y su utopía de democracia en los poetas hispanoamericanos en las expresiones modernistas, de vanguardia y post-vanguardia, ha sido comparada a la de un espíritu, fantasma, duende y que –como decía Fernando Alegría- estudiarlo "a Walt Whitman en la poesia hispanoamericana, es como buscar las huellas de un fantasma que se puede sentir en todas partes y ver en ninguna. Toda clase de críticos citan sus versos con dudosa exactitud; poetas de las más variadas tendencias se han inspirado en su mensaje y le han dedicado encomidísticos sonetos, o bien han repetido sus propias palabras en una especie de cándida renunciación".

El primer hispanoamericano en comulgar y resaltar la relevancia de Whitman en el contexto de este recorrido historiográfico, fue el precursor del modernismo y contemporáneo de Whitman, el poeta revolucionario cubano **José Marti** en el ensayo "El poeta Walt Whitman" que redactó en Nueva York y envió para su publicación en el periódico mejicano *El Partido Liberal* (1887 y luego en *La Nación* de Buenos Aires), y en el cual Rubén Darío se inspiró para su "Oda a Whitman" en *Azul*. En ese artículo, y otros anteriores que menciono a continuación, Martí, que conoció personalmente a Whitman, expone admirado el territorio cultural de la belleza, de la naturaleza, de la novedad y rebeldía de este poeta, iniciando su culto e idealización en Hispano-América. Así lo hace: En *La Opinión Nacional* del 15 de noviembre de 1881, En "Carta de Nueva York" aparecida en *La Opinión Nacional* el 26 de noviembre de 1881, en la que leemos: "[...] los versos, grandes e irregulares como montañas de Walt Whitman" (OC, IX, p.132). Además de estos ejemplos podemos citar los siguientes párrafos: (De *La Opinión Nacional*, 28 de diciembre de 1881): "Walt Whitman, el poeta norteamericano rebelde a toda forma, que canta en lenguaje tierno y lleno de matices de lunas las cosas del cielo y las maravillas de la naturaleza, y celebra con desnudez primaveral y a veces con osadías paradisíacas las fuerzas rudas y carnales que actúan en la tierra, y pinta muy rojas las cosas rojas, y muy lánguidas las cosas lánguidas [...]"; de su .. "Carta a Bartolomé Mitre y Vedia" del 19 de diciembre de 1882: "Hay un joven novelista que se afrancesa, Henry James. Pero queda un grandísimo poeta rebelde y pujante, Walt Whitman"; de su artículo "Reforma esencial en el programa de las universidades americanas - Estudio de lenguas vivas - Gradual desentendimiento del estudio de las lenguas muertas", *La América*, enero de 1884: "[...] no hay en los Estados Unidos más poeta, desde que el pobre Sidney Lanier es muerto, que Walt Whitman, un rebelde admirable, que quiebra una rama de los bosques, y en ella halla poesía -más que en rugosos libros y doradas cadenas de "academia". De una academia es miembro Walt Whitman: su presidente se sienta en el cielo" Y como éstas muchas otras referencias.

En su texto más completo "El poeta Walt Whitman" del 1887 escribe: «Parecía un dios anoche, sentado en un sillón de terciopelo rojo, todo el cabello blanco, la barba sobre el pecho, las cejas como un bosque, la mano en un cayado.» Esto dice un diario de hoy del poeta Walt Whitman, anciano de setenta años a quien los críticos profundos, que siempre son los menos, asignan puesto extraordinario en la literatura de su país y de su época. Sólo los libros sagrados de la antigüedad ofrecen una doctrina comparable, por su profético lenguaje y robusta poesía, a la que en grandiosos y sacerdotales apotegmas emite, a manera de bocanadas de luz, este poeta viejo, cuyo libro pasmoso está prohibido [...]. Hay que estudiarlo, porque si no es el poeta de mejor gusto, es el más intrépido, abarcador y desembarazado de su tiempo. En su casita de madera, que casi está al borde de la miseria, luce en una ventana, orlado de luto, el retrato de Víctor Hugo. Emerson, cuya lectura purifica y exalta, le echaba el brazo por el hombro y le llamó su amigo. Tennyson, que es de los que ven las raíces de las cosas, le envía ternísimos mensajes al "gran viejo". La verdad es que su poesía, aunque al principio causa asombro, deja en el alma, atormentada por el empequeñecimiento universal, una sensación deleitosa de convalecencia. El se crea su gramática y su lógica. El lee en el ojo del buey y en la savia de la hoja. «¡Ése que limpia suciedades de vuestra casa, ése es mi hermano!». Su irregularidad aparente, que en el primer momento desconcierta, resulta luego ser, salvo breves instantes de portentoso extravío, aquel orden y composición sublimes con que se dibujan las cumbres sobre el horizonte". Concluyendo: "Así, celebrando el músculo y el arrojo; invitando a los transeúntes a que pongan en él, sin miedo, su mano al pasar; oyendo, con las palmas abiertas al aire, el canto de las cosas; sorprendiendo y proclamando con deleite fecundidades gigantescas; recogiendo en versículos épicos las semillas, las batallas y los robles; señalando a los tiempos pasmados las colmenas radiantes de hombres que por los valles y cumbres americanos se extienden y rozan con sus alas de abeja la fimbria de la vigilante libertad; pastoreando los siglos amigos hacia el remanso de la calma eterna, aguarda Walt Whitman, mientras sus amigos le sirven en manteles campestres la primera pesca de la primavera rociada con champaña, la hora feliz en que lo material sea aparte de él, después de haber revelado al mundo un hombre veraz, sonoro y amoroso, y en que, abandonado a los aires purificadores, germine y arome en sus ondas, «¡desembarazado, triunfante, muerto!».

Si bien en su admiración, Martí llevó a Whitman, a un heterosexualismo y cristianismo más allá de la realidad, sostengo que su comunión con el hijo de Manhattan se puede resumir con la brillante afirmación de mi amigo Oscar Hijuelos: "José Martí armó su patriotismo con poesía", algo que define a Walt Whitman en la sinceridad de su poética de una nacionalidad unida en la diversidad que va más allá de un nacionalismo romántico y cuyos ecos a veces aparecen en los *Versos sencillos*.

La icónica invocación de su poema "Walt Whitman" de la cabeza reconocida del movimiento modernista en la historia de la literatura hispanoamericana, **Rubén Darío**, que incluye en la edición de *Azul* de 1890, ofrece otra lectura del poeta estadounidense, al que, con expresas reservaciones y desafíos, rindió homenaje además en artículos, en el prólogo de *Prosas Profanas* (1917), en su *Autobiografía* (1918) e imita la característica exuberancia y ennumeración whitmaniana en su "Canto a la Argentina" (1916), y su repetición de "os saludo" ("Salut au monde!") "Desde las pampas". Notan algunos comentaristas (aunque no lo comparto) que Darío, antes de la publicación de *Azul*, no había leído las obras de Whitman ni conocía en su totalidad el contenido de su revolución poética en términos de sus temas y formas, sino que se acercó a ellas a través de una traducción francesa. Creo que es el caso no de Darío sino de otros poetas y escritores, y su lectura de la obra, entre otros, de León Bazalguette *Walt Whitman: L'Homme et son oeuvre* (1908). En ese soneto, acaso no lo celebre sino que más bien lo invoque con epítetos contradictorios como "santo". "profeta", "sacerdote" (lo reconoce como iconoclasta, reformador, pionero, individualista), a lo que contrasta el aspecto de "patriarca", "soberbio rostro de emperador", sentimientos que le inspira el "país de hierro" del Norte y que luego en 1905 dejaría plasmado en su conocido poema antimperialista "A Roosevelt". Sin embargo, coinciden Darío y Whitman en el humanismo con que ambos abordan sensualmente y sin inhibición los tópicos de las emociones humanas, el amor, concepciones desafiantes de la democracia, a más allá del realismo y de las diversas perspectivas. A lo que alude Darío con una retórica de alabanza en el quinto verso del soneto, luego de llamarlo "bello" en el segundo, *"Su alma del infinito parece espejo"*, dejando de lado su predominante aproximación a Whitman desde la metáfora del poder que exhuden las expresiones *"algo que impera y vence con noble encanto"*, *"con su soberbio rostro de emperador!"*.

Walt Whitman

En su país de hierro vive el gran viejo,
bello como un patriarca, sereno y santo.
Tiene en la arruga olímpica de su entrecejo
algo que impera y vence con noble encanto.

Su alma del infinito parece espejo;
son sus cansados hombros dignos del manto;
y con arpa labrada de un roble añejo
como un profeta nuevo canta su canto.

Sacerdote, que alienta soplo divino,
anuncia en el futuro, tiempo mejor.
Dice el águila: «¡Vuela!», «¡Boga!», al marino,

y «¡Trabaja!», al robusto trabajador.
¡Así va ese poeta por su camino
con su soberbio rostro de emperador!

Federico García Lorca incluye en *Poeta en Nueva York* (1930) la "Oda a Walt Whitman", que ha sido calificada de "elegía apocalíptica", desconcertante, confusa, contradictoria y definitivamente proscrita. Se publicó una sola vez en vida de Lorca, en una edición limitada de cincuenta ejemplares hecha en México en 1934. Es curioso constatar que el autor prefirió no referirse al poema en sus lecturas públicas, viviendo en cierto sentido una doble vida, como tantos otros de sus poetas y artistas conocidos, Aleixandre entre ellos. Validaba con su conducta el hecho de que a la sociedad hasta no hace mucho tiempo le molestaba menos la práctica privada de cualquier tipo de sexualidad que su manifestación pública. Cernuda, que afrontó de otra forma su propia homosexualidad, aseguró que en esta oda Lorca da voz "a un sentimiento que era razón misma de su existencia y de su obra". Como desarrolla magistralmente Ian Gibson en su libro *Lorca y el mundo gay*[82] y la reseña que le hace Tomás Tuero en la *Revista Clarín*[83], su «Oda a Walt Whitman» rebosa de un violento desprecio hacia lo que los demás ven en él, hacia lo que él teme ser. Apunta Tuero que Lorca nunca pudo ni quiso mostrarse «francamente homosexual», como afirma en una carta a propósito de una de sus obras, aunque ciertamente aprovechara las licencias del surrealismo para decir y no decir, para confesarse sin descubrirse. De alguna manera, Lorca le retuerce el cuello sensualista de "Cálamus" (parafraseando el título y la imagen del memorable soneto del poeta mexicano González Martínez): no celebra la confraternidad viril, ni el amor de los amigos, ni el milagro del cuerpo eléctrico (incluido el falo), denuncia en cambio la miseria de la exclusión, la prostitución y la clandestinidad. *Los maricas de Lorca (turbios de lágrimas /carne para fusta)* no se entienden ya con los camaradas joviales de Whitman. El poema, que transcribimos más abajo en su totalidad, pareciera enrarecerse al no resultar ser exactamente lo que hoy se diría una reivindicación de

---

82 Planeta, Barcelona, 2009 -
83 http://www.revistaclarin.com/1118/la-vida-privada-%E2%80%A8de-garcia-lorca/

74

alguna minoría sexual o el repudio de una fobia social, ni siquiera una evocación entre tierna e irónica de aquel macho, aquel anciano hermoso que gemía *igual que un pájaro / con el sexo atravesado por una aguja.* Sino que poetiza abruptamente una indignada repulsa de los *maricas de las ciudades.* En ellos recaerá de pronto toda la agresividad contenida en el poema: *aquellos esclavos de la mujer,* los llama, *perras de sus tocadores, / abiertos en las plazas con fiebres de abanico.* Con el tono general del poema, pareciera reflejar su irritación por la hipocresía de cierto amaneramiento norteamericano más o menos liberal o perverso; tal vez la solución superficial, falsamente tolerante, de una condición que él vivía como una tensión secreta y dolorosa. El marica de la ciudad es el enemigo *¡No haya cuartel! ¡Alerta!.* Los detesta y compone una arenga desopilante; contra ellos es la lucha sin cuartel: *contra vosotros siempre, que dais a los muchachos/gotas de sucia muerte con amargo veneno.* Aún más detalla luego en el poema, para que no se salve ninguno, una lista de los apodos con que se los designa en la jerga de diferentes lugares: Norteamérica, la Habana, Méjico, Cádiz, Sevilla, Madrid, Alicante y Portugal; respectivamente: *Fearies, Pájaros, Jotos. Sarasas, Apios, Cancos, Floras y Adelaidas.* Para terminar despotricando: *¡Maricas de todo el mundo, asesinos de palomas!* Para acabar invocando al viejo poeta en la última estrofa, casi resignado, vencido con un tono bajo, volviendo en sí: *Y tú, bello Walt Whitman, duerme a orillas del Hudson (...) Duerme. No queda nada. / Una danza de muros agita las praderas / y América se anega de máquinas y llanto.* Así pareciera expresar cómo la mentira, el muro y la máquina habían aplastado el sueño americano. Según Ian Gibson y Tuerco, "Lorca ve el fracaso fundamental de la utopía whitmaniana, ve el basamento definitivo de un imperio de milicia y consumo, ve también sus estragos y ve allí la imposibilidad de su propia vida. El ataque al marica es una defensa paradójica e incorrecta de su privacidad, defensa que no puede sino asumir el estigma de lo prohibido: *por eso no levanto mi voz, viejo Walt Whitman, contra el niño que escribe / nombre de niña en su almohada, / ni contra el muchacho que se viste de novia /en la oscuridad del ropero.* La oposición es clara: el travestismo pero *en la oscuridad del ropero,* no en l*as plazas con fiebres de abanico*; el nombre de niña pero en *la almohada,* no ante el *tocador* de la mujer". Éste es uno de los enfoques de esta Oda polifacética en la que Lorca paradójicamente conserva y exhibe su propia identidad poética.

Oda a Walt Whitman

Por el East River y el Bronx
los muchachos cantaban enseñando sus cinturas,
con la rueda, el aceite, el cuero y el martillo.
Noventa mil mineros sacaban la plata de las rocas
y los niños dibujaban escaleras y perspectivas.

Pero ninguno se dormía,
ninguno quería ser el río,
ninguno amaba las hojas grandes,
ninguno la lengua azul de la playa.

Por el East River y el Queensborough
los muchachos luchaban con la industria,
y los judíos vendían al fauno del río
la rosa de la circuncisión
y el cielo desembocaba por los puentes y los tejados
manadas de bisontes empujadas por el viento.

Pero ninguno se detenía,
ninguno quería ser nube,
ninguno buscaba los helechos
ni la rueda amarilla del tamboril.

Cuando la luna salga
las poleas rodarán para tumbar el cielo;
un límite de agujas cercará la memoria
y los ataúdes se llevarán a los que no trabajan.

Nueva York de cieno,
Nueva York de alambres y de muerte.
¿Qué ángel llevas oculto en la mejilla?
¿Qué voz perfecta dirá las verdades del trigo?
¿Quién el sueño terrible de sus anémonas manchadas?

Ni un solo momento, viejo hermoso Walt Whitman,
he dejado de ver tu barba llena de mariposas,
ni tus hombros de pana gastados por la luna,
ni tus muslos de Apolo virginal,
ni tu voz como una columna de ceniza;
anciano hermoso como la niebla
que gemías igual que un pájaro
con el sexo atravesado por una aguja,
enemigo del sátiro,
enemigo de la vid
y amante de los cuerpos bajo la burda tela.
Ni un solo momento, hermosura viril
que en montes de carbón, anuncios y ferrocarriles,
soñabas ser un río y dormir como un río

con aquel camarada que pondría en tu pecho
un pequeño dolor de ignorante leopardo.

Ni un sólo momento, Adán de sangre, macho,
hombre solo en el mar, viejo hermoso Walt Whitman,
porque por las azoteas,
agrupados en los bares,
saliendo en racimos de las alcantarillas,
temblando entre las piernas de los chauffeurs
o girando en las plataformas del ajenjo,
los maricas, Walt Whitman, te soñaban.

¡También ese! ¡También! Y se despeñan
sobre tu barba luminosa y casta,
rubios del norte, negros de la arena,
muchedumbres de gritos y ademanes,
como gatos y como las serpientes,
los maricas, Walt Whitman, los maricas
turbios de lágrimas, carne para fusta,
bota o mordisco de los domadores.

¡También ése! ¡También! Dedos teñidos
apuntan a la orilla de tu sueño
cuando el amigo come tu manzana
con un leve sabor de gasolina
y el sol canta por los ombligos
de los muchachos que juegan bajo los puentes.

Pero tú no buscabas los ojos arañados,
ni el pantano oscurísimo donde sumergen a los niños,
ni la saliva helada,
ni las curvas heridas como panza de sapo
que llevan los maricas en coches y terrazas
mientras la luna los azota por las esquinas del terror.

Tú buscabas un desnudo que fuera como un río,
toro y sueño que junte la rueda con el alga,
padre de tu agonía, camelia de tu muerte,
y gimiera en las llamas de tu ecuador oculto.

Porque es justo que el hombre no busque su deleite
en la selva de sangre de la mañana próxima.

El cielo tiene playas donde evitar la vida
y hay cuerpos que no deben repetirse en la aurora.

Agonía, agonía, sueño, fermento y sueño.
Éste es el mundo, amigo, agonía, agonía.
Los muertos se descomponen bajo el reloj de las ciudades,
la guerra pasa llorando con un millón de ratas grises,
los ricos dan a sus queridas
pequeños moribundos iluminados,
y la vida no es noble, ni buena, ni sagrada.

Puede el hombre, si quiere, conducir su deseo
por vena de coral o celeste desnudo.
Mañana los amores serán rocas y el Tiempo
una brisa que viene dormida por las ramas.

Por eso no levanto mi voz, viejo Walt Whitman,
contra el niño que escribe
nombre de niña en su almohada,
ni contra el muchacho que se viste de novia
en la oscuridad del ropero,
ni contra los solitarios de los casinos
que beben con asco el agua de la prostitución,
ni contra los hombres de mirada verde
que aman al hombre y queman sus labios en silencio.
Pero sí contra vosotros, maricas de las ciudades,
de carne tumefacta y pensamiento inmundo,
madres de lodo, arpías, enemigos sin sueño
del Amor que reparte coronas de alegría.

Contra vosotros siempre, que dais a los muchachos
gotas de sucia muerte con amargo veneno.
Contra vosotros siempre,
Faeries de Norteamérica,
Pájaros de la Habana,
Jotos de Méjico,
Sarasas de Cádiz,
Ápios de Sevilla,
Cancos de Madrid,
Floras de Alicante,
Adelaidas de Portugal.

¡Maricas de todo el mundo, asesinos de palomas!
Esclavos de la mujer, perras de sus tocadores,
abiertos en las plazas con fiebre de abanico
o emboscadas en yertos paisajes de cicuta.

¡No haya cuartel! La muerte
mana de vuestros ojos
y agrupa flores grises en la orilla del cieno.
¡No haya cuartel! ¡Alerta!
Que los confundidos, los puros,
los clásicos, los señalados, los suplicantes
os cierren las puertas de la bacanal.

Y tú, bello Walt Whitman, duerme a orillas del Hudson
con la barba hacia el polo y las manos abiertas.
Arcilla blanda o nieve, tu lengua está llamando
camaradas que velen tu gacela sin cuerpo.
Duerme, no queda nada.
Una danza de muros agita las praderas
y América se anega de máquinas y llanto.
Quiero que el aire fuerte de la noche más honda
quite flores y letras del arco donde duermes
y un niño negro anuncie a los blancos del oro
la llegada del reino de la espiga.

De todos los poetas hispanoamericanos contemporáneos, **Pablo Neruda** es a quien con más frecuencia se lo compara con Whitman, en especial después de la publicación de su *Canto General* (1950), lo que le valió la declaración abierta de ser el heredero de Whitman. En ese poema explícitamente nombra a Whitman como una de las grandes figuras literarias norteamericanas: "Whitman innumerable como los cereales junto a Poe, Dreisser, Wolfe y otros". Indudablemente, Neruda considera "la lección vital" de Whitman como epítome de la auténtica democracia norteamericana, junto con Lincoln, y en un mismo nivel. El escritor soviético Illya Erehmburg en su prólogo a la traducción rusa de los poemas de Nicolás Guillén, hace una referencia a la relación de la poesía de Neruda con Whitman: "La poesía de Pablo Neruda no está ligada en nada con la llamada poesía popular; tras ella está la tentación de los siglos, Quevedo y Góngora, Butler y Rimbaud, Whitman y Mayakovsky".

Si bien, como seañala Fernando Alegría, su primera conexión literaria e ideológica con Whitman se nota en su *Residencia en la Tierra* (1935), *España en el corazón y el Canto General* son los libros de Neruda de más relevante ascendencia whitmaniana, con su poesía "sin pureza", inconsistencias, autosuficiente y abarcadoras de espacios americanos geográficos, personales, temporales y eternos, a los que se entrega, se apega, se encuentra, se canta. El nóbel chileno canta en estos poemarios, la raíz de la liberación social del pueblo y, usando el instrumento poético y político de Whitman, su verso libre, su realismo enumerativo, su vocabulario proletario, artesanal, expresando un espíritu de confraternidad universal, en los análisis de Fernando Alegría y otros expertos de la obra nerudiana.

Acaso uno de los aspectos más curiosos de las relaciones poéticas entre Neruda y Whitman, más allá del sensualismo, autoerotismo, del sentido de compañerismo en su visión y aspiraciones, sea el de la fascinación que sobre ambos ejercía la presencia y cualidades del mar. Como lo describe Fernando Alegría "innumerables veces lo contemplan arrobados, lo examinan en su distancia y en sus ritmos infinitos, lo penetran en sus profundidades analizando con deslumbrada paciencia los secretos maravillosos de su vida animal y vegetativa, lo separan del universo como una abstracción que simboliza los misterios de la vida y de la muerte y, finalmente, lo reconstruyen poéticamente en imágenes plenas de nostalgia, sin descuidar, por el contrario, acentuándola, la belleza pictórica de masas, planos y colores del agua".

A lo que añade: "Neruda se identifica con América tanto como Whitman, pero no en un sentido panteísta, sino con criterio materialista, haciéndose eco de los problemas que comprueba directamente en el medio ambiente: la mayor parte de las descripciones del paisaje en el *Canto General* son un marco lírico para un contenido político y social. Ambos poetas se encuentran a través del tiempo a pesar de sus diferencias, políticas, filosóficas, y literarias, porque ambos están inspirados por un auténtico amor hacia el hombre y hacia la vida. La fe universalista de *Leaves of Grass* tiene su equivalente en el internacionalismo del *Canto General*. Neruda y Whitman ambicionan ver al hombre libre de las cadenas que entorpecen su bienestar y su progreso y por encima de todo, desean verlo fraternizar en paz con sus semejantes: Ambos convierten el amor a su tierra en tema poético Primordial y ambos anhelan llegar hasta el pueblo con el evangelio que predican".

De interés anecdótico, me permito añadir que la impresionante colección de las obras y los estudios sobre Whitman ocupaban un lugar prominente en las bibliotecas de las diversas casas de Neruda (Isla Negra, Valparaíso, la Casona de Santiago). Como el mismo confesó no podia resistirse a adquirir todas las versiones de *Hojas de Hierba* que encontraba como asimismo la primera edición de 1855. También pude comprobar personalmente la presencia de retratos de Whitman en cada una de sus casas, "su compañero" compartiendo el mar y el amanecer cotidiano.

Oda a Walt Whitman

Yo no recuerdo
a qué edad,
ni dónde,
si en el gran Sur mojado
o en la costa
temible, bajo el breve
grito de las gaviotas,
toqué una mano y era
la mano de Walt Whitman:
pisé la tierra
con los pies desnudos,
anduve sobre el pasto,
sobre el firme rocío
de Walt Whitman.

Durante
mi juventud
toda
me acompañó esa mano,
ese rocío,
su firmeza de pino patriarca, su extensión de
pradera,
y su misión de paz circulatoria.

Sin
desdeñar
los dones
de la tierra,
la copiosa
curva del capitel,
ni la inicial
purpúrea
de la sabiduría,
tú
me enseñaste
a ser americano,
levantaste
mis ojos
a los libros,
hacia

el tesoro
de los cereales:
ancho,
en la claridad
de las llanuras,
me hiciste ver
el alto
monte
tutelar. Del eco
subterráneo,
para mí
recogiste
todo,
todo lo que nacía,
cosechaste
galopando en la alfalfa,
cortando para mí las amapolas,
visitando
los ríos,
acudiendo en la tarde
a las cocinas.

Pero no sólo
tierra
sacó a la luz
tu pala;
desenterraste
al hombre,
y el
esclavo
humillado
contigo, balanceando
la negra dignidad de su estatura,
caminó conquistando
la alegría.

Al fogonero,
abajo,
en la caldera,
mandaste
un canastito
de frutillas,

a todas las esquinas de tu pueblo
un verso
tuyo llegó de visita
y era como un trozo
de cuerpo limpio
el verso que llegaba,
como
tu propia barba pescadora
o el solemne camino de tus piernas de acacia.

Pasó entre los soldados
tu silueta
de bardo, de enfermero,
de cuidador nocturno
que conoce
el sonido
de la respiración en la agonía
y espera con la aurora
el silencioso
regreso
de la vida.

Buen panadero!
Primo hermano mayor
de mis raíces,
cúpula
de araucaria,
hace
ya
cien
años
que sobre el pasto tuyo
y sus germinaciones,
el viento
pasa
sin gastar tus ojos.

Nuevos
y crueles años en tu patria:
persecuciones,
lágrimas,
prisiones,

armas envenenadas
y guerras iracundas,
no han aplastado
la hierba de tu libro,
el manantial vital
de su frescura.
Y, ay!
los
que asesinaron
a Lincoln
ahora
se acuestan en su cama,
derribaron
su sitial
de olorosa madera
y erigieron un trono
por desventura y sangre
salpicado.

Pero
canta en
las estaciones
suburbanas
tu voz,
en
los
desembarcaderos
vespertinos
chapotea
como
un agua oscura
tu palabra,
tu pueblo
blanco
y negro,
pueblo
de pobres,
pueblo simple
como
todos
los pueblos,
no olvida

tu campana:
se congrega cantando
bajo
la magnitud
de tu espaciosa vida:
entre los pueblos con tu amor camina
acariciando
el desarrollo puro
de la fraternidad sobre la tierra.

Quiero cerrar estos párrafos, después de esa Oda testimonial, paradójica en su admiración y crítica, de Neruda a Whitman, transcribiendo la opinión de Fernando Alegría según la cual, Neruda escribió el *Canto General* "cuando se sintió seguro de que en sí mismo se encarnaba el pueblo de la América Hispana. Semejante impulso determinó a Whitman a expresar en un solo libro el evangelio de los EE. UU., quiero decir, el convencimiento de que él era un cuadro vivo de la nación que se formaba".

Como establece Andrés Morales en su artículo "Walt Whitman en la poesía chilena contemporánea", que usamos de base para esta sección, la vinculación de Whitman con otros poetas chilenos como **Gabriela Mistral, Huidobro y De Rokha** es insoslayable. Los tres autores manifiestan su admiración por la obra del poeta norteamericano y, más que eso, registran una lectura y una influencia clara en importantes sectores de sus propias obras poéticas. Al parecer, desde los primeros pasos en cada poeta de Chile, la lectura del autor del *Canto a mi mismo*" se tornaba como fundamental. Según afirman los estudiosos, este fenómeno es claramente identificable hasta en los autores más jóvenes de hoy en día .En la poesía de Gabriela Mistral resulta posible rastrear una evidente cercanía entre la concepción de la naturaleza, las lecturas bíblicas, la mirada hacia lo telúrico y, por cierto, el concepto de americanismo que ambos comparten. Ya desde su primer libro *Desolación* (1922), publicado irónicamente en los Estados Unidos, Mistral poetiza la pluralidad whitmaniana del yo, hablando entre otras cosas de los "Motivos del barro". Los extraordinarios himnos del acápite "América" de su libro *Tala* (1938) son un testimonio fehaciente de la unión temática que aúna las obras de Whitman y Mistral. Por ejemplo, en el poema "Sol de Trópico", la intención de la hablante es asimilarse o fundirse con el paisaje Americano. En el creacionismo de **Vicente Huidobro**, el poemario que exhibe un importante influjo whitmaneano es *Adán* (de 1916). El poeta que se vincula luego literal aunque en contraposición con Whitman (*"Ah, ah, soy Altazor, el gran poeta [...] Aquél que todo lo ha visto, que conoce todos los secretos sin ser Walt Whitman, pues jamás he tenido una barba blanca como las bellas enfermeras y los arroyos helados"*) en *Adán* recrea el asombro del primer habitante de la tierra ante la naturaleza y todos los elementos que lo rodean y deslumbran: mar, montañas, transformándose el poeta mismo en ese Adán mítico que recrea todo, la naturaleza, la tierra, con sus palabras, existiendo en ellas, eco de las expresiones del *Canto a mi mismo*. La influencia de la poesía de Whitman en **Pablo de Rokha** es incluso más directa. Mientras Huidobro abandonará la perspectiva de Adán para avanzar, siguiendo los impulsos de Emerson, hacia los postulados del creacionismo y de la imagen creada, De Rokha conservará hasta el final la impronta producida por la obra de Whitman desde *Los gemidos* (1922) hasta *Acero de Invierno* (1961), expresándose como la encarnación de la humanidad, con la solidaridad social, política y de creación cósmica (incluso de "…una vaca, viuda de Whitman…"). Tal como señala Fernando Lamberg "…la profunda voz de América, el vigor, la energía, se encuentran en Whitman, y su lectura ha sido una de las más profundas experiencias intelectuales de Pablo de Rokha…". Luego en la llamada generación del 80 reaparece la figura de Whitman, dentro de la intensidad del discurso de poder, político, social, en el contexto del golpe militar en 1973. **Raúl Zurita** con su poesía emerge como heredero de Whitman en su énfasis temático de ser la naturaleza, el referente central del desierto, el universo que ama e interpreta, como lo demuestra en sus dos primeras obras *Purgatorio* (1979) y *Anteparaíso* (1982), al igual que en sus obras posteriores *El amor de Chile* (1987) y la *La vida nueva* (1993), en las cuales la naturaleza y los nativos son los protagonistas indiscutibles del canto de Zurita, constituyéndose el poema "Las nuevas tribus" en un ejemplo paradigmático donde el yo poético, con fuerza profética, desde su integración a la naturaleza, habla de ella y por ella, relacionándose así con Whitman y su característica de representar la voz de todos, viejo, joven, dotado, carente, aborigen o no, con un yo que lucha por superar el dolor colectivo de un nosotros.

Pasando a Argentina, debería comenzar con mi coprovinciano **Leopoldo Lugones** y su primer libro *Las montañas de oro* publicado en 1897, con un yo cósmico con resonancias bíblicas y una visión revolucionaria inspirada en el dinamismo democrático y solidaridad whitmaniana, que cambiaría con el tiempo al pasar de su anarquismo inicial, socialismo, a un conservadurismo un tanto controversial y hasta repudiado. En una de sus ennumeraciones, lo incluye así en esta estrofa:

Whitman entona un canto serenamente noble.
Whitman es el glorioso trabajador del roble.
El adora la vida que irrumpe en toda siembra,
el grande amor que labra los flancos de la hembra;
y todo cuanto es fuerza, creación, universo,
pesa sobre las vértebras de su verso.

Más conocida es la relación repetida de **Borges** con Whitman, y ese intercambio de venas grandilocuentes. El primer contacto ocurrió en Ginebra, cuando Borges lo descubrió a los quince o dieciséis años, en una traducción alemana. Estando en

Sevilla en 1919 publicó su primer poema "Un Himno al Mar", en el cual, según cuenta, hizo *todo lo posible por ser Walt Whitman*. Cincuenta años después tradujo el *Canto de mí mismo*: por la indignación, es una hipótesis (que él no rehusa contradecir), que le había ocasionado hacía tiempo la versión de Felipe. Como veremos, además de discusiones como "El otro Whitman" (I, p. 206-208)[84] le dedicó frecuentemente algunos pasajes críticos, breves, precisos que reflejan una larga maduración. Son sintéticos y con una exactitud acabada. Como resume Nicolás Magaril en su ensayo "Walt Whitman: una extraña criatura", Borges básicamente, con su característica virtud, resuelve en un par de líneas un malentendido insigne, más o menos perjudicial, sobre el que construye buena parte del mito biobibliográfico que lo mantiene fascinado: la discordia entre el *modesto autor* de la obra y su *semidivino* protagonista. Walt Whitman, escribió Borges, *elaboró una extraña criatura que no acabamos de entender y le dio el nombre de Walt Whitman*. Le dedicó (o se dedicó), finalmente, un soneto "Camden, 1892", en el que regresa a la consabida escena del viejo de Camden, pobre y glorioso, momentos antes de morir, asumiendo piadosamente el poema de su vida. Como resume Magaril al poema: es domingo, ha leído el periódico y ha hojeado el libro de un colega, mira su cara en el espejo, piensa que esa cara es él: *casi no soy, pero mis versos ritman / la vida y su esplendor. Yo fui Walt Whitman*. Esta última frase, dicha por el poeta, de alguna manera culmina ese vasto ciclo que se inicia con el ya mencionado *Walt Whitman, a kosmos, of Manhatian the son*. Y renueva, en una cuadro sencillo pero ligeramente melodramático, el desdoblamiento especular que suponen su vida y su obra (la de Whitman y Borges), al fin reconciliadas.

Camden, 1892

El olor del café y de los periódicos.
El domingo y su tedio. La mañana
y en la entrevista página esa vana
publicación de versos alegóricos

de un colega feliz. El hombre viejo
está postrado y blanco en su decente
habitación de pobre. Ociosamente
mira su cara en el cansado espejo.

Piensa, ya sin asombro, que esa cara
es él. La distraída mano toca

---

84 Las citas y páginas citadas pertenecen a los volúmenes de sus 4 tomos de Obras Completas editados en Barcelona por Emecé Editores, Tomo I-III (1989), Tomo IV (1996).

la turbia barba y saqueada boca.

No está lejos el fin. Su voz declara:
Casi no soy, pero mis versos ritman
la vida y su esplendor. Yo fui Walt Whitman. (II, p. 291)

A Borges siempre le fascinaron la multiplicidad de "yos" en Whitman como en su propio juego del "el otro y el mismo", "yo y Borges". Escribe: "Mi conjetura de un triple Whitman, héroe de su epopeya, no se propone insensatamente anular, o de algún modo disminuir, lo prodigioso de sus páginas. Antes bien, se propone su exaltación. Tramar un personaje doble y triple y a la larga infinito, pudo haber sido la ambición de un hombre de letras meramente ingenioso; llevar a feliz término ese propósito es la proeza no igualada de Whitman". Whitman se hace presente no solo en los poemas, ensayos específicamente sobre él, sino también en versos de diferentes poemas como en el poema "Líneas que pude haber escrito y perdido hacia 1922" de *Fervor de Buenos Aires*, en el que dice "Walt Whitman, cuyo nombre es el universo", o al agradecer "al divino" en el "Otro poema de los dones" de *El otro, el mismo* "por Whitman y Francisco de Asís, que ya escribieron el poema", o cuando en el poema "On his blindness" (II, p.477) de El Oro de los Tigres escribe: "ni de Walt Whiman, ese Adán que nombra/las criaturas que son bajo la luna,/..."o en "Himno" del poemario La Cifra "Whitman canta en Manhattan" (III, p. 307), en el que también poetiza que Whitman tomó la "...infinita/ resolución de ser todos los hombres/ y de escribir un libro que sea todos", pensamiento que repite en su prosa poética "Alguien sueña" del mismo poemario, entre otros. Asimismo Whitman aparece en notas a poemas, por ejemplo, al aclarar sobre el poema "Aquel" del poemario La cifra: "Esta composición, como casi todas las otras, abusa de la enumeración caótica. De esta figura, que con tanta felicidad prodigó Walt Whitman, solo puedo decir que debe parecer un caos, un desorden y ser íntimamente un cosmos, un orden".

En el Caribe, después de José Martí, Contracanto del dominicano Pedro Mir materializa con mayor nitidez el sentir de y hacia Whitman. El poema de Pedro Mir es el que, de los aquí tratados, más se acerca formalmente a Whitman. Como en Whitman, se celebra en él al hombre y su universo, construyéndose a través de esa celebración una nueva identidad, la del nosotros democrático, o sea la colectiva: transformación del yo egocéntrico en el nosotros altruista. De ahí su subtitulo: Canto a nosotros mismos. Tanto Mir como Whitman, como Neruda en el Canto General, asumen el rol de portavoces oficiales de su pueblo; y ambos se convierten, en profetas del porvenir en el curso de sus respectivos cantos. Además, el poema de Mir, como otros escritos contemporáneos sobre Whitman, reflejan, como hemos dicho analizando el poema de Darío, la actitud de muchos escritores latinoamericanos hacia los Estados Unidos y su política intervencionista, que según algunos de ellos traicionaba el utópico sueño democrático whitmaniano, pero el poema tiene la rica complejidad de muchas otras connotaciones originales en términos de humanidad, naturaleza e ideales socio-políticos.

Contracanto a Walt Whitman

Contracanto a un célebre poema de Walt Whitman publicado en 1855
con el título de "Canto a mí mismo" (Song of myself) que se inicia así:
"Yo, Walt Whitman, un cosmo, un hijo de Manhattan..."

Yo,
un hijo del Caribe,
precisamente antillano.
Producto primitivo de una ingenua
criatura borinqueña
y un obrero cubano,
nacido justamente, y pobremente,
en suelo quisqueyano.
Recogido de voces,
lleno de pupilas
que a través de las islas se dilatan,
vengo a hablar a Walt Whitman.
Un cosmos,
un hijo de Manhattan.
Preguntarán
¿quién eres tú?
Comprendo.
Que nadie me pregunte
quién es Walt Whitman.
Irían a sollozar sobre su barba blanca.
Sin embargo,
voy a decir de nuevo quien es Walt Whitman,
un cosmos,
un hijo de Manhattan.

1
Hubo una vez un territorio puro.
Árboles y terrones sin rubricas ni alambres.
Hubo una vez un territorio sin tacha.
Hace ya muchos años. Mas allá de los padres de los padres
las llanuras jugaban a galopes de búfalos.

Las costas infinitas jugaban a las perlas.
Las rocas desceñían su vientre de diamantes.
Y las lomas jugaban a cabras y gacelas...
Por los claros del bosque la brisa regresaba
cargada de insolencia de ciervos y abedules
Que henchían de simientes los poros de la tarde.
Y era una tierra pura poblada de sorpresa.
Donde un terrón tocaba la semilla
Precipitaba un bosque de dulzura fragante.
Le acometía a veces un frenesí de polen
que exprimían los álamos, los pinos, los abetos,
y enfrascaban en racimos la noche y los paisajes.
Y era minas y bosques y praderas
cundidos de arroyuelos y nubes y animales.

2
(¡Oh, Walt Whitman de barba luminosa...!)
Era el ancho Far-West y el Mississippi y las
Montañas
Rocallosas y el Valle de Kentucky
y las selvas de Maine y las colinas de Vermont
y el llano de las costas y más...
Y solamente
faltaban los delirios del hombre y su cabeza.
Solamente faltaban las palabras
mío
penetrara en las minas y las cuevas
y cayera en el surco y besara la Estrella
Polar. Y cada hombre
llevara sobre el pecho,
bajo el brazo, en las pupilas y en los hombros,
su caudaloso yo,
su permanencia
en sí mismo,
y lo volcara por aquel desenfrenado territorio.

3
Que nadie me pregunte
quién es Walt Whitman.
A través de los siglos
irían a sollozar sobre su barba blanca.
He dicho que diré

90

y estoy diciendo
quién era el infinito y luminoso
Walt Whitman,
un cosmos,
¡un hijo de Manhattan!

4
Hubo una vez un intachable territorio puro.
Solamente faltaba que la palabra
mío
penetrara su régimen oscuro.
Sin embargo,
el yo que iba a decirla estaba allí
pero cogido
como un pez
en su red de costillas.
Estaba
pero interno, pero adusto y confinado
y amaba y deshojaba sus novias amarillas.
Afuera estaba el firme sistema de la Ley.
Estaba la celosa
regulación de la conducta.
La ley del algodón, la Ley.
la Ley del algodón, la Ley del sueño,
la Ley inglesa, dura y definitiva.
Y apenas
un breve yo surgía entre dos párpados,
se iluminaba el cumplimiento de la Ley.
Y entonces,
cada cual derogaba su yo desestimado
entre el musgo, la sombra, la amapola
y el buey.

5
Y un día
(¡Oh, Walt Whitman de barba insospechada...!)
al pie de la palabra
yo
resplandeció la palabra
Democracia.
Fue un salto.
De repente

el mas recóndito yo
encontró su secreto beneficio
Libertad de Trabajo. Libertad de Conciencia.
Libertad de Palabra. Libertad de Camino.
Libertad de aventura, proyecto y fantasía.
Libertad de fracaso, de amor, y de apellido.
Libertad sin retorno ni vértices ni ortigas.
Libertad de quererme y mirarme en su pupila.
Libertad de la dulce asamblea que tengo en mi
corazón
contigo y con toda la infinita humanidad que rueda a
través
de todas las edades, los años, las tierras, los países,
los credos, los horizontes... y fue la necesaria
instalación de jubilo.
Las colinas desataron luceros y luciérnagas.
Las uvas se embriagaron de vino y de perennidad.
En todo el territorio
se hizo la gran puerta de la oportunidad
y todo el mundo tuvo acceso a la palabra
mío.

6
¡Oh, Walt Whitman de barba sensitiva
era una red al viento!
Vibrada y se llenaba de encendidas figuras
de novia y donceles, de bravos y labriegos,
de rudos mozalbetes, camino del riachuelo,
de guapos con espuelas y mozas con sonrisa,
de marchas presurosas de seres infinitos,
de trenzas o sombreros...
Y tu fuiste escuchado
camino por camino
golpeándoles el pecho
palabra con palabra.
¡Oh, Walt Whitman de barba candorosa,
alcanzo por los años tu ropa llamarada!

7
Los hombres avanzaron con su suerte
robusta y masculina
sudorosa. Pilotearon los

92

barcos
y los días. En la ruta pelearon con los indios
y las indias. En las noches contaron sus historias
y ciudades. En la brisa colgaron sus camisas
y caminos. En el valle pusieron diligencias
y ciudades. En la brisa colgaron sus camisas
y el olor de los pechos precedentes del hacha
y a veces se extraviaron en las sombras
de los vientres de muchachas...
Aquel territorio fue creciendo hacia arriba
y hacia abajo.
Rascacielos
y minas
se iban alejando de la tierra,
unidos y distantes.
Los más fuertes, los mas iluminados, los mas
capaces de violar un camino, fueron adelante.
Otros quedaron atrás. Pero la marcha
seguida sin sosiego, sin volver la mirada.
Era preciso
confianza en si mismo.
Era preciso
fe.
Y suavemente se forjo la canción:
yo el cow-boy y yo el aventurero
y yo Alvin, yo William con mi nombre y mi suerte de
Baraja,
y yo el predicador con mi voz de barítono
y yo la doncella que tengo mi cara
y yo la meretriz que tengo mi contorno
y yo el comerciante, capitán de mi plata
y yo
el ser humano
en pos de la fortuna para mi, sobre mi,
detrás de mi.
Y con el mundo entero
a mis pies, sometido a mi voz,
recogido en mi espalda
y la estatura de la cordillera yo
y las espigas de la llanura yo
y el resplandor de los arado yo
y las orillas de los arroyos yo

y el corazón de la amatista yo
y yo
¡Walt Whitman
un cosmos,
un hijo de Manhattan...!

8
¡Secreta maravilla de una historia que nace...!
Con aquel ancho grito
fue construida una nación gigante,
Formada de relatos y naciones pequeñas
que entonces se encontraban como el mundo
entre dos grandes mares...
Y luego
se ha llenado de golfos, islotes y ballenas
esclavos, argonautas y esquimales...
Por los mares bravíos
empezó a transitar el clíper yanqui,
en tierra se elevaron estructuras de aceros,
se escribieron poemas y códigos y mármoles
y aquella nación obtuvo sus ardientes batallas
y sus fechas gloriosas y sus héroes totales
que tenían aun entre los labios
la fragancia
y el zumo
de la tierra olorosa con que hacían su pan
su trayecto y su equipaje...
Y aquella fue una gran nación de rumbos y albedríos.
Y el yo
-la rotación de todos los espejos
sobre una sola imagen-
halló su prodigioso mensaje primitivo
en un inmenso, puro, territorio intachable
que lloraba la ausencia de la palabra
mío.

9
Porque
¿qué ha sido un gran poeta indeclinable
sino un estanque límpido
donde un pueblo descubre su perfecto
semblante?

94

¿Qué ha sido
sino un parque sumergido
donde todos los hombres se reconocen
por el lenguaje?
¿Y que
sino una cuerda de infinita guitarra
donde pulsan los dedos de los pueblos
su sencilla, su propia, su fuerte y
verdadera canción innumerable?
Por eso tu, numeroso Walt Whitman, que viste y
deliraste
la palabra precisa para cantar tu pueblo,
que en medio de la noche dijiste
yo
y el pescador se comprendió en su carpa
y el cazador se oyó en mitad de su disparo
y el leñador se conoció en su hacha
y el labriego en su semblante amarillo sobre el agua
y la doncella en su ciudad futura
que crece y que madura
bajo la saya
y la meretriz en su fuente de alegría
y el minero de sombra en mis pasos debajo de la
patria...
cuando el alto predicador, bajando la cabeza,
entre dos largas manos decía,
yo
el pueblo entero se escucha en ti mismo
cuando escuchaba la palabra
yo, Walt Whitman, un cosmos,
¡un hijo de Manhattan...!
Porque tu eras el pueblo, tu eras yo,
y yo era la Democracia, el apellido del pueblo,
y yo era también Walt Whitman, un cosmos,
¡un hijo de Manhattan!

10
Nadie supo que noche desgreñada,
un rostro frio, de bajo celentéreo,
se halló en una moneda. Que reseco semblante
se pareció de pronto a un circulo metálico y sonoro.
Que cara seca vió en circulación de mano en mano

que seca boca dijo de pronto
yo.
Y empezó a conjugarse, a cumplirse y a multiplicarse
en todas las monedas.
En moneda de oro, de cobre , de níquel,
en moneda de mano, de venas de vírgenes
de labradores y pastores, de cabreros y albañiles.
Nadie supo quien fue el desceñido primero.
Mas se le vió otra mano comprar la conciencia.
Y del fondo de los ríos, de los barrancos, de la
médula
de los arbustos, del filo de las cordilleras,
pasando por torrentes de sudor y de sangre,
surgieron entonces los Bancos, los Truts,
los monopolios,
las Corporaciones.... Y, cuando nadie lo supo
fueron a dar allí la cara de la niña y el corazón
del aventurero y las cabriolas del cow-boy y los
anhelos
del pioneer... y todo aquel inmenso territorio
empezó a circular por las cajas de los Bancos, los
libros
de las Corporaciones, las oficinas de los rascacielos,
las maquinas de calcular...
y ya:
se le vió una mañana adquirir la gran puerta de la
oportunidad
y ya mas nadie tuvo acceso a la palabra mío
y ya mas nadie ha comprendido la palabra yo.

11
Preguntadlo a la noche y al vino y a la aurora...
Por detrás de las colinas de Vermont, los llanos de
las costas
por el ancho Far-West y las montañas Rocallosas,
por el valle de Kentucky y las selvas de Maine.
Atravesad las fábricas de muebles y automóviles, los
muelles,
las minas, las casas de apartamentos, los
ascensores
celestiales,
los lupanares, los instrumentos de los artistas;

96

buscad un piano oscuro, revolved las cuerdas,
los martillos, el teclado, rompedle el arpa silenciosa
y tiradla sobre los últimos raíles de la madruga...
Inútilmente.
No encontrareis el limpio acento de la palabra
yo.
Quebrad un teléfono y un disco de baquelita,
arrancadle los alambres a un altoparlante nocturno,
sacad al sol el alma de un violín Stradivarius...
Inútilmente.
No encontrareis el limpio acento de la palabra
yo
(¡Oh, Walt Whitman de barba desgarrada!)
¡Que de rostros caídos, que de lenguas atadas,
que de vencidos hígados y arterias derrotadas...!
No encontrareis
mas nunca
el acento sin mancha
de la palabra
yo.

12
Ahora,
escuchadme bien:
si alguien quiere encontrar de nuevo
la antigua palabra
yo
vaya a la calle del oro, vaya a Wall Street.
No preguntéis por MR. Babbitt. El os lo dirá.
- Yo , babbitt, un cosmos,
un hijo de Manhattan.
El os lo dirá
- Traedme las Antillas.
sobre varios calibres presurosos,, sobre cintas
de ametralladoras, sobre los caterpillares de los
tanques
traedme las Antillas.
Y en medio de un aroma silenciosa
allá viene la isla de Santo Domingo
- Traedme la América Central.
Y en medio de un aroma pavorosa
allá viene callada Nicaragua

- Traedme la América del Sur
Y en medio de un aroma pesarosa
allá viene cojeando Venezuela.
Y en medio de un celeste bogotazo
allá viene cayendo Colombia.
Allá viene cayendo Ecuador.
Allá viene cayendo Brasil.
Allá viene cayendo Puerto Rico.
En medio de un volumen salino
allá viene cayendo Chile...
Vienen todos. Allá vienen cayendo.
Cuba trae su dolo envuelto en un estremecimiento
de comparsas.
México trae su rencor envuelto en una sola mirada
fronteriza
Y Haití, Uruguay y Paraguay, vienen cayendo.
Y Guatemala, El Salvador y Panamá, vienen cayendo.
Vienen todos. Vienen cayendo
No preguntéis por Mr. Babbit, os lo he dicho.
- Traedme todos esos pueblos en azúcar, en nitrato,
en estaño, en petróleo, en bananas,
en almíbar.
traedme todos esos pueblos.
No preguntéis por Mr. Babbitt, os lo he dicho.
Vienen todos, vienen cayendo.

13
Si queréis encontrar el duro acento moderno
de la palabra
yo
id a Santo Domingo.
Pasad por Nicaragua. Preguntad en Honduras.
Escuchad al Perú, a Bolivia, a la Argentina.
Dondequiera hallaréis un capitán sonoro
un yo.
Un jefe luminoso
un yo, un cosmos,
Un hombre providencial
un yo, un cosmos, un hijo de su
patria.
Y en medio de la noche fragorosa de la América
escuchareis, detrás de madureces y fragancia

mezclada con sordos quejidos, con blasfemia y
gritos,
con sollozos y puños, con largas lagrimas y largas
aristas y maldiciones largas
un yo, Walt Whitman, un cosmos,
un hijo de Manhattan.
Una canción antigua convertida en razón de fuerza
entre los engranajes de las factorías, en las calles
de la ciudad. Un yo, un cosmos en las
guardarrayas,
Y en los vagones y en los molinos de los centrales.
Una canción antigua convertida en razón de sangre y
de miseria
un yo, un Walt Whitman, un cosmos,
¡un hijo de Manhattan ...!

14
Porque
¿qué ha sido la ventura de los pueblos
sino un cambio continuo, un movimiento
eterno,
un fuego infinito que se enciende y que se
apaga?
¿Qué ha sido
sino un chorro incontenido,
espejo ayer de oteros y palmares,
hoy nube blanca?
¿Y que
sino una brega infatigable
en que hoy manda un puñado de golosos
y mañana los puños deliciosos,
fragantes y frenéticos del pueblo
innumerable?
Por eso tu, innumero, Walt Whitman,
que en mitad de la noche dijiste
yo
y el herrero sonoro se descubrió en la llama
y el forjador y el fogonero
y el cuidador del faro, celeste de miradas
y el fundidor y el leñero
y la niña celeste colando la alborada
y el pionero y el bombero

y el cochero y el aventurero y el arriero...
Tu,
que en medio de la noche dijiste
Yo, Walt Whitman, un cosmos,
un hijo de Manhattan
y un pueblo entero se descubrió en tu lengua
y se lanzo de lleno a construir su casa
hoy,
que ha perdido su casa,
hoy,
que tiene un puñado de golosos sonrientes y
engreídos,
hoy
que ha cambiado el fuego infinito que se
enciende y que se apaga
hoy...
hoy no te reconoce
desgarrado Walt Whitman,
porque tu signo esta guardado en las cajas de los
Bancos,
porque tu voz esta en las islas guardadas por
arrecifes
de bayonetas y puñales,
porque tu voz inunda los decretos y los centro de
Beneficencia
y los juegos de lotería,
porque hoy
cuando un magnate sonrosado,
en medio de la noche cósmica,
desenfrenadamente dice
yo
detrás de su garganta se escucha el ruido de la
muchedumbre
ensangrentada explota refugiada
que torvamente dice
tu
y escupe sangre entre los engranajes,
en las fronteras y las guardarrayas...
¡Oh, Walt Whitman de barba interminable!

15
Y ahora

100

ya no es la palabra
yo
la palabra cumplida
la palabra de toque para empezar el mundo.
Y ahora
ahora es la palabra
nosotros.
Y ahora,
ahora es llegada la hora del Contracanto.
Nosotros los ferroviarios,
nosotros los estudiantes,
nosotros los mineros,
nosotros los campesinos
nosotros los pobres de la tierra,
los pobladores del mundo
los héroes del trabajo cotidiano
con nuestro amor y con nuestro puños,
enamorados de la esperanza.
Nosotros los blancos,
los negros y amarillos,
los indios, los cobrizos
los moros y morenos
los rojos y aceitunados
los rubios y los platinos
unificados por el trabajo
por la miseria, por el silencio,
por el grito de un hombre solitario
que en medio de la noche,
con un perfecto látigo,
con un salario oscuro,
con un puñal de oro y un semblante de hierro,
desenfrenadamente grita
yo
y siente el eco cristalino
de una ducha de sangre
que decididamente se alimenta en
nosotros
y en medio de los muelles alejándose
nosotros
y al pie del horizonte de las fabricas
nosotros
y en la flor y en los cuadros y en los túneles

nosotros
y en la alta estructura camino de las orbitas
nosotros
camino de los mármoles
nosotros
camino de las cárceles
nosotros...

16
Y un día,
en medio del asombro mas grande de la historia,
pasando a través de muros y murallas
la risa y la victoria,
encendiendo candiles de júbilo en los ojos
y en los túneles y en los escombros,
¡Oh Walt Whitman de barba nuestra y definitiva!
Nosotros para nosotros, sobre nosotros
y delante de nosotros...
Recogeremos puños y semilleros de todos los pueblos
y en carrera de hombros y brazos reunidos
los plantaremos repentinamente
en las calles de Chile, de Ecuador, y Colombia,
de Perú y Paraguay
de El Salvador y Brasil,
en los suburbios de Buenos Aires y de La Habana
y allá en Macorís del Mar, pueblo pequeño y mío
hondo rincón de aguas perdidas en el Caribe,
donde la sangre tiene
ciertos rumor de hélices quebrándose en el río...
¡Oh Walt Whitman de estampa proletaria!
Por las calles de Honduras y Uruguay.
Por los campo de Haití y los rumbos de Venezuela.
En plena Guatemala con su joven espiga.
En Costa Rica y en Panamá
En Bolivia, en Jamaica y dondequiera,
dondequiera que un hombre de trabajo
se trague la sonrisa,
se muerda la mirada,
escupa la garganta silenciosa
en la faz del fusil y del jornal
¡OH, Walt Whitman!
Blanqueciendo el corazón de nuestros días delante de

nosotros,
nosotros y nosotros y nosotros.

17
¿Por qué queríais escuchar a un poeta?
Estoy hablando con uno y con otros.
Con aquellos que vinieron a apartarlo de su pueblo,
a separarlo de su sangre y de su tierra,
a inundarle su camino.
Aquellos que lo inscribieron en el ejército.
Los que violaron su barba luminosa y le pusieron un
fusil
sobre sus hombros cargados de doncellas y pioneros.
Los que no quieren a Walt Whitman el demócrata,
sino a un tal Whitman atómico y salvaje.
Los que quieren ponerle zapatones
para aplastar la cabeza de los pueblos.
Moler en sangre las sienes de las niñas.
Desintegrar en átomos las fibras del abuelo.
Los que toman la lengua de Walt Whitman
por signo de metralla,
por bandera de fuego.
¡No, Walt Whitman, aquí están los poetas de hoy
levantados para justificarte!
" - ¡Poetas venidos, levantaos, porque vosotros debéis
justificarme!"
Aquí estamos, Walt Whitman, para justificarte.
Aquí estamos
por ti
pidiendo paz.
La paz que requieras
para empujar el mundo con tu canto.
Aquí estamos
salvando tus colinas de Vermouth.
tus selvas de Maine, el zumo y la fragancia de tu
tierra,
tus guapos con espuelas, tus mazas con sonrisas,
tus rudos mozalbetes camino del riachuelo.
Salvándolos, Walt Whitman, de los traficantes
que toman tu lenguaje por lenguaje de guerra.
¡No, Walt Whitman, aquí están los poetas de hoy,
los obreros de hoy, los pioneros de hoy, los

103

campesinos
de hoy,
firmes y levantados para justificarte!
¡Oh, Walt Whitman de barba levantada!
Aquí estamos sin barba,
sin brazos, sin oídos,
sin fuerzas en los labios,
mirando de reojo,
rojo y perseguidos,
llenos de pupilas
que a través de las islas se dilatan,
llenos de coraje, de nudos de soberbia
que a través de los pueblos se desatan,
con tu signo y tu idioma de Walt Whitman
aquí estamos
en pie
para justificarte,
¡continuo compañero de Manhattan!

Otros, en el territorio caribeño, reflejan la influencia whitmaniana como el cubano José Lezama Lima al discutir La expresión americana (1993), mencionando a Whitman y destacando su romanticismo integracionista y más recientemente, en un contexto neobarroco, José Kozer en su poema "Animus".

Debemos también incluir en este recorrido el análisis crítico del poeta **Octavio Paz** sobre lo que llamaría la esencia de la poesía de Whitman. En su libro de ensayos *El Arco y la lira* ("Walt Whitman, poeta de América"), el nóbel mexicano destaca que "Walt Whitman es el único gran poeta moderno que no parece experimentar inconformidad frente a su mundo. Y ni siquiera soledad; su monólogo es un inmenso coro. Sin duda hay, por lo menos, dos personas en él: el poeta público y la persona privada, que oculta sus verdaderas inclinaciones eróticas. Pero su máscara –el poeta de la democracia- es algo más que una máscara: es su verdadero rostro. A pesar de ciertas interpretaciones recientes, en él coinciden plenamente el sueño poético y el histórico. No hay ruptura entre sus creencias y la realidad social. Y este hecho es superior –quiero decir, más ancho y significativo- a toda circunstancia psicológica. Ahora bien, la singularidad de la poesía de Whitman en el mundo moderno no puede explicarse sino en función de otra, aún mayor, que la engloba: la de América". De hecho, Octavio Paz, luego sostiene con más contundencia que "Whitman puede cantar con toda confianza e inocencia la democracia en marcha porque la utopía americana se confunde y es indistinguible de la realidad americana. La poesía de Whitman es un gran sueño profético, pero es un sueño dentro de otro sueño, una profecía dentro de otra aún más vasta y que la alimenta. América se sueña en la poesía de Whitman porque ella misma es un sueño y se sueña como realidad concreta, casi física, con sus hombres, sus ríos, sus ciudades y sus montañas. Toda esa enorme masa de realidad se mueve con ligereza, como si no pensara; y en verdad, carece de peso histórico: es el futuro que está encarnado. La realidad que canta Whitman es utópica y con esto no quiero decir que sea irreal o que sólo exista como idea, sino que su esencia, aquella que la mueve, justifica y da sentido a su marcha, gravedad a sus movimientos, es el futuro. Sueño dentro de un sueño, la poesía de Whitman es realista sólo por esto: su sueño es el sueño de la realidad misma, que no tiene otra substancia que la de inventarse y soñarse. América se sueña en Whitman porque ella misma era un sueño, creación pura", frente a lo que otros antes y ahora poetizan como "pesadilla americana", otra realidad del sueño. Sin embargo, aunque Paz quiera negar una influencia directa de Whitman, éste se hace presente en su ideología pan-americanista, sus enfoques en los temas de identidad, la re-invención de América y su dedicación transcendentalista, sensual a la madre tierra.

A pesar de habernos concentrado en algunos poetas, quisiera dejar constancia de **muchos otros casos** de vinculación Whitmaniana en la literatura hispanoamericana en lo que respecta a su democracia poética. Por citar a vuelo de pájaro algunos ejemplos: **Unamuno** comparte con Whitman sus enfoques sobre la inmortalidad, la continua innovación, la independencia de acorralamientos. **Antonio Machado** y otros reflejan las características de la ennumeración y tonos whitmanianos; luego **Rafael Alberdi** se declara compañero en armas. Se ha notado la influencia de Whitman en el lirismo panteístico cósmico del *Cántico* de **Jorge Guillén**. La poesía de unos de los iniciadores de la poesía social, el uruguayo **Carlos Sabat Ercasty**, quien parafrasea a Whitman en uno de sus poemas de *Poemas del hombre* en sus diferentes versiones a lo largo de su creación poética, el cual trata sobre la identidad dentro plan cósmico interminable, y en otros poemas suyos de *Pantheos* (1917), *Verbo de América; discurso a los jóvenes* (1940, *El espíritu de la Democracia.* (1944), Además son notorias las referencias de muchos poetas, como la de nuestro poeta **Ernesto Cardenal** quien destaca en su prólogo a la *Antología de la poeía norteamericana*[85] que publicara con **José Coronel Urtrecho** su entusiasmo por la percepción optimista de la democracia de Whitman como comunión de todos los hombres y de los hombres con la naturaleza y el cosmos. De allí su inclusión, por ejemplo, en la *Antología Poesía Libre* publicada en el 1981 por el Ministerio de Cultura, como un ejemplo a ser seguido por los poetas nicaragüenses. El más destacado poeta peruano, **César Vallejo**, expresó que la única esperanza para la poesía americana era a través de Whitman y su sinceridad sin rebusques y, principalmente en *Poemas humanos*, exhibe ese subconsciente whitmaniano de contradicciones. También llamo la atención sobre la relación de otros dos poetas

---

85 Fundación Editorial El Perro y la Rana, Caracas: 2007, p. XIV.

peruanos con Whitman, **José Santos Chocano y Juan Parra del Riego**. Chocano de hecho se proclamó: *Soy el cantor de América, autóctono y salvaje* («Blasón»). Según sus biógrafos, un hombre de escasa cultura (se jactaba de no conocer francés ni querer aprenderlo para conservarse "libre de influencias extrañas"), identificaba sorprendentemente *América y salvajismo*, parámetros whitmanianos, manifiesta emulación (más obvia que influencia) del hijo de Manhattan. Pues aún pretendió equipararse al mismo: *Walt Whitman tiene el Norte; pero yo tengo el Sur*, dijo con arrogancia poética en un verso que muchos tomaron como su lema. Aunque la crítica se encargó de precisar que no apreció la diferencia esencial entre ellos: siendo el americanismo de Chocano –apuntó acertadamente la así llamada "mirada en el tiempo"- un americanismo de pasatista: mirando hacia el paisaje y el pasado indígena e hispánico, hacia lo monumental e inmovilizado, mientras que el de Whitman es de una grandeza y universalidad de la que Chocano carecía, por cuanto Whitman miraba desde el presente hacia el futuro, y era un americanismo vivo y en marcha. No es una divergencia menor. Juan Parra del Riego, como señala Nicolás Magaril en su artículo "Walt Whitman: una extraña criatura", pasó a la historia literaria por haber hecho este ruiderío: *¡Eso eras tú Walt Whitman! / ¡El perfecto camarada! ¡El Revelador! / ¡Nuestra gran fuente de fuerza, americanos! / ¡Oh querido Walt Whitman! / Ob, Capitán, mi capitán, ¡mi capitán!*. En general comprobamos que lo que Susan Sontag afirmó de Kafta, se podría aplicar al caso de Whitman en Hispanoamérica, en cuanto al parecer hubo una especie de "secuestro masivo" sobre su obra. En los versos arriba citados podemos constatar la similitud con rasgos que se advierten en diversas manifestaciones del whitmanismo en español: efusividad descontrolada, una suerte de apostolado en última instancia paternalista; esa mala costumbre de recordarle al poeta una y otra vez y para siempre qué es, lo que es su vida, cuál es su misión, cómo lo llama cariñosamente Dios y demás; cuando él mismo apuntó varias veces sus reservas al respecto, el ímpetu americanista y la referencia a los versos iniciales de la letanía que escribiera tras el asesinato de Lincoln: "O Captain! My captain", elocuencia marcial, tribuna muchas veces utilizada en contextos diversos. Y así podríamos recorrer países y nombres en un rango numeroso, desde los ataques del poeta filósofo español de Harvard, George Santayana, a la defensa de Luis Franco en Argentina, y del español nacionalizado argentino José Gabriel, pasando por la Cuba de José A. Ramos, contradiciendo al crítico peruano, Luis A. Sánchez, en su apreciación del complejo genio democrático que conocemos como Walt Whitman y la dialéctica del diálogo que engendra.

Además de su presencia en la imaginación literaria hispanoamericana que hemos documentado, Whitman se ha reencarnado en español en numerosas y variadas **traducciones de sus obras al idioma de Cervantes** en diferentes épocas, diferentes países, diferentes aproximaciones teóricas y prácticas a la praxis de la traducción, desde la literal, académica, en toda la gama hasta la posible traición clásica y otras versiones polémicas que afectan desde los títulos de las obras: *Hojas de* *hierba*, briznas de hierba, el *canto de mí mismo*, a mí mismo, canto de mi ser, que han ocupado ensayos enteros, hasta el aspecto formal e incluso de fondo de este poeta de la epopeya democrática americana, admirado del transcendentalista Ralph Emerson, evocador de Lincoln y precursor del modernismo y post-modernismo. Si bien, hay traducciones parciales al español de textos de Whitman como las de Balbino Dávalos expuestas en el Segundo Congreso Internacional Americano que tuvo lugar en la ciudad de México en 1901, las de Miguel de Unamuno de 1906 (*Canto Adánico*), las vertidas en el artículo sobre la lírica de Walt Whitman en el 1910 por el periodista español cuyo seudónimo era Angel Guerra y otros escritores como el poeta cubano José de Armas y Cárdenas, se le atribuye como el inicio de la traducción de las obras selectas de Whitman, al uruguayo Álvaro Armando Vasseur –paradigmática su pelea con Almafuerte-: una selección original de 1912 (según Enrico Santí traducción del italiano), reimpresa luego en Montevideo en 1939 y otras ediciones posteriores, cuyas traducciones fueron criticadas como muy libres y erotizantes por Fernando Alegría y defendidas, entre otros, por Enrico Mario Santí. Luego en Madrid en el año 1946 la chilena de nacimiento Concha Zardoya publica sus *Obras Escogidas: Ensayo biográfico crítico*. (Dicho sea de paso, estas dos traducciones son las que usa de base Matt Cohen en su versión que corregí recientemente para la página en español de Whitman de la Universidad de Iowa). También en este año (1946) aparecen en México las traducciones de la colección del poeta crítico chileno Arturo Torres-Ríoseco *La última vez que florecieron las lilas en el patio* y la de Miguel Mendoza *Walt Whitman, cantor de la democracia*. En 1949, el poeta y traductor chileno Gregorio Gasman publica *Saludo al mundo*. Emilio Abreu Gómez en 1950-54, publica su selección, prólogo, notas y traducciones del gran cronista del modernismo *Enrique Gómez Carrillo: Whitman y otras crónicas*. La traducción de **León Felipe** de *Canto a mí mismo* publicada más recientemente por Losada en 1950 ha sido caracterizada como paráfrasis, con vehementes detractores y defensores, encabezada con un prólogo de nueve poemas que contiene –según ciertos críticos- todos los vicios y virtudes whitmanianas, pero que presenta a Whitman como un poeta heroico y revolucionario, predicador poético contra las absurdas leyes de los hombres y la desigualdad humana de su época y pareciera de todos los tiempos. Un amante innegable de la poesía de Whitman, cuyo enérgico tono, voz de libertad, León Felipe refleja en la arenga de su propia poesía. Hay quienes sostienen que es la mejor traducción del *Song of myself*, sin embargo, Borges en su reseña de esta obra en la Revista Sur (No. 88, enero 1942), opina que con su traducción León Felipe había "calumniado" a Whitman, afirmando que "de la larga voz sálmica hemos pasado a los engreídos grititos del cante jondo". En 1953, el ecuatoriano Francisco Alexander publica su *Hojas de Hierba* (reimpreso recientemente en 2011 en Buenos Aires), cuya versión completa de la obra poética de Whitman, en palabras de Rolando Costa Picazo, "revela un profundo conocimiento del poeta estadounidense y un gran respeto por las características de su poesía", reproduciendo "sus efectos retóricos, sus catálogos y repeticiones, y logra verdaderos triunfos en la traducción de sus vuelos líricos". Juicio crítico que avalo en mis análisis de las diferentes traducciones.

En 1969 aparece la traducción de Jorge Luis Borges *Hojas de hierba (selección)*. El mismo Borges califica su enfoque de traductor al confesar que "Mientras tanto, no entreveo otra posibilidad que la de una versión como la mía, que oscila entre la interpretación personal y el rigor resignado". Numerosas traducciones han aparecido posteriormente y me limito a dejar constancia sólo de las siguientes en orden cronológico: Leonardo Wolfson, *Hojas de hierba* (selección), Buenos Aires, 1976, autor que a su vez comparó las traducciones de Vasseur, León Felipe y Borges en su ensayo "Tres veces Whitman" (1992), como lo habían hecho anteriormente Ana Redondo y Javier Azpeitia en "Versiones de Whitman" (que incluía además de las recién citadas a las de Fracisco Alexander, José María Valverde, Concha Zardoya, Mauro Armiño y su propia versión); Pablo Mañé Garzón, *Walt Whitman, Poesía completa*, 4 vols. (1976-1983); en 1981 la traducción de Enrique López Castellón del *Walt Whitman: Canto a mí mismo, El Cálamo, Hijos de Adán*; en 1984 aparecen las traducciones de Roberto Matson en Buenos Aires, *Canto a mí mismo* en edición bilingüe y *Los poemas "Calamus"* de Rodolfo Rojo en Santiago de Chile, en Madrid *Walt Whitman: Canto a mí mismo*, traducción de Mauro Armiño y en Barcelona los dos volúmenes de *Walt Whitman Hojas de Hierba* traducidos por Alberto Manzano; más tarde en 1999 sale a luz en Buenos Aires *Saludo al mundo y otros poemas* de Carlos Montemayor. Nuevas ediciones y reediciones de diversas traducciones de la obra de Whitman en las últimas dos décadas siguen multiplicándose, cultivando su influencia en los poetas hispanoamericanos actuales, producto de su deslumbramiento e inmortalidad.

Para finalizar estas excavaciones de referencias, me limito a aludir con rapidez (porque creo pertenecer a otro capítulo) a algunos de los más importantes textos críticos hispanoamericanos que analizan las revolucionarias características temáticas, éticas y estéticas de la poesía de Whitman en Hispanoamérica y reflejan la complicada presencia de su elemento democrático poético (muchos de ellos escritos por poetas), aunque ya los hemos citado a algunos de ellos en los poemarios o traducciones mencionados. Encabeza este listado el ya citado libro de Fernado Alegría *Walt Whitman en Hispanoamérica* publicado en México en el 1954 y numerosos ensayos suyos posteriores que aparecen, por ejemplo, en la sección correspondiente del libro *Walt Whitman & the World* editado por Gay Wilson Allen y Ed Folsom (1995). Los artículos o libros intitulados "Walt Whitman" de Armando Donoso (1915), John De Lancey Ferguson (1916), Torres-Rioseco (1922), Luis Franco (1945). Y otros con enfoques más específicos como el ensayo de Donoso "El espíritu libre de Walt Whitman (1920), los ensayos de Jorge Luis Borges "El otro Whitman" (1929), "Notas sobre Whitman" en *Otras Inquisiciones*, 1937-1952, los volúmenes de Pepita Turnia, *Walt Whitman: cotidiano y eterno* (1943), *Walt Whit-*

man, la voz democrática de América (1944) de José Gabriel, *Walt Whitman y la América Latina* (1950) de Elena Aizén de Moshinski, *Walt Whitman: Racista, Imperialista, Antimexicano* (1971) de Mauricio González de la Garza, y muchos otros libros, artículos, ensayos sobre su vida, sus referentes, su voz y su ideal poético que nos incluye incluso en sus contrariedades, imperfecciones e inmortalidad.

Mi propio descubrimiento y vivencia: plasmada en mi último poemario "Todos somos Whitman".

En él, comienzo afirmando que él mismo, Whitman, me prestó este atrevimiento de proclamar que "Todos somos Whitman", algo que me enorgullece como hispano-estadounidense. Nace de su insistencia y no usurpo nada ni nadie. De este elemento surgió este experimento en español, de Whitman, de sus *Hojas de hierba* y su "Canto a sí mismo (de mí mismo o a mí mismo)", mi libro *Todos somos Whitman*[86].

Porque estos textos (una mínima de mil espigas) nacen no sólo de su texto y las lecturas múltiples mías y de muchos, sino también de la multiplicidad intrínseca del canto y de los 104 ensayos sobre las 52 secciones del "Canto de mí mismo"que me encargó la Universidad de Iowa que tradujera y que me inspiró esta nueva reencarnación creativa, acaso equívoca, aunque feliz y sin ningún intento de infidelidad, más bien fehacientemente al contrario. Parte de la primicia whitmaniana de que no hay periferia: los textos nunca se cierran, se reescriben, se recrean y todos configuramos el centro y el original, un préstamo, pago y recompensa. Parafraseando al genio de las Ficciones aquí la literatura copia a la historia y la historia copia a la literatura con la elegante desfachatez de Pierre Menard, jactándose quijotescamente del hecho porque insisto haber descubierto que: Todos somos Whitman.

Él y Borges me perdonan la irreverencia. Más aún la justifican al poetizar Borges que Whitman tomó la "…infinita/ resolución de ser todos los hombres/ y de escribir un libro que sea todos".

En contraste con esta actitud expansiva están aquellos que, contrario a Whitman, para enaltecerse o creerse alguien se sienten en la lamentable necesidad de rebajar a los demás, a los que están arriba, o son conscientes simplemente de lo que son en manos de la estima de quienes realmente saben de quien hablan o lo conocen de verdad (y todos los sufrimos). Eyaculan, bajo pretexto de equilibrio, el que uno es nada o nadie con discriminación, racismo, sentido equivocado de superioridad. Pero Whitman, el "salvaje amable y desbordante", era mucho más sabio y ya me/

---

86 Vaso Roto Ediciones, Madrid/México, 2014.

nos había proclamado en sus versos, a mí y a todos, que somos uno en todos y todos en uno y de allí el canto y la celebración. ¡Qué podrido y vil es el pecado capital de la envidia, de la discriminación, del racismo, de la falsa supeioridad! Sabios y buenos son los que lo evitan y tristes los que sucumben a su trampa y a su baja autoestima. Más triste aún es el que hagan de su percepción enferma y el canon enquistado, una cátedra. En más de un sentido somos acertadamente apócrifos. La realidad constituye su castigo irreconciliable. En esta postura me apoyan y nos apoyan Robert G. Ingersoll y Ezra Pound, con las imperfecciones que les pertenecen y me pertenecen, al hablar irónicamente de Whitman. El primero, Ingersoll, señalando que no aceptaba un credo porque estaba arrugado y viejo y tenía una gran barba blanca; pero tenía muy en claro que la hipocresía, a pesar de tener un aspecto venerable, confía en apariencias y máscaras –en estupidez- y miedo. Y Pound, quien se describió a sí mismo como "el Walt Whitman que aprendió a vestirse de saco y corbata y una camisa de vestir (aunque era enemigo de ambas cosas)".

Porque Whitman, el universal, genial, imperfecto, es otra cosa, vive de otra manera, respira el aire, el horizonte, el océano de todos y cada uno de la misma forma, en sí mismo. Todos somos Whitman. Él, todos y yo

"Soy del viejo y del joven, del necio tanto como del sabio;
Indiferente a los demás, siempre atento a los demás;
Maternal tanto como paternal, tanto niño como hombre;
Lleno con las cosas ordinarias y lleno con las cosas exquisitas;
Un ser de la Nación formada de muchas naciones, las pequeñas iguales a las grandes;
Sureño tanto como norteño, soy el despreocupado y hospitalario…" [87]

Paradójicamente escribía esto a bordo de un avión perteneciente a "One World Alliance" (Alianza de un Mundo): la ilusión caduca de una propaganda. Pero así desparramo estos versos sin orden, sin cometido, sin misión; gotas de sangre, semen, impulsos, estallidos, efectos florecidos del hacer el amor con la imaginación que me seduce con sus promesas excitantes de vida, a mí y a todos en mí, con todos, sin distinción, los poetas en nosotros/en mí, busco, me aventuro, me libero, pregunto, sin exceso, en el cielo y en la tierra, bajo el sol, las estrellas y otros átomos compartidos. Es la magia y caricatura de Whitman en este polvo ambiguo e inclusivo que me ha vuelto a fascinar, la democracia atlética y plural. El misterio de la realidad se impone en los individuos y, a través de ellos, en el presente universal que más allá de los abusos, debe ser fuente de felicidad y me atribuyo el derecho a buscarle cómplices en la tierra salvaje y aparentemente civilizada.

---

87 Sección 16 del "Canto de mí mismo".

Whitman me ha convencido una vez más de que la escritura es uno de mis cónyuges, aunque no sé si le resultaré tan buen amante. Otros chismosearán, al fin, los desenlaces del amor y de la muerte, los detalles de la tapa. El barbudo profeta, visionario, me ha liberado de los enclaustrados en todo tipo de canon; participo en su convocatoria a una rebelión y escape interminable con su lirismo de raíces, sensual, erótico, valiente y transformante. Me injerto en él, en su océano de ennumeraciones inclusivas, con las lilas florecidas de Bloom y los Goethe, Blake, Wordsworth, Holdering, Shelley, Keats, y caigo iluso, sin querer huir de su influencia, en Allen Ginsberg, Hart Crane, D.H. Lawrence y su espontaneidad , T.S. Elliot (dejando de lado su impersonalismo), Wallace Stevens, William Carlos William y su narrativa, Ashbery. Me lleva a transcender con Emerson, Carlyle, Rousseau y otros románticos.

Gracias, Cosmos, hijo de Manhattan y de Camden: este es mi grito en la multitud, celebrando y respirando, sin cesar, tus propios versos: "¿Y qué es la razón? ¿y qué es el amor? ¿y qué es la vida?"[88]

Al vivir, cantar, sufrir, tratar de encarnar en diálogos, vivencias y palabras, disfrutar en libertad, paz, democracia, celebrar hoy y siempre las respuestas a esas preguntas, Uds. y yo, nosotros:
¡Todos somos Whitman!

Y acá también, como conclusión, cuadra el canto de nosotros mismos, los hispanoestadounidenses que Whitman inspira, integrando el yo universal que somos como nación y que estimuló el inicio de mi libro *Todos somos Whitman* y justifica su inclusión en este libro sobre diversas manifestaciones del Estados Unidos Hispano.

CANTO DE/A/MÍ/ SÍ/ MISMO
"Y aquello que yo me apropio habrás de apropiarte"
Walt Whitman (1)

Este Yo desperdigado.
hispano, latino, rubio, negro, cobrizo,
nativo e inmigrante, con todos estuvo aquí
antes y ahora; ahora y mañana; no se detiene,
átomo virginal de la desnudez y el polvo,
del hijo universal de Manhattan
del cosmos sin alambres
y el remolino de los ecos.

---

88 Sección 42 del "Canto de mí mismo".

Niño con la sabiduría de las preguntas,
hijo de pobres y de ricos, de educados y analfabetos,
de rieles, siembras, clases y cuidados,
que brotarán con cuerpos sin un olvido,
semilla en su tierra de sangre nueva,
recogiendo manos, pupilas, voces,
el sabor de los océanos
el olor de dulces selvas,
polen de Dios, días y noches
centro del yo que danza con muchos,
hombres, mujeres, jóvenes y viejos
en la luz del surco del infinito,
con manos abiertas, sin muros,
raíces libres mías y de todos
al pie del canto
que ahora festeja
sin credos ni bibliotecas.

Con todos los colores que agitan su raza,
romana, celta, hebrea, mora,
hispana, aborigen, con reinos de muchedumbres
frescas en el árbol de la vida.

Hierba, niña, niño, germen suplicante
en la atmósfera del amor y los relojes,
Dios de la promesa y el porvenir,
reciente y antiguo en el pueblo nuevo,
ido y llegado del pueblo viejo,
el corazón de la humanidad en la luna de las manos,
el aliento de las sílabas.
Porque es voz, zumbido de hojas verdes y secas
que ama por igual
en el color de su época, el parque que es, soy,
somos, hoy, aquí, ayer y siempre,
el territorio impreciso del misterio.

Es puertorriqueño, chicano,
de la Cuba libre merenguera,
de Santo Domingo y todo el Caribe,
de El Salvador y Nicaragua.
Viene de México, América Central,
(Nicas, Catruchos, Ticos, Guanacos, Chapines)

112

de Costa Rica, el Tikal ,Guatemala ,
de sus selvas, lagos de sal y miel,
de Panamá, Colombia, Perú y Venezuela,
los maíces de las pampas argentinas,
las venas de uva de Chile, la quena de Bolivia,
de sus mayas, quechuas, aztecas, incas
de los guaraníes, el Amazonas, Ecuador,
del Uruguay charrúa y sus riberas,
gauchos, criollos, europeos, mestizos,
mulatos, güeros, turcos, asiáticos, sirio-libaneses,
pibes, gurises, paisas, rotos, chipotes.

Lo acosan y espantan hélices y metrallas,
los centavos del martillo y las cenizas.
Patrón y jornalero; esclavo aún del trabajo,
pintor de ranuras, creador ingenioso de techos, pavimentos
en la agonía de la sangre del ayer y el todavía
del lunes de los comienzos y el domingo de las fiestas.

Lo traducen y no lo traducen las bienvenidas,
los graznidos del rechazo y el silencio sin sol
de la indiferencia, los días, las manos grises.

Pertenece a la familia y a veces lo invitan, otras lo excluyen
de las cenas familiares y su menú de auroras;
cuando viene la compañía, se han acostumbrado
a que solo limpie, cocine o sirva la mesa.

Sufre ahora, y en el próximo viento, el humo discriminante
del aliento en el azar, para bien o para mal
de quienes respiran intoxicados ignorancia o altanería
sin racimos de estrellas, montes, nubes celestes,
manantiales de dádivas y de praderas.

El sueño de tu creación, patria de muchas patrias,
lo definió y descompuso al mismo tiempo
en el fermento de leyes caprichosas
que atacaron a la libertad y felicidad en su camino
y el de todos los que suscribieron tus artículos.

Le gustan y no le gustan las palabras, la víspera
de los silencios, vocablos teñidos en el antagonismo

de imperios y conquistas, bienvenidas, ataúdes y desprecios,
oros recibidos y robados.

No lo destruirán, aunque sea maestro o estudiante,
seguidor o dirigente. Trataron sin suerte
porque la historia y su alma, a la que pertenecemos
y pertenece en este paño de sustancias y tiempos,
no lo permiten.
Soy inmenso y contengo multitudes.
No podrán negarme ni ignorarme ni declararme indocumentado:
estoy escrito en ti, en todos,
como todos lo están en mí,
en el barro y en el cielo blando de la brisa,
en el significado sabroso de tu cuerpo.

Con la voz sabia del pueblo, se queja y no se queja.
Como todos, triunfa en las derrotas y pierde, a veces,
en las victorias de los puentes,
porque la ventura de la espiga la lleva dentro,
fuera, en el ombligo de la agonía.
Canta con la voz de los campos devorados,
el sudor de las estrías y sus dones,
el cuerpo robusto y abrumador de las ciudades.
Quiere ser la voz del río y no solo de las prohibidas;
sino también de las voces estrictamente ignoradas.

No desearía ir a un bosque
en el que deba evitar las raíces.

En el yo de todos,
el alma universal del poema,
en cada Walt Whitman interminable,
cosmos sin rúbricas,
ola en las olas, mundos compartidos,
en el amarillo que vibra,
danzo, sonrío, lloro:
Me canto y me celebro.

CAPÍTULO V

PRESENCIA Y CREATIVIDAD:
ESTADOS UNIDOS HISPANO EN SU VIDA LITERARIA
DESDE EL 1513 HASTA EL PRESENTE:
POESÍA, PROSA Y TEATRO

JUAN FELIPE HERRERA

Poesía

Ya no se puede sostener lo que en 1917 afirmaba Miguel Romera-Navarro de que "La historia y exposición del hispanismo literario en Norte-América están por escribirse. Ni un sólo estudio, comprensivo o superficial, popular o erudito, se le ha dedicado".[89] La literatura, y en particular la poesía, escrita en español en los Estados Unidos merece un capítulo destacado en cualquier antología de literatura iberoamericana que se precie de completa, ya que somos parte de la literatura estadounidense e hispanoamericana.

De los cuatro tipos de lenguaje español utilizado en EE.UU. (puro, bilingüe, spanglish, inglés con salsa) nos concentraremos en documentar la poesía escrita en español "puro", sin ser puristas y reconociendo la dinámica del lenguaje (con las adecuaciones e idiosincracias del caso, dado que se trata de un "melting pot" también de raices hispanoamericanas). En este sentido, adoptamos la clasificación de algunos críticos literarios, arbitraria como todas las clasificaciones (sin mayor profundización en este uso de nomenclaturas, tan controvertido), para distinguir entre poesía hispana, poetas "hispanos", aquellos de procedencia hispánica en los Estados Unidos que han optado por escribir en español, y "latinos", aquellos de procedencia hispánica que escriben en inglés[90] y cuyas figuras y creaciones no se han tomado en cuenta en esta compilación, independientemente de su reconocida importancia y de compartir muchos de sus ejes discursivos y características estéticas con la poesía hispana de los Estados Unidos.

Es un esfuerzo y listado que quiere documentar, incluso con deficiencias formales, la presencia de esa poesía hispano-estadounidense y contribuir a su integración a la larga tradición poética que enriquece la así llamada "Poesía Americana" junto

---

89 *El hispanismo en Norte-América: exposición y crítica de su aspecto literario*, Madrid: Renacimiento: 1917, p.1.
90 Esta es la tesis que sostiene, entre otros, William Luis en su libro *Dance Between Two Cultures: Latino Caribbean Literature Written in the United States*, Vanderbilt University Press, Nashville: 1997.

con las otras tradiciones, aunque a la hispana se le haya ignorado en la histórica actitud antagónica de la cultura dominante anglosajona, a excepción de la postura de algunos genios, como la de Thomas Jefferson ya documentada en el Capítulo III o la del poeta de la democracia Walt Whitman en el siguiente. La literatura hispana de los EE.UU. remonta sus orígenes a exploradores que inician sus incursiones en lo que constituye ahora el territorio estadounidense en 1512-1513.

Dentro de los seis cuerpos poéticos que indentificamos en nuestra investigación en esta área empezamos nuestro recorrido por las figuras y obras poéticas más representativas del período colonial, sus registros temáticos y estéticos e importancia fundacional. Partimos, en todo caso, de la premisa de que no existe sólo una tradición poética en los Estados Unidos única y dominante; y esta premisa cobra particular importancia porque el período poético colonial se descubre y encuadra eminentemente en una de las tradiciones poéticas –la hispana- dentro de la poesía estadounidense (con sus tradiciones anglosajona "oficial", nativa, afro-americana, entre otras[91]). La hispana ha existido desde hace más de cuatro siglos y medio en los Estados Unidos. Comulga con las tradiciones antedichas en el continuo cuestionamiento de las políticas hegemónicas, de los abusos de las clases dirigentes, en el lenguaje directo, objetivo, la predilección por el verso libre en las creaciones más recientes y, a la vez, exhibe diferencias, siendo la más importante la del idioma utilizado y, en este período, la métrica y el eje temático.

Como lo veremos a lo largo del trayecto y lo documentaremos más detalladamente en las conclusiones, la tradición literaria/poética hispano/latina en los EE.UU. se caracteriza por un enriquecimiento multicultural, voz antigua y nueva. Se expresa en diferentes códigos (español, inglés, bilingüe, *Spanglish*) que en ocasiones aparecen mezclados con naturalidad, lo que da una dimensión peculiar al lenguaje, a las figuras y expresiones formales del mismo. El estilo, las imágenes, las temáticas que reflejan el dinamismo de esta experiencia en sus diversas plasmaciones —de opresión-oprimido-opresor, lucha, esfuerzo de preservación, identidad, orfandad, relaciones étnicas, inmigración y exilio, peregrinaje, melancolía y rencor, desgarramiento y nostalgia en una voz a la vez diversa generacional y geográficamente y coincidente, aculturación, en fin, en el amor y en la muerte en este contexto definitorio— produce un discurso literario valioso y único, con voces y figuras representativas de la mayoría de los movimientos literarios que han marcado la creación poética a través de los siglos: desde el barroco, las corrientes románticas, simbolistas, parnasianas que precedieron al modernismo hasta el modernismo y luego las

---

91 Caben destacar como volúmenes que documentan estas tradiciones respectivamente la obra de Jay Parini (ed.), *The Columbia Anthology of American Poetry,* New York, Columbia University Press: 1995, Duane Niatum, *Harper's anthology of 20th century Native American poetry*, New York, Harper Collins: 1988 y la antología de Michael S. Harper y Anthony Walton (eds.), *The Vintage Book of African American Poetry*, New York, Vintage Books: 2000.

vanguardias, las nuevas vanguardias, post-modernismo, neo-modernismo, modernidad, post-modernidad y post-globalización[92].

Comenzamos entonces, limitándonos a esbozar los alcances de esta tradición, con el período colonial, que abarca desde el año 1539 hasta el año 1810, si bien las historias y leyendas sitúan la primera expedición de Juan Ponce de León a la península de la Florida en busca de "La Fuente de la Juventud" en el año 1513. Luego en el 1528, Panfilo de Narváez recorrió la costa del Golfo hasta hundirse su flota en la proximidad de lo que es ahora Texas, de donde un grupo de sobrevivientes bajo el liderazgo de Álvaro Núñez Cabeza de Vaca llegó a México a través de Texas y el suroeste del territorio estadounidense, además de las expediciónes entre 1539 y 1543 bajo el mando de Hernando de Soto desde el oeste de Florida hasta las montañas de los Apalaches, a través del río Mississippi.

Cubrirá un recorrido, a vuelo de pájaro, una mirada panorámica, por los seis cuerpos poéticos que constituyen esta creación/memoria literaria hispana de los EE.UU., cuyos inicios preceden a la nación[93] y continúan en forma vibrante y con mayor alcance hasta el presente con un futuro que supera expectativas, estadísticas y posibilidades humanas de exactitud, pero no de festejo.

Esta aproximación significa un comienzo imperfecto. Queda mucho por hacer, por completar, por abarcar; de allí la necesidad vital de una actualización contínua en manos de futuros entusiastas.

---

92 He documentado más detalladamente este enfoque en mi artículo: "Representantes de los movimientos literarios: en la poesía escrita en español en los Estados Unidos: Modernismo, Pre/Post/Neo y otros ismos." *Alba de América* 30.57-58 (2011): 214-27.

93 Actualizo en esta presentación mi estudio "Poesía de Estados Unidos en Español" publicado en *Hispanos en los Estados Unidos*, Editado por GerardoPiña et al., Nueva York: Columbia University: 2004, pp. 197-213. Luego publicado en www.psicofxp.com/forums/literatura.62/636564-la-poesia-hispana-en-ee-uu.html A su vez, condenso en éste y en el apartado siguiente los estudios de John H. McDowell, María Herrera-Sobek and Rodolfo J. Cortina "Hispanic Oral Tradition: Form and Content", Luis Leal, "Pre-Chicano Literature: Process and Meaning (1539-1959)", Francisco Lomelí "Contemporary Chicano Literature, 1959-1990: From Oblivion to Affirmation to the Forefront", que forman parte del *Handbook of Hispanic Cultures in the United States: Literature and Art*, editado por Francisco Lomeli, General Editors Nicholas Kanellos and Claudio Esteva-Fabregat, University of Houston: Arte Público Press: 1993. Remito a la vasta bibliografía que se encuentra a lo largo de este Handbook a quienes deseen profundizar períodos o temas de los aquí tratados. Hago uso de los textos poéticos compilados *En otra Voz. Antología de la literatura hispana de los Estados Unidos* editada por Nicholas Kanellos , University of Houston: Arte Publico Press: 2002, como parte del programa de recuperación de la Herencia Literaria Hispana de los Estados Unidos.

La Poesía colonial (1539-1810)[94]

Los exploradores, frailes, viajeros, conquistadores, dejaron un legado escrito en diferentes tipos de prosa narrativa (crónicas, memorias, relaciones, diarios, cartas) testimonios de sus hazañas y descubrimientos.

El género poético, lo encabeza en 1571 Bartolomé de Flores, originario de Málaga y vecino de Córdoba, quien publica en Sevilla la *Obra nuevamente compuesta* escrita presumiblemente en Florida según los historiadores literarios: 347 versos de décimas que acaban con un villancico.[95] Una poesía con todo el contenido soberbio del imperialismo colonizador español de cruz y espada, pero que dentro de su retórica propagandística en sus versos también revela admiración, apego y características de Florida, una tierra a la vez conquistada y prometida, el *locus amoenus*, en su descripción del paisaje americano incluyendo su curiosa omisión después de utilizarlo ampliamente como recurso descriptivo, como se refleja en los versos:

Curiosas cosas no cuento
de animales ni arboledas
cercadas de fuentes ledas
con otras plantas sin cuenta...

Parte de la "Invocación":

Emperador de la Gloria
Dios poderoso clemente
haz profunda mi memoria
porque con tu gracia cuente
una tan alta victoria.

Finalizando con loas a las grandezas de Florida:

Y por dar mejor aviso
quiero contar la grandeza
la hermosura y belleza
deste fértil paraíso:

---

94 Basado en el ensayo: "El período colonial en la poesía escrita en español en los Estados Unidos (1539-1810): importancia fundacional" que presenté en el CUARTO CONGRESO INTERNACIONAL CELEHIS DE LITERATURA, Literatura española, latinoamericana y argentina, Mar del Plata, 7, 8 y 9 de noviembre de 2011 http://www.mdp.edu.ar/humanidades/letras/celehis/congreso/2011/actas/ponencias/ambroggio.htm
95 Utilizo en la cita de versos, la version de la Biblioteca Universal Virtual que aparece en www.biblioteca.org.ar/libros/71351.pdf

su gente y naturaleza,
es un nuevo mundo lleno
de deleites y frescuras
con muy diversas pinturas.
prado florido y ameno
con aves de mil hechuras.

Aparece después el poemario *La Florida* del fraile franciscano Alonso Gregorio de Escobedo que se ubica entre los años 1587 y 1593, clasificado como el primer poema épico de los Estados Unidos, compuesto por aproximadamente 21,000 dodecasílabos en octavas reales. Escrito como él mismo dice "en lengua ruda y verso mal limado". Sus primeros diez cantos, de corte hagiográfico se ocupan de la vida de san Diego de Alcalá; los dos cantos siguientes se refieren a la expedición de Juan de Silva de 1595 (Canto 11) y la rebelión de Guale de 1597 (Canto 12). La segunda parte (que consta de 13 cantos) comienza con los justificativos y el comienzo de la misión evangelizante y estos versos:

Iréis les dijo Cristo a sus electos
A predicar a toda criatura
De mi divina ley los diez preceptos,
Carta de Navegar cierta y segura.

Trata a continuación de naufragios, otras vicisitudes y luchas de españoles contra ingleses y franceses, detallando en unas estrofas de esta sección las depredaciones de Francis Drake en San Agustín, acaecidas el año anterior de la llegada del poeta a la zona. El Canto 14 da inicio a la tercera parte con la descripción del viaje de Escobedo desde La Habana al territorio de la actual Florida; al mismo tiempo, ofrece sus comentarios sobre Alonso de Reinoso, fraile franciscano líder de los religiosos. A partir del Canto 16 se intercalan algunas descripciones de la Florida dentro de las estrofas dedicadas a detallar los ritos, costumbres, modos de luchar de sus habitants, como se puede apreciar en los siguientes fragmentos:

Es la Florida llena de pantanos,
Cien mil brazos de mar entran en ella,
Que no podrá juzgar los más cercanos
Del suelo un palmo en junto en toda ella.
...
Por ser gran cantidad que hay de ostiones
De las cáscaras hacen cal tan fina
Que se labran con ella paredones
Y reparan de casa cualquier ruina.

Las descripciones del indio, del nativo, son a veces peyorativas, siempre bajo los prejuicios del código religioso, moral, cristiano y la mentalidad española, que tergiversan o matizan su objetividad testimonial. Por una parte, alaba su destreza y fortaleza para sobrevivir en un medio ambiente hostil y enfrentar a los "conquistadores" y, por otra, nota sus defectos (lujurioso, cruel, bárbaro), como podemos comprobar en algunos de sus textos:

Es como gamo el Indio en ligereza,
Y fuerte cual si fuera peña dura

Ingenioso, de rara sutileza,
...
Adoraban con término apacible;
Y del lucero claro la hermosura
Y al trueno cuyo estrépito es terrible
Y a las que tienen nombre de Cabrillas
Adoraban hincadas las rodillas.
...
Es gente miserable y pecadora.
Es gente sin verdad y gobierno.
....
Es gente de maldades la señora.
...
Es gente sin discursos naturales.
Es gente no como hombres racionales.

Los últimos cantos del poemario contienen crónicas de pláticas y sermones poetizados del autor, con frecuentes referentes bíblicos al Antiguo y Nuevo Testameno, crónica de su campaña de catequización y evangelización, como lo indican los versos del Canto 24 que –en sus palabras- "contiene...como fui prosiguiendo la santísima encarnación de Nuestro Señor Jesucristo en sus virginales entrañas de Santa María a Cristianos e infieles". Raquel Chang-Rodríguez sostiene que: "desde una perspectiva literaria, el poema… (con sus diversos héroes, eventos)…dan entrada a temas característicos de la épica americana…La variedad de episodios, el largo periplo del autor por mar y tierra, su carácter de testigo presencial de los hechos y el empleo del patrón épico para realzarlos hacen de *La Florida* un texto clave de la frontera norte y una contribución singular a la poesía épica, modalidad tan apreciada entonces"[96].

96 Procedente de su artículo "La Florida y el suroeste: letras de la frontera norte", en *Enciclopedia del español en los Estados Unidos*, Madrid, Ed. Santillana: 2008, p.63.

Sigue cronológicamente la creación del abogado, soldado y poeta hispanoamericano Gaspar Pérez de Villagrá, Procurador General en una de las Expediciones a Nuevo México, oriundo de Puebla de los Angeles y educado en Salamanca, al escribir a partir del año 1598 el poemario de corte virgiliano titulado *Historia de la Nueva México* (publicado en Alcalá de Henares en 1610) que despliega 34 cantos en los que relata en versos (con un español arcaico, giros y resabios del hablado en el siglo XVI) la expedición, la naturaleza, costumbres de los habitantes de Nuevo México (vaquero, aventada-rodeo), historias de valentía, de amor, de crisis, concluyendo con la conquista y cruel destrucción de la ciudad de Acoma. El crítico Manuel M. Martín Rodriguez la califica como "una obra literaria muy peculiar" porque si bien "comparte muchas características con la épica tradicional ...también se aparta de ese género de manera significativa.... sobre todo cuando decide intercalar documentos oficiales entre los versos del poema" y con la hibridez de su estructura métrica[97]. Genaro Padilla en su reseña de la edición de Gaspar Perez de Villagra, *Historia de la Nueva México 1610*, traducida por Gilberto Espinosa, con introducción y notas de F.W. Hodge. Los Angeles: The Quivira Society, 1933, Vol. IV escribe: "What works about the poem is the disclosure of competing claims in the epic structure of intent. An epic celebrates the exploits, intelligence, and courage of the protagonist, but to do so, it also requires honoring the antagonists. The Homeric/Greek epic, for example, celebrates conquest and yet it dramatizes the agony of warfare, makes heroes of both the victor and the vanquished and creates this equal measure in order to immortalize Greece, or, in the case of Villagrá, Spain. Yet, it seems to me that Villagra in some strange, and I think unintended way, immortalizes not Spain, but Acoma".

Un análisis de las estrofas de este poemario revela cómo el poeta dentro del escenario del paisaje nuevo mexicano enfoca la historia con anécdotas, victorias y derrotas, hazañas de españoles pero también de hombres y mujeres fuertes que mantienen la supervivencia de una cultura viva hasta el presente y el caballo desafiante como símbolo de poder y control en la épica americana, ahora casi derrotados. Sólo cito la siguiente estrofa del Canto 8, como un ejemplo "del más puro lirismo garcilasista de Villagrá" –así lo cataloga Juan F. Maura en su estudio "Gaspar Pérez de Villagrá y Sabine R. Ulibarri: pasado y presente de la épica de Nuevo México"[98]:

Y assí, cual los arroyos que de passo
Refrescan las Riberas y lebantan
Graciosas arboledas y las visten

---

97 Ver su edición de Gaspar de Villagrá. *Historia de la nueva Mexico.* Alcalá de Henares: Universidad de Alcalá de Henares, 2010.
98 Publicado en http://www.ucm.es/info/especulo/numero20/nmexico.html

De tembladoras hojas y entretejen
Diuersidad de flores olorosas,
Amenos prados, frescos deleitosos
Y sombras apazibles agradables,
(Canto 8, 151).

Ecos son de estos versos de la primera égloba de Garcilaso:

Corrientes aguas, puras, cristalinas;
Arboles que os estáis mirando en ellas.
Verde prado, de fresca sombra lleno;
Aves que aquí sembráis vuestras querellas;
Hiedra que por los árboles caminas
Torciendo el paso por su verde seno.

Continuó esta tradición poética Miguel de Quintana quien llegó a Nuevo México en 1693 y permaneció allí por el resto de sus días. Ya con las influencias del mestizaje, su escritura atrevida para la época con dejos de heterodoxia religiosa y social, expresa la necesidad de reafirmarse metapoéticamente como en los versos:

Escribe y no seas cobarde.
Escribe que del inmenso
y supremo bien que es Dios
gozas ese movimiento.

Había sido examinado por la inquisición en 1732, conforme deja constancia en las siguientes redondillas:

No temas inquisición,
castigo, daño y afrenta.
Es Dios, Miguel, quien te alienta
con tan grande inspiración. (...)

A mediados del siglo XVII, aparece la Relación de Alonso de León (1649) que capitaneó la expedición a la Bahía del Espíritu Santo, Texas, finalizada por un autor anónimo en 1690. Contiene la elegía de un soldado "Ante un cadáver", de marcada influencia en poemas posteriores, como el del poeta romaticista mexicano Manuel Acuña (1849-1873) que lleva el mismo título, con estos versos paradigmáticos:

Sitio funesto y triste
donde la lobreguez sola te asiste;
porque a triste suerte

dio a tus habitadores fiera muerte.
Aquí solo contemplo
que eres fatilidad y triste ejemplo
de la inconstante vida; (...)
Y tú, cadaver frío,
que en un tiempo mostraste tanto brío
tierno te contemplo
y eres de infelicidad un vivo ejemplo.

También en este contexto de relaciones, merecen mencionarse los poemas de Fray Manuel de Arroyo y los del autor anónimo (acaso Pedro Bautista Pino) de la obra de teatro caballeresca "Los Comanches" con sus personajes y el héroe Cuerno Verde.

Simultáneamente con este legado escrito, se generó y mantuvo entre los hispanos de los EE.UU. una fecunda tradición oral. El significativo cuerpo literario de diferentes géneros en la tradición oral se manifiesta en dichos, rimas, adivinanzas, corridos, décimas, canciones, alegorías ("La Llorona", por ejemplo). Son clásicos los corridos y baladas sobre Gregorio Cortés, símbolo de la resistencia hispano/latina contra la opresión de los anglos dominantes:

Decía Gregorio Cortéz
con su alma muy encendida
"No siento haberlo matado.
La defensa es permitida".

O aquel otro "Valentín de la Sierra":

Voy a cantar un corrido
de un amigo de mi tierra,
llamábase Valentín
y fue fusilado y colgado en la sierra.

Y valga el siguiente ejemplo de las populares adivinanzas rimadas:

Agua pasa por mi casa
cate de mi corazón.
si no me adivinas ésta
eres puro burro cabezón. (Aguacate).

Como observaciones finales sobre este período, debemos apuntar, en primer lugar, que no se puede desestimar la importancia de este período en el rescate de la historia hispana de los EE.UU., su cultura y creación literaria, como tampoco la relevancia de su exclusión premeditada de la "Historia oficial". Esto está cambiando en la actualidad porque se aprecia más y más su existencia con la aparición de numerosas y bien documentadas ediciones críticas de estos textos fundacionales, incluso por estudiosos anlgosajones que la integran al canon de la literatura estadounidense, más allá del disgusto que puedan producir al lector actual ciertos ejes temáticos de las composiciones de esta época, lo que José Rabasa encuadra dentro de "la estética de la violencia colonial"[99], porque como sostiene Harold Bloom el arte de la poesía interesa como tal independientemente de su "political correctness"[100]. Raquel Chung-Rodriguez formula esta observación: "¿Por qué, en el estudio del temprano contacto entre España y América, estas voces han permanecido relegadas o ignoradas? ¿Por qué se las excluye en recuentos de la historia cultural de los Estados Unidos? Al reflexionar sobre recientes direcciones en el campo de los estudios interdisciplinarios en el ámbito colonial y transatlántico, es evidente que urge recuperar este legado e incorporarlo al debate crítico para mostrar su complejidad, ramificaciones y vigencia. Dada la importancia de la frontera norteña —la Florida y la Nueva México— en una época —la actual— que paradójicamente cancela y marca bordes, apremia acercarnos a quienes escribieron para dejar memoria de hechos 'dignos de que la pluma los levante' (Pérez de Villagrá, Canto 1, 4). Porque 'la verdad histórica... no es lo que sucedió; es lo que juzgamos que sucedió' (Borges, 1970: 59)"[101].

En segundo lugar, a pesar del distanciamiento que uno desee tomar frente al proceso de conquista bajo la Cruz y la Espada preservados en estos textos, es un pasado, una realidad, que prefigura elementos constitutivos de la cultura e identidad hispana: religión católica con sus valores y desvalores, instituciones, influencia, idioma, contenido y referente histórico y cultural, fuente de conflictos con los valores y desvalores de la cultura dominante y su versión religiosa ética protestante y el antagonismo histórico, que incluso se plasma en la actualidad como base de artículos como los de Samuel Huntington cuando habla prejuiciada e intolerantemente de "la amenaza hispana al sueño Americano". Los poemas arriba mencionados de Fray Gregorio de Escobedo y, sobre todo, el de Gaspar Pérez de Villagrá, corresponden al periodo barroco de la literatura hispana, en que la sociedad admiraba a la figura del soldado/poeta durante sus siglos de expansión imperial, con figuras como Garcilaso de la Vega, Miguel de Cervantes, Alonso de Ercilla, entre otros.

---

99 Rabasa, José (1993). "Aesthetics of Colonial Violence: The Massacre of Acoma in Gaspar de Villagrá's "Historia de la Nueva México"". *College Literature* 20 (3): 96–114.
100 Harold Bloom, *The Anxiety of Influence: A Theory of Poetry*. New York: Oxford University Press, 1973; 2d ed., 1997.
101 Artículo antes citado, p.72.

Finalmente, importa recalcar la progresión ya en este período desde el discurso de conquista, lucha evangelizadora, testimonio de costumbres, de pueblos y topografía, hacia el discurso de rebeldía reflejado, entre otros, por Miguel de Quintana, contra la autoridad religiosa y luego la cultura dominante, con expresiones satíricas características de los movimientos romanticistas. Características que se agudizarán en el siglo XIX y marcarán la creación poética hispana en los Estados Unidos hasta el presente, utilizando símbolos para cuestionar restricciones de religión, género, determinaciones sexuales, etc. en la era post-moderna. Como así también como punto de partida de todo un valioso lenguaje y cosmovisión antitética de protesta, de nostalgia, de lucha frente al discurso hegemónico, configurando una memoria constitutiva de otro ordenamiento social en los Estados Unidos, con una consciencia nacional equitativa. Es parte fundacional de la realidad y expresión, contexto dado, en el que los poetas hispanos en los Estados Unidos hoy se enuncian, escribiendo el presente, soñando el futuro.

La poesía Mexicano-Estadounidense

En la evolución de la poesía Mexicano-Estadounidense se observan una serie de etapas o épocas con características bien definidas y cuatro presencias en su patrimonio literario en cada una de ellas: indigenismo, criollismo, mestizaje y angloamericanismo[102].

El período comprendido entre los años 1810 a 1848 corresponde a la **época de la independencia y autonomía literaria** que si bien continúa con la poesía de la época colonial con romances y corridos, ve la aparición de otras formas de poesía popular como la indita, el trovo, el cuando, décimas y las utilizadas en las dramatizaciones llamadas Pastorelas. Uno de los corridos anónimos más antiguos pertenecientes a este período es el "Condenado a Muerte" (se refiere a un evento real que el poema marca con su fecha como puede apreciarse en el fragmento citado a continuación):

Miércoles veinte de Julio
De ochocientos treinta y dos
Me llevan para el sepulcro
Para darle cuenta a Dios

Otro corrido de la época dedicado a Juan Nepomuceno Cortina, héroe popular en la defensa de los trabajadores frente a los abusos:

---

102   Luis Leal, "Las cuatro presencias en el patrimonio literario del pueblo chicano", en *Antología de literatura latina, Cruzando puentes II*, Ventana Abierta, Vol. VII, No. 25, Otoño 2008, pp. 8-18

Ese general Cortinas
Es libre y muy soberano,
Han subido sus honores
Porque salvó a un mexicano.

El Padre Florencio Ibañez, en su Pastorela, poetiza

Silvio, esta noche serena
Y sus bellos resplandores
Manifiestan sus primores
Que será la noche Buena (...)
Por los prados, cumbres, montes
Gorgeaban todas las aves
Cantando con ecos suaves
Los más lúcidos senzontles.

Dentro de la literatura mexicano-americana llamada **"territorial" que se desarro-lló entre los años 1848-1912**, se pueden apreciar los poemas de Manuel Clemente Rojo de Los Angeles, José E. Gutiérrez y de los editores de *El Clamor Público: Literario e Independiente*, los poetas José Elías González y Francisco P. Ramíez, quien, en uno de sus versos, sostiene:

Allá en la Corte Suprema,
Do reina la integridad
Veo que no hay igualdad.

El poema antes mencionado del poeta de Nuevo México José María Alarid quien expresa un tema que se repetirá constantemente en esta lucha entre tres culturas con los versos mencionados en el Capítulo II: *Hermoso idioma español/¿que te quieren prohibir?/Yo creo que no hay razón/Que tú dejes de existir*. Y el poema también previamente citado, publicado en California bajo un seudónimo-inicial V -, en el que con sarcasmo se deja constancia sobre las dificulades de la coexistencia entre los lenguajes:

Conocí aquí en California
Una paisana muy bella
/.../
Inglesaba algunas frases
Que olían a gringo a la legua.
* Con frecuencia se le oía*
Llamar al cesto basqueta,
Cuenta las cuadras por bloques,

A un cerco decirle fensa
Al café llamarlo cofe
A los mercados marqueta
Al bodegón grosería

Como señala Víctor Fuentes en su libro *California Hispano-Mexicana*[103] numerosos son los poemas publicados en ese periódico *El Clamor Público* (recogidos
ahora en la antología de Reynaldo Ruiz de 465 páginas, *Hispanic Poetry in Los Angeles 1850-1900*. *La poesía Angelina*[104], la mayoría anónimos pero que asombran
por su similitud de nivel con los publicados en periódicos de ciudades españolas e
hispanoamericanas de la época, con una "variedad de letrillas, romances, sonetos,
epigramas" (VF 140-141), "variada la temática: poemas satíricos en la vena de
Quevedo, como "A un chato" (p.185); a "Una viuda" (251); amorosos, como "El
ángel de amor (147); otros de amor pastoril, como "El hurto" (154), o fábulas,
como "La gota de agua (fábula árabe); leyendas exóticas, como "Ritja o Balada"
(157-162); y poesía de ethos romántico, como "El pirata" de Ignacio Teneroio Suárez (239-240) que recuerda a "La canción del pirata" de Espronceda; o de poesía
social, como "El jugador" (215-216) o "Lo de hoy" (284), y el tan sorprendente
"¿Será verdad?-mujeres? (2221-224), poesía femenina avant la lettre y continua-
dora, a su modo, del poema "Hombres necios que acusáis" de Sor Juana Inés de la
Cruz:

Los Camilos y Soteros
Viven solo por comer,
Y es preciso conocer
Que todos los hombres juntos
Inclusive los difuntos
No valen una mujer (224)[105].

Además de *El Clamor Público* de Los Ángeles, numerosos son los poetas que
publican en periódicos de esta época, en Nuevo México, California, Texas, Nevada, como los de Juan B. Hijar y J.M. Vigil en *El Nuevo Mundo* de San Francisco
(1864), Luis A. Torres y José Rómulo Rivera en el *Boletín Popular* de Nuevo México (1856 y 1892 respectivamente), Luis Tafoya en *El Nuevo Mexicano* (1898)
y la *Revista de Taos* (1911). Varias antologías tanto de poetas regionales (como
Los pobladores Nuevo mexicanos y su poesía de Anselmo F. Arellano) o temáticos
(como la *Colección de Cantos Espirituales* del Padre Railliere o *Flores Teológicas*
del Padre Cabello). Vale destacar la poesía de José Escobar y, sobre todo, la de

103 Nueva York: Academia Norteamericana de la Lengua Española, Colección Plural Espejo, 2014
104 Lewiston: The Edwin Mellen Press, 2000.
105 Victor Fuentes, o.c., p. 141.

Santiago de la Hoz de Laredo por el uso de la silva, versificación renacentista, en su "Sinfonía del Combate":

¡Pueblo, despierta ya! Tus hijos crecen
y una herencia de oprobio no merecen...

Vemos en estas primeras etapas pre-modernistas de la poesía mexicano-estadounidense (1810-1912), una poesía escrita en métrica clásica en forma de romances, corridos, otras formas de poesía popular como la indita, el trovo, el cuando, décimas, que se caracteriza por un costumbrismo y lucha por la reinvindicación de ideales sociales típicos del romanticismo y del post-colonialismo.

En el **período que abarca desde 1912 al 1959**, descollan entre los poetas que escriben en español, Felipe Maximiliano Chacón, con su El cantor neo-mexicano: Poesía y Prosa (Alburquerque, 1924) y Vicente Bernal, Las primicias (1916) y otros poetas con seudónimos, como P.G. (Pero Grullo) quien en 1914 publicara, por ejemplo, estos versos:

¡Oh! Legistas peregrinos
¡Oh! Licurgos con envión
Que sois listos y ladinos,
Escuchad con atención
Estos versos matutinos
...
Recibiréis grande honor
Que brillará como el sol
Si hiciereis que el español
Se enseñe en nuestro redor
Con celo y con devoción.

De esta época, finales de los años 20 y principios de los 30, son los corridos llamados "de inmigración" dos de cuyas muestras son los poemas documentales de autoría anónima "El lavaplatos"
...
Yo hice cualquier bicoca
Y me fui pa' Sacramento
Cuando no tenía ni zoca,
Tuve que entrarle al cemento.
...

y "El deportado":

Voy a cantarles señores,
voy a cantarles señores
todo lo que yo sufrí.
Desde que dejé mi patria,
desde que dejé mi patria
por venir a este país.
...

Enrique Flores Magón (1877-1954) en su "Himno Revolucionario" exhorta
Proletarios: al grito de guerra,
Por ideales luchad con valor
Y expropiad, atrevidos, la tierra
Que detenta nuestro explotador"

Además de la militancia revolucionaria presente en los hermanos Flores Magón, Nicandro Flores, Juan Bonilla, Servando Cárdenas, concomitantes con las temáticas recurrentes, pero central durante este período, figura el tema de la identidad, reflejado entre otros por Américo Paredes, en su "Alma Pocha. Tres faces del pocho" y Rodolfo Corky González con su "Yo soy Joaquín", y el avasallamiento cultural y socio-económico retomado por A. Ortiz Vargas (*Las torres de Manhattan*, Boston, Chapman and Grimes, 1939):
...
Corrompieron su lengua
Con la mezcla bizarra
De la lengua extranjera
Que jamás aprendiera.
Y a la sombra indulgente
De la extraña bandera
En sus pobres derrotas
Para siempre se hundieron.

Los años 50 marcan el comienzo de la Literatura Chicana contemporánea caracterizada por la necesidad de su cultura Chicana de encontrar su propio espacio, su militancia y expresión propia dentro de su familia, comunidad y modo de ser, ante rechazos por varios frentes, algo que se consolida en los años sesenta. Citamos dos fragmentos de poemas de esta época, uno en inglés de Abelardo B. Delgado ("Chicano: 25 Pieces of a Chicano Mind", 1969):
...

...America, remember that chicanito	*...América, recuerda aquel chicanito*
flunking math and English	*no aprobando matemáticas e Inglés*
he is the Picasso	*él es el Picasso*
of your western states	*de los estados del oeste*

but he will die
with one thousand masterpieces
hanging only from his mind.

pero morirá
con mil obras maestras
colgando sólo de su mente.

Y el otro pionero bilingüe, de Alurista ("Floricanto en Aztlan", 1971):

Mis ojos hinchados
Flooded with lágrimas
De bronze
Melting on the cheek bones
Of my concern
Rasgos indígenas
The scars of history of my face
And the veins of my body
That aches
Vomita sangre
Y lloro libertad
I do not ask for freedom
I am freedom.

Esta dualidad de códigos, semántica, producto del biculturalismo, será una constante en la expresión poética con mayor o menor presencia de un idioma o el otro según lo que se pretenda acentuar en el poema.

También se debe incluir entre los pioneros a Jesús "El Flaco" Maldonado con sus "Oda al molcajete" y "Oda al frijol". Y, dentro de este renacimiento chicano, menciono además a Ricardo Aguilar, Juan Bruce Novoa, José Antonio Burciaga.

Así se llega a **los ochenta y la post-modernidad** donde sobresalen un grupo de Chicanas como Lorna Dee Cervantes (Emplumada),

Las casitas near the gray cannery.../are gone now.../..., old gardens/come back
stronger than they were,/trees have been left standing in their yards./Albaricoque-
ros, cerezos, nogales.../.../Viejitas come here with paper bags to gather greens./
Espinaca, verdolagas, yerbabuena . . ./.../Maybe it's here/en los campos extraños
de esta ciudad/where I'll find it, that part of me/...

O en *Barco de Refugiados*:

Como almidón de maíz/me deslizo, pasando por los ojos de mi abuela,/bíblia a su
lado. Se quita los lentes./El pudín se hace espeso./Mamá me crió sin lenguaje./Soy
huérfano de mi nombre español. /Las palabras son extrañas,/Tartamudeando en

mi lengua./Mis ojos ven el espejo, mi reflejo:/piel de bronce, cabello negro./Siento que soy un cautivo/a bordo de un barco de refugiados./El barco que nunca atraca./ El barco que nunca atraca.

La figura del "gringo" en los poemas de Bernice Zamora, empezando por su poema "Sunday's Faith". Gloria Anzaldúa que versifica en *Borderlands/La frontera. The New Mestiza, 1987,: Ahogadas, esculpieron el oscuro/ flotanto con nuestra propia sombra/el silencio nos sepulta.* Cheri Moraga que hace enfrentar a Malinche con Cortés, a quien culpa del padecemiento causado por 500 años de sufrimiento en el poema:

Huhn—y para eso te di
mi sangre y mi pueblo!
Sí, ya lo veo, gringo desabrido,
tanto así me quieres
que me casaras con tu subordinado Don Juan,
sin más ni más
como si fuera yo
un kilo de carne—pos ni que fueras mi padre
pa'venderme a tu antojo
güero infeliz . . .
(de "La Malinche a Cortés y Vice Versa; o sea, "El Amor no perdona, ni siquiera por amor," Woman, Woman.)

Con el típico bilingüismo el poema de Gloria Perez "Mi hombre":

like the sumptuous
pyramids of tenochtitlán
mi hombre
you stand in my mind
y en mi corazón
erect
. . . .
como la adelita
siempre al lado
del guerrillero
i'll live with you
i'll hunger with you
i'll bleed with you
and i'll die with you

y la inmigrante de México Lucha Corpi, acaso una de las mayores expresiones poéticas, que escribe en español puro (*Palabras de Mediodía. De la rama cuelga una naranja/Todavía sin promesa de azahar* de "Romance Negro"). También ella se refiere al rol de la Malinche en "Marina Madre":

Tú no la querías ya y él la negaba
y aquel cuando niño ¡mama! le gritaba
cuando creció le puso por nombre "la chingada."

Luego Sandra Cisneros, Ana Castillo, Pat Mora que en el poema "Legal Alien" irónico desde el doble sentido del título: *Bi-lingual, Bi-cultural,/able to slip from* "How's life?"/to "Me'stan volviendo loca,".../sliding back and forth/between the fringes of both worlds/by smiling/by masking the discomfort/of being pre-judged/ Bi-laterally.

Añadimos a las poetas de San Antonio: Angela de Hoyos, Evangelina Vigil-Piñón y Carmen Tafolla. En otros lados: Yolanda Luera, Alma Villanueva, Demetria Martinez. Judy Lucero y su memoria poética desde la prisión. Otras como Diana Marie Delgado, Sheryl Luna, Alivia Nada, Emy Péez, María Melendez, Carolina Monsívais, Brenda Cárdenas, Lisa Chávez, Xanath Caraza y Margarita Cota-Cárdenas: *Soy chicana macana/ o gringa marrana,/la tinta pinta/o la pintura tinta.*

Entre las voces masculinas Roberto A. Galván, Reymundo Gamboa, Juan Gómez Quiñones, con sus "Canto al Trabajador" y "A León felipe", la poesía visual de Louie "the Foot" González, Rafael Jesús González, Juan Felipe Herrera, Nephtalí de León, Jesús Maldonado, José Montoya, Ernesto Padilla, Raymundo Pérez, Rubén José Rangel,Raúl R. Salinas, Rolando Hinojosa-Smith, Gary Soto, el enojo de Ricardo Sánchez, Luis Talamentez, Tino Villanueva (*...que hay otra voz que quiere hablar;/que hay un perfil de tez bronceada...*), Heriberto Terán,Sabine R. Ulibarrí, Jimmy Santiago Bacca, Américo Paredes, Víctor Martíez, Francisco X. Alarcón, Alberto Huerta, Humberto Garza, Rigoberto Gónzalez, Eduardo Corral, Tim Hernández, Blas Manuel de Luna, el "Alurista" Alberto Baltazar Heredia Urista, Anthony Robinson, Luis J. Rodriguez, Alejandro Murguí y muchos otros.

Vale la pensa mencionar la edición de Tino Villanueva *Chicanos: Antología Histórica y Literaria*[106] y el volúmen de ensayos críticos de Rafael Pérez-Torres *Movements in Chicano Poetry. Against Myths, against Margins (Cambridge Studies in American Literature and Culture)*[107], quien, además de estudiar en detalle la creación de algunos de los poetas mencionados, realiza una incursión crítica en la

---

106 Tino Villanueva, ed. *Chicanos: Antología Histórica y Literaria*. México, Fondo de Cultura Económica: 1980.
107 Cambridge, Cambridge University Press: 1995.

memoria poética chicana y sus ejes discursivos desde la post-colonización hasta la post-modernidad.

En resumen, en las últimas etapas del cuerpo poético mexicano-estadounidense, encontramos ejemplos paradigmáticos de la época de post-modernidad, como el grupo mencionado de poetas chicanas con Lorna Dee Cervantes (Emplumada), Bernice Zamora con la figura del "gringo" en sus poemas, Gloria Anzaldúa al versificar en *Borderlands/La frontera. The New Mestiza*, 1999: "Ahogadas, escupimos el oscuro/ peleando con nuestra propia sombra/el silencio nos sepulta" (76). Cheri Moraga al versificar el enfrentamiento de la Malinche con Cortés, y su culpa por 500 años de sufrimiento y de la inmigrante de México Lucha Corpi al referirse también al rol de la Malinche en "Marina Madre". Pat Mora con su poema "Legal Alien" irónico desde el doble sentido del título: *Bi-lingual, Bi-cultural,/able to slip from "How's life?"/to "Me'stan volviendo loca,"*...(39), Lila Downs Border/ La línea. Como señalamos anteriormente, en muchos de los casos, estas escritoras chicanas, en un acto de rebelión, utilizan la frontera, entre otros temas, como una metáfora socio-cultural, más que un límite geográfico, con una liguística peculiar y variada, bilingüe y tri-cultural, para referirse a una identidad mezclada y dividida, para plantearse de una forma transgresora cuestionamientos ético-religiosos, cuestionamientos internos de valores, de alteridad en el contexto personal, la sexualidad y sus estereotipos, proponiendo modelos femeninos abiertos (Gloria Anazaldúa, *"compañera, cuando amábamos"*), y generalmente con referentes iconográficos de raíz mexicana, como hemos tratado de ilustrar con algunos de sus versos.

En ese atentado concreto por redefinir la identidad o subjetivización en este perío-do de post-globalización, traemos nuevamente a colación como ejemplo a Marga-rita Cota-Cárdenas en su segundo poema de *Noches despertando inConciencias*, titulado "Crisis de identidad" o "Ya no chingues" y su inconográfico verso: "Soy chicana macana/ o gringa marrana,/la tinta pinta/o la pintura tinta". En este contex-to, debemos aludir y contrastar, como ejemplo de la dialéctica de los movimientos literarios, los ensayos sobre "lo post-transfronterizo" a partir del ya clásico libro de Nestor García Canclini *Culturas híbridas. Estrategias para entrar y salir de la Modernidad* y la crítica de la aplicación entusiasta de teorías post-modernistas a "la frontera", el hibridismo, como parte de un discurso hegemónico construido para explicar otros imaginarios y entornos, con una estrategia cultural conservadora más que innovadora; valga la antítesis.

Poesía de Puerto Rico en Estados Unidos Continental[108]

---

108 Adaptado del capítulo "La poesía puertorriqueña" que escribí para la *Enciclopedia del Español en los Esta-dos Unidos*. New York: Instituto Cervantes y Editorial Santillana, 2008, pp. 672-77.

135

En este recorrido de la memoria poética hispana se omite, a pesar de corresponder su inclusión dada la pertenencia política de Puerto Rico dentro de los EE.UU., la poesía de Puerto Rico en la isla. Parte en el siglo XIX del Romanticismo y costumbrismo de José Gautier Benitez con aquella trilogía de poemas tan indicativos ya en sus meros títulos "A Puerto Rico (ausencia)"; "A Puerto Rico (regreso)"; " A Puerto Rico (Canto)" y muchos otros, llegando al antiromanticismo y premodernismo, período del cual sólo nos limitamos a destacar a Lola Rodriguez de Tió (1848-1924) que vivió, en uno de sus tantos exilios, en Nueva York y fue precursora con su poesía, de Martí y sus "Versos Sencillos". Entre su poesía más conocida están los poemarios *Mis Cantares* (1876), *Claros y nieblas* (1885), *A mi Patria en la muerte de Corchado* (1885) y *Nochebuena* (1887). Del breve decasílabo titulado Autógrafo unos versos la retrata: *"Yo no me siento nunca extranjera;/ En todas partes hogar y abrigo/ Amplia me ofrece la azul esfera;/Siempre mis sienes un seno amigo/ Hallan en una u otra ribera/ Porque la Patria llevo conmigo"*, como así también sus famosos versos de "A Cuba", que proclaman una característica de la hermandad de las naciones caribeñas en la lucha por su independencia: *"...Cuba y Puerto son/de un pájaro dos alas,/reciben flores o balas/sobre un mismo corazón"*.

A ella se deben añadir los nombres del ensayista Eugenio María de Hostos (1839-1903), del héroe, diplomático y poeta disperso Ramón Emeterio Betances (1827-1898), del afro-puertorriqueño Sotero Figueroa (1851-1923) y de Francisco Gonzalo "Pachín" Marín (1897-1963), autor de los Romances.

Debemos aquí mencionar al considerado "poeta nacional" de Puerto Rico, Juan Antonio Corretjer (1908-1985), encarcelado en los EE.UU., que vivió luego libre en Nueva York, donde produjo la mayor parte de su obra poética, nacionalista, concentrada en los poemarios Agueybaná (1932), Ulises (1933) en el que comienza a destruir la tesis del insularismo literario y político con su postulado *"versos al mar de un hombre de tierra adentro"*, *Amor a Puerto Rico* (1937), *Cántico de guerra* (1937). En 1950 escribe El Cantar Epico de Puerto Rico *Alabanza en la Torre de Ciales* que publica posteriormente en 1953. Al que añadimos la poesía de protesta social de Alfredo Ortiz Vargas, autor de *Las torres de Manhattan* (1939).

Otro de los más conocidos activistas es el poeta Clemente Soto Vélez (1905-1993) quien escribió principalmente en Nueva York en los años 50 (*Obra poética*, editada en San Juan en 1989 por el Instituto de Cultura Puertorriqueña): *"Manos con manos que tengan /estrellas de cinco puntas /estrellas de cinco puntas /con estrellas sin estrellas"*. Sus libros: *Escalio, Abrazo interno, Arboles, Caballo de palo y La tierra prometida*. También Julia de Burgos (1914-1953) con sus tres poemarios *Poema en 20 surcos, Canción de la verdad sencilla y El mar y tú* de donde son aquellos versos señeros de la esencia puertorriqueña *Morir conmigo misma, abandonada y sola/En la más densa roca de una isla desierta*.

A ellos se suman los nombres de Tomás Gares (1892-   ), activo en Nueva York en los años 20's a los 40s' *"Dicen que el sonoro idoma castellano/Herido está de muerte en el solar.../Mientras recuerde mi patria su pasado/la lengua de Castilla se hablará..."* ("Artes y Letras", 1934), Clara Lair (1895-1974), José I de Diego Padró (1896-1974), del movimiento vanguardista "diepalismo", Erasmo Vando (1896-1988), que vivió en el sur, antes de llegar a Nueva York, con su poema "United States" y la colección Amores:poemas (1996), Jesús Colón (1901-1974), con su famoso soneto "The Flapper": *"Como una niña chole que fuera neoyorquina/ rasga el aire la "flapper" contornéandose toda./ Su traje, un futurismo de la última moda,/ hace mil sugerencias con su seda divina.* También Emilio R. Delgado (1901-1967), fundador en 1925 del Noismo, Felipe N. Arana (1902-1962), José Dávila Semprit (1902-1958), autor de *Brazos Bronce* (1933), Juan Avilés (1905), Presidente del influyente "Círculo de escritores y poetas iberoamericanos" (CEPI), Angel M. Arroyo (1908), Graciani Miranda Archilla (1908), fundador del movimiento Altayalista, Ramón Ruiz de Hoyos (1908), Pedro Carrasquillo (1909-1964), uno de los mayores exponentes del jibarismo en la poesía, César Gilberto Torres (1912), del CEPI con su poema "Al presidente Roosevelt", resonancia del de Rubén Darío, Poliana Carranza (1917), José Emilio González (1918-1990), con su vanguardismo hegeliano, Carmen Puigodllers (1919), con su poemario Dominio de Alas (1955), Diana Ramirez de Arellano (1919) con sus poemas "Salmo penitencial de desterrados" y "A Puerto Rico".

Más tarde aparecen Roberto "Boquio" Alberti (1930-1985) con *Canciones de un Febrero* (1965), Jaime Carrero (1931) con el poemario *Jet neorriqueño* (1964), precursor del movimiento Niuyorricano, Ernesto Alvarez Valle (1937) autor de *Sobre el Puente de Brooklyn*, el español pero esencialmente puertorriqueño Alfredo Matilla Rivas (1937), Olga Nolla (1938-2001), Rosario Ferré (1938-), cuya estadía en varios lugares de EE.UU. continental y en especial en la zona metropolitana de Washington D.C., mientras sacaba su doctorado en la Universidad de Maryland marcó su auto-identidad como mujer, crítica literaria y su obra poética. En esa época se concibe su conocido poemario *Fábulas de la garza desangrada*[109]. Además cumplo en mencionar a Juan Manuel Rivera (1943), *Poemas de la nieve negra* (1986) y otros representantes tanto en el período Proto-Niuyorricano, como en el Niuyorricano y Post-Niuyorricano, que iremos mencionando como el poeta y antologista Iván Silén (1944-), poeta de la subcultura marcado por un anarquismo nihilista y con un yo poético alterado (en el sentido de otredad) y a la deriva [110]

---

109 Mexico, J. Mortiz, 1982
110 Algunos de sus poemarios: *Después del suicidio*, Santo Domingo: 1970. *El pájaro loco*, Puerto Rico, Ediciones Puerto: 1972. *Los poemas de Filí-Melé*, Nueva York, El Libro Viaje: 1976. *La poesía como libertá*, Puerto Rico, Instituto de Cultura Puertoriqueña: 1992. *Casandra & Yocasta*, Puerto Rico, Instituto de Cultura Puertoriqueña: 2001.

con Víctor Fragoso (1944), Brenda Alejandro (1947), Lourdes Vázquez[111] (1949) y Orlando José Hernández (1952), que participan en su antología *Los Paraguas Amarillos*[112] además de Ferré y Soto. Alfredo Villanueva Collado (1944) con muchos poemarios, entre ellos, *En el imperio de la papafrita*[113]. José Luis Colón Santiago (1945-2001), con sus poemarios *La primera vez que yo vi el paraíso* (1989) y *Aquí, mi sur del Bronx* (1990). También los incluidos en la antología *Herejes y Mitificadores: muestra de la poesía Puertorriqueña en los Estados Unidos*[114] compilada por Efrain Barradas y Rafael Rodriquez, aún no mencionados, aunque varios de ellos escriben primordialmente en inglés y podrían encasillarse con la poesía niuyorricana: Roberto Marquéz (1942), Louis Reyes Rivera (1945), José Angel Figueroa (1946) con Noo York, David Hernández (1946), Julio Marzán (1946) con *Puerta de Tierra* (1998), Luz María Umpierre (1947)[115], Carmen Valle (1948), poesía en español de contrastes con los poemarios: *Un poco de lo no dicho* (1980), *Glenn Miller y varias vidas después* (1983), *De todo da la noche al que la tienta* (1987), *Preguntas* (1989), *Desde Marruecos te escribo* (ed. bilingüe, 1993) y *Entre la vigilia y el sueño de las fieras* (ed. bilingüe, 1996), *Esta casa flotante y abierta* (2004), Jesús (Papoleto) Meléndez (1951), Néstor Barreto (1952) y Orlando José Hernández (1952).

La poesía social y política del Movimiento Niuyorricano, fundado por Jesús Colón (1901) y antologado en dos libros fundamentales *Nuyorican Poetry. An Anthology of Puerto Rican Works and Feelings,* Miguel Algarín y Miguel Piñero eds., (New York: Morrow, 1975) y *Aloud. Voices from the Nuyorican Poets café*, Miguel Algarin y Bob Halman, eds. (New York: H.Holt, 1994), que me dedicara Miguel Algarin en 1995, con nombres como los del propio Miguel Algarín (1941), Pedro Pietri (1944- 2006), José Angel Figueroa (1946), Miguel Piñero (1947-1988), Sandra María Esteves (1948), Martita Morales, Lucky CienFuegos y otros, se caracteriza por su anti-intelectualismo y su profeso anti-esteticismo. Los poemas fueron escritos en su mayoría en el inglés "vernáculo" del "barrio" (más bien un concepto que

---

111 Ampliamente antologada y publicada en revistas. Su libro de poemas *Las hembras* (Chile, Papeles del Andalicán: 1987) fue mencionado por la crítica puertorriqueña como uno de los diez mejores libros del año. En 1988 El Museo Omar Rayo de Colombia publica el texto *La rosa mecánica* en su serie de mujeres poetas de América Latina. Entre 1995 a 1997 publica las plakettes *El amor urgente, The Broken Heart y Erótica de bolsillo*. En 1999 publica su libro de cuentos *Historias de Pulgarcito* (Ediciones Cultural); además *Bestiary: Selected Poems* 1986-1997 (2004); *La estatuilla* (2004); *Salmos del cuerpo ardiente* (México: Chihuahua Arde, 2004); *May the Transvestites of my island who tap their heels exquisitely* (2004); *Obituario* (2004); *Desnudo con Huesos=Nude with Bones* (2003); *Park Slope* (2003).
112 Hanover, NH and Binghamton , Ediciones del Norte and Bilingual Press: 1983.
113 Tiene once poemarios publicados, entre los cuales podemos mencionar, además del primero citado, *La guerrilla fantasma* (1989), *La voz de la mujer que llevo dentro* (1990), *Pato salvaje* (1991), *Entre la inocencia y la manzana* (1996), *La voz de su dueño* (1999), y *Pan errante* (2005).
114 Río Piedras, Puerto Rico, Ediciones Huracán: 1980.
115 Comenzando con su poemario *En el país de las maravillas* (1979) ha seguido publicando artículos de crítica literaria, narrativa y poesías.

un lugar físico definido) puertorriqueño en Nueva York, por lo que no nos detenemos en el mismo, a pesar de abundar las incrustaciones de palabras en castellano y, en ocaciones, con versiones bilingües originales. Un ejemplo reciente lo provee el destacado poeta Jesus Papoleto Meléndez (1950), de origen puertorriqueño, nacido en el Barrio (East Harlen), con su antología bilingüe *"Hey Yo! Yo Soy! 40 Years of Nuyorican Street Poetry"* (2012).

No se prejuzga aquí sobre el debate de si la poesía puertorriqueña no escrita en español sigue siendo puertorriqueña, como se discutió acaloradamente a raiz de este Movimiento que quiso preservar ese peculiar lenguage del puertorriqueño de Nueva York, pero que –por ejemplo, en Víctor Hernández Cruz (1949)- dió paso al reencuentro con el español y la hispanidad de la raíz identitaria puertorriqueña, como lo señala Francisco Cabanillas en su artículo "España desde la poesía Nuyorican"[116].

Así este Movimiento permitió a otros poetas puertorriqueños en los EE.UU., desarrollar sus propios estilos diferenciados del Movimiento tanto en su temática y forma en lo que Frances Aparicio[117] cataloga como Poesía Post-Niuyorricana: aquí se encuentran poetas como Tato Laviera (1951), los ya mencionados Victor Hernández Cruz y Luz María Umpierre, y Martín Espada (1957). Es una poesía de amalgama y cambio de códigos. Algunos de estos poetas, como Laviera y Victor Hernandez Cruz, a veces se expanden en su uso del español y los poemas de Víctor Hernández Cruz en *Maraca* (2001), "Federico García Lorca", "De tres raíces", "Bobadilla, España" y "Semillas", con una marcada progresión metapoética desde el afrocentrismo niuyorricano al aprecio y elogio de lo hispano, un español del caribe.

Contemporáneamente con estos movimientos hacemos referencia a la creación de los poetas puertorriqueños continentales como Joaquín Torres Feliciano (1945) con *Cachivache* (1976), Vilma Byron Brunet (1946) con *Semblanza y Colma Populo*, Olga Casanova Sánchez (1947) con *Raiz al aire*, Elizan Escobar (1948), Manuel Ramos Otero (1948-1990) con *El libro de la muerte* (1985) e *Invitación al polvo* (1991), Carlos A. Rodriguez Matos (1949)[118], David Cortes Cabán (1952) con *Poemas y otros silencios* (1981), *Al final de las palabras* (1985), *Una hora antes* (1990), *Libro de los regresos* (1999) y *Ritual de pájaros: Antología perso-*

---

116 En *Espéculo. Revista de estudios literarios*. Universidad complutense de Madrid, Númro 33.
117 En la discussion de la poesía Proto-Niuyorriqueña, Niuyorriqueña y Post-Niuyorriqueña me baso y complemento el estudio de Frances R. Aparicio "From Ethnicity to Multiculturalism: An Historical Overview of Puerto Rican Literature in the United States", incluido en el *Handbook of Hispanic Cultures in the United States: Literature and Art*, editado por Francisco Lomeli, General Editors Nicholas Kanellos and Claudio Esteva-Fabregat, University of Houston ,Arte Público Press: 1993.
118 Con su poesía de la transexualidad.

nal 1981-2002 (2004), Giannina Braschi (1953-) con *El imperio de los sueños* de múltiples ediciones[119], Luz Ivonne Ochart (1954)[120], Jan Marinez (1954), con sus poemarios *Minuto de silencio* (1977), *Archivo de cuentas* (1987) y *Jardín, obra escogida* (1977-1997) (1998), Marithelma Costa (1955) que publicó tres poemarios *De Allvión* (1987), *De tierra y de agua* (1988) y *Diario oiraí* (1997), Arnaldo Sepúlveda (1956) con *El Libro de sí*. Ellos integran –entre muchos otros ya mencionados- la Antología *Papiros de Babel: Antología de la Poesía puertorriqueña en Nueva York* (Ed. Universidad de Puerto Rico, 1991), una de las más completas hasta la fecha, que ha editado el destacado poeta y crítico Pedro López Adorno (1954)[121], autores de numerosos y reconocidos poemarios, a los que añado algunos no incluídos como Marta Magaly Quiñones (1945)[122], Judith Ortiz-Coffer (1952) que escribe principalmente en inglés[123], Myrna Nieves (1949) con *Viaje a la lluvia poemas* (2002), Egla Blouin, María Juliana Villafañe con *Dimensiones en el amor* (1992) y *Entre Dimensiones* (2002) , Paul González con dos pequeños poemarios *Poems for May, June or April* y *Confundido por el Mar Caribe y el Rio Culebrina*, Naomí Ayala (1964) que escribe poemas en español y tiene en publicación con Bilingual Review Press, aunque sus primeros poemarios *This Side of Early* (2007) and *Wild Animals on the Moon* (1997), fueron escritos en inglés, Rebecca Villareal y otros, con poesías antologadas y obras premiadas.

Los diferentes oleajes del post-niuyorricanismo han tenido escenarios diversos y producciones desiguales en su calidad estética. Uno de ellos ha sido captado por Juan Flores y Jorge Matos en su edición de 1999 en la *Revista de Estudios Puertorriqueños* con su selección de poetas "diasporripocanos". Otras de las nuevas generaciones poéticas, ahora llamados "Neorrriqueños" publica en antologías, revistas Latinas o multiculturales como *Ratallax, The Americas Review* y otras, con "nuevas" propuestas estilísticas y temáticas, aboliendo geografías y distinciones dado que expresan una realidad más compleja en un territorio fluído y, por lo tanto, abordan temas más amplios que los de la identidad que –en palabras de Juan Flores y Mayrna Santos Febres- "que ya definitvamente no es vista como un bloque monolítico, coherente y atado a un idioma o un espacio geográfico o a una etnia/raza. La ven, en cambio, como un territorio poroso, lleno de contradicciones y de

---

119 Barcelona, Anthopos, Editorial del Hombre: 1988; Editorial de la Universidad de Puerto Rico, Río Piedras: 2000; AmazonCrossing, Seattle, 2011 tercera edición.
120 Poemarios *Ritos de muerte* (1975) y *Obra poética*.
121 Autor de *Rapto contínuo* (1999), *Viaje del cautivo* (1998), *Concierto para desobedientes* Rio Piedras (1996), *Los Oficios* (1991), *País llamado cuerpo* (1991), *Las glorias de su ruina* (1988), *Hacia el poema invisible* (1981).
122 Con numerosos poemarios publicados, entre ellos: *Entre mi Voz y el Tiempo* (1969), *Era que el Mundo era* (1974), *Zumbayllu* (1976), *Cantándole a la noche misma* (1978), *En la pequeña antilla* (1982), *Nombrar* (1985), *Razón de lucha* (1989), *Sueños de papel* (1996), *Patio de Fondo* (2003), *Mi Mundo* (2003).
123 Como *A Love Story Beginning in Spanish:* Poems, Silent Dancing, Terms of Survival, Reaching for the Mainland y The Latin Deli: Prose and Poetry.

experiencias yuxtapuestas que también definen esa terrible y hermosa realidad que es "ser puertorriqueño"[124].

La antología *La ciudad prestada: poesía post-moderna en Nueva York* (República Dominicana: 2002), compilada y editada por Pedro López Adorno, incluye a los poetas puertorriqueños Juan Manuel Rivera, Giannina Braschi y el propio Pedro López Adorno, que he mencionado anteriormente en otros contextos.

Culminamos así con la novísima poesía puertorriqueña de las llamadas generaciones de los 80 y los 90, destacada en la edición de *Hostos Review* bajo el título *Micrófono abierto: Nuevas literaturas puertorriqueñas*, editada por Juan Flores y Mayra Santos-Febres (no. 2: 2005) que incluye a poetas –además de los anteriormente citados en relación a otros grupos o movimientos- a Mariposa, de Nueva York, con su "Ode to the Disporican (pa mi gente)", Moisés Agosto-Rosario (1965) con los poemarios *Porqué la construcción de los profetas* (1988), *Poemas de lógica immune* (1993), la puertorriqueña-costarricence Kattia Chico (1969), Caridad de la Luz, alias "La Bruja" poeta, actriz, cantante, , María Luisa Arroyo (1971), autora de *Raíces de Silencio* (2005), Chiara Merino Pérez Carvajal (1973), el "rapero" Gallego (1974), Uroyoán Noel (1976) con sus libros *Las flores del Mall* (2000) y *La lógica Kool* (2006), Willie Perdomo, voz del barrio (East Harlem) que dice *"Yo soy Boricua! Yo soy Africano! I ain't/ lyin'. Pero mi pelo is kinky y curly y mi skin no es negro pero it can pass . . ."* en su poemario *"Nigger-Reecan Blues"* (1996) y escribe su blog en español pero su poesía mayormente en inglés, Guillermo Rebollo-Gil (1979) que publicó los poemarios *Veinte* (2000), *Sonero* (2003) y *Teoría de Conspiración* (2005). y ha obtenido importantes reconocimientos como el poeta novel, David Caleb Acevedo (1980), Nicole Cecilia Delgado (1980), Raquel Z. Rivera[125]. La poesía de estas generaciones de los ochenta y noventa y posterior es una poesía híbrida, como afirmamos anteriormente, con nuevas temáticas y estilos, experiencias y performances de hip-hop, con formas múltiples de difusión artística, pero auténticamente puertorriqueños, diasporriqueños o niurrriqueños en su fondo de inspiración y creación poética.

---

124 *Hostos Review Micrófono abierto: Nuevas literaturas puertorriqueñas*, Número 2: 2005, Introducción, p. XII.
125 Los poetas que menciono a continuación escriben casi exclusivamente en inglés, aunque incluyen frases o versos en español en sus creaciones: Edwin Torres (1958),Tony Medina, ahora en Howard University, el puertorriqueño-ecuatoriano Emanuel Xavier (1971) con sus poemarios *Pier Queen* (1997) y *Americano* (2002), Nydia Rojas en Wisconsin, Ed Morales, Frank Varela, Shaggy Flores, Anthony Morales, Sandra García Rivera, el nuevo niuyorricano Flaco Navaja, Héctor Luis Rivera y Ray Ramírez, fundadores de Welfare Poets, la ecuatoria-puertorriqueña residente en Filadelfia, la afro-puertorriqueña Aya de León, , Magda Martinez, Hugo J. Ríos Cordero, John Rodríguez y Bonafide Rojas, autor de Pelo bueno. Son pocos los poetas de este antología que tienen poemarios publicados, pero sus creaciones literarias han aparecido en revistas, antologías en papel o virtuales. Algunos de los autores presentes en la Antología de Juan Flores y Mayra Santos-Febres no han sido mencionados por residir fuera de los EE.UU. continental, publicar en otros géneros literarios o sólo en inglés.

Esta aproximación y breve reseña de la memoria poética puertorriqueña en el continente de los EE.UU., escrita en español[126], recorre una poesía variada que amalgama expresiones linguísticas e influencias indígenas, de lo boricua (arawak) y lo jíbaro, españolas (con características identitarias y aportaciones de métricas como las décimas y los corridos), africanas y estadounidenses de Nueva York y otros lugares. Poesía y poetas que se han manifestado con las tendencias de los movimientos modernista, post-modernista, novísimo y los típicos movimientos niuyorriqueños con sus cambios de códigos y mezclas idiomáticas, con temas idiosincráticos de identidad nacional y criollismo, de lucha patriótica, nacionalista y social a partir de las realidades difíciles del barrio y de una nación en conflicto con su ser político, de romance, nostalgia del campo y la naturaleza, de identidad cultural y personal en un contínuo flujo de acá y allá, del salir y regresar física o espiritualmente a la Isla, como raíz de la identidad y fuente del imaginario de las dos ramas de un único pueblo, en una dialéctica contínua de prefiguración, configuración y refiguración.

Poesía Cubano-estadounidense[127]

El complejo y rico cuerpo de la poesía cubano-estadounidense traza también sus orígenes al siglo XIX con la presencia de grandes como el neoclásico José María Heredia (1803-1839): "Oda al Niágara", "Himno del Desterrado", Miguel Teurbe Tolón (1820-1857): "Himno de guerra cubano", "Mi propósito", "El pobre desterrado", Leopoldo Turla (1818-1877): "Perseverancia", "Degradación", Pedro Angel Castellón (1820-1856): "A Cuba", "A los mártires de Trinidad y Camagüey", Pedro Santacilla (1826-1910): "A España, El arpa del proscripto, José Agustín Quintero (1829-1885) "El banquete del destierro", "Poesía bajo la tiranía", Juan Clemente Zenea (1832-1871), el mejor poeta de la tradición elegíaca durante el período romántico con sus composiciones "El filibustero", "El 16 de Agosto de 1851" y "En la muerte de Narciso López", como sus poemarios posteriores *Cantos de la Tarde* y el póstumo *Diario de un mártir*. Debo añadir a esta lista de románticos a Nicolás Cárdenas y Rodriguez, Isaac Carrillo O'Farril que murió en Nueva York en el 1901, Rafael María Mendive y José Jacinto Milanés.

En el período del post-romanticismo, se ubican los pertenecientes a la tendencia

---

126 Hemos omitido referencias a Antologías en inglés como *The Puerto Rican Poets* (1972) de Alfredo Mantilla e Iván Sillén, *Borinquen: An Anthology of Puerto Rican Literature* (1973) de María Teresa Babin y Stan Steiner, *Inventing a Word: An Anthology of Twentieth Century Puerto Rican Poetry* (1980) de Julio Marzán, *Boricuas: Influential Puerto Rican Writings* (1995), antología editada por Roberto Santiago, *Puerto Rican Writers at Home in the USA*, de Faythe Turner
127 Resumo y actualizo en la presentación de este cuerpo poético el estudio de Rodolfo J. Cortina, "History and Development of Cuban American Literature: A Survey", en el *Handbook of Hispanic Cultures in the United States: Literature and Art*, editado por Francisco Lomeli, General Editors Nicholas Kanellos and Claudio Esteva-Fabregat, University of Houston, Arte Público Press: 1993.

142

del Idealismo Idealista, como los hermanos Sellén. Francisco Sellén (1838-1907), *Poesías*; Antonio Sellén (1839-1889) *Cuatro poemas* y ambos *Estudios poéticos* con los que pusieron a disposición en Español con sus traducciones las obras de poetas y escritores europeos cuyas influencias marcaron las generaciones impresionistas posteriores.

José Martí (1853-1895), el más conocido poeta y militante de la independencia de Cuba cierra este siglo como integrante del Modernismo que tiene su máxima expresión en el nicaragüense Rubén Dario. Su famoso *Ismaelillo*, como *Versos Sencillos*, escritos en Nueva York, son ya parte del patrimonio de la poesía universal.

"Yo soy un hombre sincero
de donde crece la palma
y antes de morirme quiero
echar mis versos del alma"

Luego, Bonifacio Byrne (1861-1936), exiliado en Tampa, modernista, autor del famoso poema "Mi bandera".

Esta copiosa tradición poética cubano-americana continúa en el siglo XX con diversas manifestaciones generacionales no solo en relación a épocas sino también a características estéticas: La Vanguardia, la Generación de Orígenes, la Generación pre-revolucionaria del 1953, la Generación del 1970, el grupo de El Puente y los Conservadores, los de Mariel, el Grupo de los Atrevidos y los movimientos más recientes.

Entre los representantes cubano-estadounidenses de la vanguardia , se destaca Eugenio Florit con sus poemarios *Hábito de esperanza: Poemas, De tiempo y Agonía, Castillo interior y otros versos*. Recobrando las primeras expresiones de la poesia cubano-estadounidense femenina, cito a Emilia Bernal 1884-1964), que con la publicación del volumen *Alma errante; América*, en 1990 se recuperaron las respectivas ediciones facsimilares de dos poemarios suyos (el primero que salió a la luz originalmente en La Habana en 1916 y el segundo en Chile en 1938). Destaco también a Clara Niggeman, *En la puerta dorada, Como un ardiente río*, poeta ampliamente antologada perteneciente a esta época si bien difícil de encuadrar en algún movimiento específico de principios de siglo.

Resaltan dos poetas residentes en los Estados Unidos (además de Gastón Baquero que vivía en Madrid) como los más importantes de los de la Generación del grupo Orígenes: Lorenzo García Vega quien reside en Miami desde la Revolución y ha publicado los libros *Ritmos acribillados, Rostros del reverso y Los años de Orígenes* y Justo Rodriguez Santos, residente en Nueva York, con sus libros *El diapason del ventisquero, Los naipes conjurados y Las óperas del sueño.*

La Generación del 1953 (Grupo Renuevo, liderado por Angel N. Pou) reaccionando contra el barroquismo de lenguaje de la Generación Orígenes, está ampliamente presente en los Estados Unidos con poetas de alto alcance. Carlos Cancio Casanova ("Sale del verso el corazón ileso"), siendo Ana Rosa Nuñez la impulsora de este grupo con la producción creativa y crítica en sus obras *Las siete lunas de enero, Requiem para una isla, Escamas del Caribe: haikus de Cuba.* Ángel Cuadra Landrove (preso político en Cuba y luego liberado por las presiones internacionales junto con los poetas de este grupo Jorge Valls y Armando Valladares), ha publicado en los Estados Unidos varios poemarios, incluyendo *Fantasía para el viernes, Esa tristeza que nos inunda* y recibido un sinnúmero de premios y reconocimientos.

Heberto Padilla (recuerdo aún nuestra última conversación telefónica) es uno de los poetas más importantes de este grupo que vivió y publicó en los Estados Unidos a partir de su llegada en 1980. Sus numerosas obras, colección de poemas y estudios críticos son universalmente conocidos y numerosos para listarlos en este breve vuelo. No puedo resistir aquellos sus versos de "Fuera del juego"

¡Al poeta , despídanlo!
Ese no tiene aquí nada que hacer.
No entra en el juego.
No se entusiasma.

Mauricio Fernández y Orlando Rossardi han editado, ya sea en Miami o antes en Washington cuadernos poéticos, poemarios y participado en numerosos recitales, como los que compartimos en el Congreso que organizáramos en la Universidad de Georgetown en que la tomaron parte además Rita Geada, Matías Montes Huidobro y su esposa Yara González, todos ellos profesores, críticos y profusos escritores, con prestigiosos premios y reconocimientos por su labor creativa. También en Washington, Juana Rosa Pita, ahora en Miami. Cierro esta rápida referencia a una Generación con tantos exponentes importantes con los nombres de Gladys Zaldívar, Carmen Valladares, Benigno Nieto, Teresa María Rojas, Antonio A. Acosta, Rosa Cabrera, Carmen R. Borges, Ernesto Carmenate y José Corrales.

La siguiente Generación de 1970 encuadra a poetas que empezaron a escribir en los años setenta y Rodolfo Cortina en el artículo citado, la divide en tres subgrupos: Primero, El Puente y los Conservadores entre los que se destaca José Kozer, Isel Rivero, Reinaldo García Ramos, Enrique Marquez, Omar Torres, Magaly Alabau que reside en Nueva York, Uva Clavijo, Manuel Santayana, el muy bien recibido poeta Octavio Armand, Amando Fernández, uno de los más importantes y premiados poetas del grupo y Vicente Echerri (*Luz en la Piedra, Casi de Memorias,*

Fragmentos de un discurso amoroso).

Segundo, el Grupo Mariel, al que pertenecen entre otros Jesús Barquet, Rina Lastres Beritán, autora de la antología póstuma, *A cal y canto: Poesía y prosa, 2005-2011,* Roberto Valero (quien me acompañara a fundar en Washington a principios de los 90 el colectivo "Horizonte 21" y el Capítulo de la Academia Iberoamericana de Poesía), Carlota Caulfield, Belkis Cuza Malé que aún sigue publicando además de su obra la prestigiosa revista Liden Lane Magazine y páginas en la red. De Roberto Valero (como homenaje a una vida que se fue pronto) cito unos versos del libro inédito *...pero nadie sabe su nombre* cuyo manuscrito me dejara:

"...y su sangre son los cinco océanos
por eso se combate debajo de las mansas olas
cada pez vive al borde de la miseria
cada ser acuático aterrorizado de otro ser acuático
los monstruos devorando a los pequeños peces
siendo devorados por otras proporciones prodigiosas"

Tercero, el Grupo de los Atrevidos según la clasificación de Carolina Hospital, en su antología de poetas muy diversos. Los más destacados de este grupo son, además de Carolina Hospital, Ricardo Pau Llosa, Mercedes Limón, Pablo Medina, Iraida Iturralde, Lourdes Gil, Jorge Guitart, Bertha Sánchez Bello, Elías Miguel Muñoz y Gustavo Pérez-Fimat. Desafortunadamente los poetas que conozco personalmente dentro de este grupo (Hospital, Pérez-Firmat y Pau-Llosa) han optado por escribir cada vez más exclusivamente en inglés, por lo que no encajan en los criterios de esta reseña. Elías Miguel Muñoz (*En estas tierras*), Iralda Iturralde (*Hubo la viola y Tropel de espejo*) y Lourdes Gil (*Manuscrito de la niña ausente, Vencido el fuego de la especie y Blanca aldaba preludia*), por el contrario, han optado por publicar en español sus obras antes citadas.

Complementan este cuerpo poético la creación de algunos poetas posteriores o cuyo esfuerzo es más "cosmopolita" como es el caso de Maricel Mayor, autora de varios poemarios y editora de la Revista *Baquiana* y de voces jóvenes que se perfilan con sus poemarios recientemente publicados o inclusiones en antologías poéticas importantes como Rafael Catala, Jorge Oliva, Rafael Bordao, Maya Islas, Alina Galliano, Rafael Román Martel, Pablo Medina,Alexis Romay, Ernesto R. del Valle, Madelin Longoria, Yanitzia Canetti y muchos más, como Yosie Crespo, residente en Miami, integrante de así llamada Generación cero. Vale la pena acabar con el recuerdo de cuando compartimos lecturas de poemas en español en Washington D.C. hace unas décadas con el ahora reconocido poeta cubano-americano Richard Blanco, que fue el poeta seleccionado para la segunda inauguración del Presidente Obama (2012), con quien dicho sea de paso, estuve representando a Estados Unidos recitando en español, en el más reciente XI Festival Internacional de Poesía en Granada, Nicaragua, que tuvo lugar en Febrero del 2015. Valga como ejemplo de la diplomacia cultural del Estados Unidos Hispano que orgullosamente llevamos a cabo Richard y yo, bajo el lema "Estamos Unidos".

Un excelente trabajo sobre este cuerpo poético, detallando las publicaciones de poemarios y antologías poéticas año tras año, lo han realizado Orlando Rodriguez Sardiñas (Rossardi) y Jesús J. Barquet en sus estudios sobre la poesía cubana publicados en la *Enciclopedia del Español de los Estados Unidos*[128].

Poesía de los Exilios más allá de los cuerpos anteriores[129]

Agrupamos los exilios en un contexto geográfico para organizar de algún modo la información, sin detenernos mucho en las categorizaciones de corrientes, cronologías o movimientos a los que pertenecieron los integrantes de estos exilios que enumeramos con muy escasas referencias bio-biográficas.

Asimismo definimos "exilio" en un sentido amplio en cuya acepción importa principalmente el hecho de que se resida y se haga poesía en los Estados Unidos, fuera de su país de origen, ya sea por razones políticas, socio-económicas, profesionales o personales. Conciente de la posible controversia de esta concepción amplia del exilio, nos aferramos a su alcance dentro de los versos de Octavio Paz: *"...Yo andaba por el mundo./Mi casa fueron mis palabras. Mi tumba el aire"*, y de César Vallejo *"¡Alejarse! ¡Quedarse!¡Volver!¡Partir!/ Toda la mecánica social cabe en estas palabras!"*.

Los poetas aquí mencionados son víctimas y expresiones de la realidad vivencial de haberse marchado de su lugar de origen, sus raíces, su cultura y lenguaje, su "patria" y de sobrevivir en un lugar, un país, cultura y lenguaje diferentes a los que se han ido más o menos adaptando, "aculturando" ("hijastros"), como lo ilustrarán los escasos versos citados de algunos de los poetas representativos de esta diáspora.

La experiencia de este proceso de exiliarse, de la complejidad de cualquier forma

---

128 Anuario del Instituto Cervantes 2008, López Morales (coordinador), Madrid: Ed. Santillana: 2009: pp. 678-718.
129 Se han publicado numerosos estudios sobre cada uno de los Exilios a los que vamos a aludir en este apartado, si bien referidos a la producción litararia en general y no específicamente al género poético. Una extensa bibliografía puede encontrarse en el artículo del profesor chileno Juan Armando Epple "Hispanic Exile in the United States" en el *Handbook of Hispanic Cultures in the United States: Literature and Art*, editado por Francisco Lomeli, General Editors Nicholas Kanellos and Claudio Esteva-Fabregat, University of Houston, Arte Público Press: 1993.

de diáspora, las condiciones del pre-exilio, la partida, las ilusiones, posibilidades o concreciones del regreso, las consecuencias más o menos traumáticas varían según las circunstancias de cada individuo. Las características de un exilio provocado por una persecución política, expulsión, amenaza, contienen ciertas similitudes pero también considerables diferencias con exilios programados por razones económicas, profesionales, auto-exilios, emigrantes/inmigrantes.

Entre los poetas aquí listados existen representantes de toda la gama de tipos de exilio-diáspora, transtierro, destierro, emigración/inmigración , quienes en todo caso, como observaremos, compartirán los así llamados "desvalores del exilio": sentido de partida, de pérdida, cierta derrota, culpa y expectativa, transitoriedad, crisis de identidad, dualismo, fricciones y adaptación. A partir de esto, desarrollan una poesía, para no desaparecer, para denunciar y proclamar cambio, para aferrarse a sus raíces, a su pueblo, a sus ancentros, cierta corporalidad, su tierra, como referente, cierto sentido de solidaridad, se habla a una audiencia perdida, con un grito sin voz, en una cultura que no es del todo audiencia, público para el poema. También registran en su poética un distanciamiento, un extrañamiento en el nuevo entorno, desarraigo, soledad y desamparo, desculturización y aculturamiento, en el proceso de búsqueda y reconstrucción de la identidad del yo poético, la ilusión de un regreso y rescate de referentes, o un continuo cuestionamiento nostálgico. También se podría elaborar todo un estudio sobre los aspectos positivos del exilio en las creaciones literarias de algunas de las figuras representativas del exilio hispanoamericano, y, sin embargo, la pregunta cruelmente punzante del exiliado cubano Herberto Padilla perdura: *"¿Cómo puede seguir uno viviendo con dos lenguas, dos casas, dos nostalgias, dos tentaciones, dos melancolías?"*, pregunta que citan y utilizan otros poetas del exilio, como Gustavo Firmat no sólo como epígrafe de su propio poema "Provocaciones" sino para discutirlo en su desarrollo y también en teóricos de la literatura del exilio como Rafael Rojas en su artículo. "Diáspora y literatura. Indicios de una ciudadanía postnacional".

Existen disociaciones del signo poético en los textos, interculturalismo, hibridación, máscaras insospechadas en el sujeto poético, en el proceso de sobrevivir el exilio con los síndromes propios del sobreviviente, en el proceso de integrarse en el nuevo país, un proceso dialéctico de vida y muerte y síntesis imperfectas. Veremos ejemplos de una poética que regresa y se refugia en la infancia, la tarea de construir cosas/relaciones /la ciudad/la tierra/el paisaje/la historia/el orden socio-político/el orden ideal/familiares con palabras. También estos poetas del exilio en los Estados Unidos escriben con la memoria de España, del Sur, del Centro, del Caribe, para olvidar el olvido, en correspondencia con los recuerdos. El dolor, la tragedia, estará enmascarada en parodia, ironía, con imágenes de un irrealismo hasta el absurdo como eco de la experiencia de un aparente sin-razón, la incongruencia congénita del desarraigo, en un contínuo tono de denuncia y compromiso socio-político del poema que recorre en su alcance el país lejano y el país en que se vive que, a su vez, impera sobre el país lejano y el mundo. De allí que esta poética manifieste una mirada y retórica internacional, multiplicidad, metáfora de interacción y afán de testimonio. De hecho, gran parte de la literatura hispanoamericana del siglo XX se ha escrito en el exilio, como lo afirma Pablo Antonio Cuadra es una literatura que recibe "sus más valiosos aportes de ese doble ojo nativo y extranjero del exiliado" y que convalida la frase del filósofo Leszek Kolakowski "la creación es hija de la inseguridad, de alguna clase de exilio, de la experiencia del lugar perdido" (Solís 161).

Del Exilio de España

La poesía del Exilio de España en los EE.UU. es vasta[130], incluyendo representantes de las numerosas y variadas escuelas, generaciones y movimientos poéticos: modernismo, vanguardias, post-vanguardias, generación del 50, novísimos, postmodernidad y post-globalización.

Además de las ampliamente conocidas figuras de Max Aub, Francisco Ayala, Américo Castro, iniciamos este apartado destacando algunos hitos del representante del modernismo, el premio nóbel Juan Ramón Jiménez, con estadías y poemarios escritos en Maryland, Miami, Puerto Rico. En la opinión de su discípula Graciela Palau de Nemes *Espacio y Tiempo*, los dos largos poemas en prosa escritos en la Florida iluminan el fondo del exilio de Juan Ramón, es decir, su exilio verdadero[131]. Si bien con recursos poéticos diferentes inicialmente Nueva York impacta al poeta de Moguer, y en el proceso de su actividad poética dentro de los tiempos de la memoria se notan las referencias transtextuales a la nueva ciudad en sus dimensiones molestas e inhumanas, mercantilismo, forzando al yo poético juanramoniano a una configuración de su discurso en términos de cuestionamiento, disonancia interior y renacimiento personal. De "ruptura estética" habla Martha López-Luaces[132] al referirse al mismo. Traemos a colación los versos desgarradores de su poema "Convexidades": *Vuelve el cielo su espalda,/vuelve su espalda el mar, y entre ambas desnudeces,/resbala el día por mi espalda* y el regreso refigurado a su tierra de Moguer que llama «su verdad»: *Pozo mío, Moguer fatal, / con su monte, su puerta y su pinar, / con la piedra y la paz; / tierra firme al estar / viviendo y moridero del*

---

130 He escrito más detalladamente sobre este exilio en el ensayo, "Poesía del exilio español: figuras, registros y contribuciones", Ponencia presentada en el Congreso de Poesía de la University of Virginia, Noviembre 2008.
131 Graciela Palau de Nemes, "El fondo del exilio de Juan Ramón Jiménez", en El *exilio de las Españas de 1939 en las Américas : ¿adónde fue la canción?* (José María Naharro Calderón, ed., Anthropos, Madrid: 1991), pags. 241-250 .
132 Martha Luaces, "Nueva York como motivo de ruptura estética en la poesía española: Juan Ramón Jiménez, García Lorca y José Hierro", Nueva York, Junio 2007. Véase también Dionisio Cañas, *El poeta y la ciudad, Nueva York y los escritores hispanos*, Ed. Cátedra, Madrid: 1994.

real / amante, del que vuelve a su verdad[133].

«Desde estas Américas –le escribió Juan Ramón Jimenez a Enrique Díez Canedo-empecé a verme, y a ver lo demás, en los días de España: desde fuera y lejos, en el mismo tiempo y el mismo espacio. Se produjo en mí un cambio profundo, algo parecido al que tuve cuando vine en 1916»[134].

Lo mismo se puede leer en las otras figuras de la generación del 27 que crearon su poesía en los EE.UU.: Pedro Salinas, Jorge Guillén, Luis Cernuda, cuyos versos de su poema "Un español habla de su tierra" (del poemario *Las nubes*)marcan el epicentro de la tragedia:

Ellos, los vencedores
caínes sempiternos,
de todo me arrancaron.
Me dejan el destierro. ",

Son manifestaciones de esa tendencia del exilio de la Guerra civil española de construir la memoria como evocación de un lugar y un no-lugar.

Como parte de esta historia, no se puede omitir para completar el panorama, y en el mismo contexto, los pasos fugaces por Nueva York, de Federico García Lorca (Poeta en Nueva York, uno de los poemas paradigmáticos del surrealismo) y de Alberti (*Banca de Sangre, Versos suelos de cada día*), que marcaron endeblemente un cuerpo significativo de su creación poética. También los periplos por esa misma ciudad de Nueva York y varios lugares de EE.UU., entre muchos otros, de Dámaso Alonso, León Felipe, Concha Espina, Claudio Rodríguez José Moreno Villa (que escribiría allí los poemas de *Jacinta la pelirroja* (1927) y en prosa *Pruebas de Nueva York* (1927) y más tarde, a dos grandes poetas, Rosa Chacel y Gloria Fuertes, quienes estuvieron por un período preciso y corto, sólo dos años en Nueva York (1959-1961, en el caso de Rosa Chacel) a raíz de haber obtenido una beca Guggenheim y Gloria Fuertes entre 1961-1963 --que según ella fue la mejor época de su vida—habiendo ganado una beca Fullbright para impartir clases de Literatura española en la Universidad de Bucknell .

Posteriormente , las nuevas vanguardias en las que se destaca la figura de Ángel González (Oviedo, 1925-2008) que creció en medio de la Guerra Civil, perteneciendo a la así llamada Generación de los 50. Poeta social (ya paradójicamente crí-

---

133 Juan Ramón Jimenez, *En el otro costado*. Edición preparada y prologada por Aurora de Albornoz. Madrid: Ediciones Júcar, 1974, pág. 29.
134 Juan Ramón Jimenez, "A Enrique Díez-Canedo", *Cartas literarias*, p. 65, carta escrita en Washington, el 6 de agosto de 1943.

tico de la misma insistiendo en la inutilidad de la palabra: *sangre: no sangres más de "Otra vez"*), y en el contexto del derrotismo de la post-guerra, se expresa con un tono de denuncia envuelto en un esencialismo lírico sin atavíos ociosos, realista y riguroso, con un uso efectivo de la ironía para distanciarse con firmeza para decir lo que se pretende, y las temáticas casi obsesivas sobre la opresión de la ciudad, el paso del tiempo, la temática amorosa y la cívica, como lo reflejan sus poemarios Áspero mundo (1956), Sin esperanza, con convencimiento (1961), los incluidos en las diferentes ediciones de Palabra sobre Palabra y, entre otros, el poema precisamente titulado "El derrotado" :

Tu emprendes viaje hacia adelante, hacia
el tiempo bien llamado porvenir.
Porque ninguna tierra posees,
porque ninguna patria
es ni será jamás la tuya,
porque en ningún país
puede arraigar tu corazón deshabitado.

Merita señalarse la presencia de José Hierro de la generación del 50, con sus varias estadías en los Estados Unidos, y su *Cuaderno de Nueva York* (1998), con el que ganó el premio nacional de poesía, siendo uno de sus poemarios más importantes y exitosos.

Con las características de la poesía desarraigada, se puede también citar a Manuel Mantero, Gonzalo Sobejano, Juan Marichal, José F. Montesimos, Jose María Fonollosa, Luego a Manuel Durán y Odón Betanzos Palacios. Más recientemente (post-novísimos) en este período de post-modernidad y post-globalización a: Ana Merino, María Paz Moreno, Alicia Giralt, Fernando Operé (director del Centro de Estudios Poéticos Hispanoamericanos), Ignacio Barrero, Santiago García Castañón, María del Aguila Boge Pineda, Tina Escaja, Alberto Acereda, Ignacio López-Calvo, Ramón Diaz-Soliz, Benito del Pliego, José Molina, Alberto Avendaño y, por ejemplo, a los que han sido agrupados en la antología *Piel Palabra* (Muestra de la poesía española en Nueva York, Francisco Álvarez-Koki, ed., 2003) que incluye, además de algunos ya mencionados a poetas como Hilario Barrero, Dionisio Cañas, Antonio Garrido Moraga, Francisco Álvarez-Koki, Alfonso Armada, Josefina Infante y Marta López-Luaces. Añadimos, además de los anteriormente nombrados, la obra de poetas importantes como Alfredo Gómez-Gil. Otros poetas figuran como tales en la recientemente publicada antología *Escritores Españoles en los Estados Unidos* editada por Gerardo Piña-Rosales (que compila textos de Ana María Fagundo, Santiago García Castañón, además de los antes ennumerados).

150

Del exilio suramericano

Igualmente importante es la construcción y desconstrucción de la memoria en la poesía en español que produjo en los Estados Unidos el exilio sudamericano que en su necesidad de reescribirse crea un discurso híbrido, un signo poético disasociado, con múltiples referentes al pasado, a la raíz, a sus símbolos, a las causas del sufrimiento por la impureza y contradicción en la condición del ser humano, de la que habla Dostoiesvki.

Comenzando por el cono sur: de Argentina, limitándonos a algunos poetas solamente[135], vinieron Silvia Molloy, Juana de Arancibia (*Alba de America*), Mariano Gowland, José Aníbal Yaryura Tobías, Maria Negroni, Zulema Moret, Mercedes Roffe, Gladys Illarregui, Emma Sepúlveda (que creció en Chile antes de emigrar a los EE.UU.), Alicia Portnoy, Alicia Borinski, , Alicia Ghiragossian, Nela Río y Margarita Feliciano (que residen ahora en Canadá), Lila Zemborain, Cristina Iglesias Kinczly, Margarita Drago, Elena Smidt, David Lagmanovich, acaso Diana Bellesi, Luis Alberto Ambroggio que tuvo la suerte de ser honrado con el volumen *El cuerpo y la letra. Poética de Luis Alberto Ambroggio* editado por Mayra Zeleny y publicado por la Academia Norteamericana de la Lengua Española (2008).

Juana Arancibia, fundadora del Instituto Literario Cultural Hispano (ILCH), tiene un poema canónico titulado "Chañi" en el que poetiza:

Milenaria piedra
de mi niñez
estás aquí conmigo
porque el que todo lo sabe
puso en mi camino
otro Chañi pequeño
en un lugar ajeno.

Y no importa el entorno
la vorágine
y las trampas de la ausencia
me vigilas como entonces
a través de un paisaje
de tiempo
enajenado.

---

135 Un ensayo más completo sobre este cuerpo poético puede verse en: luis Alberto Ambroggio, *"Poesía del exilio argentino en los EE.UU.: registros y figuras"*, enla revista *Isla Negra* 3/128, pp. 19-28: en http://www. ildialogo.org/poesia/islanegra128especialeupoen.pdf.

Así como Juana Arancibia evoca nostálgica y alegóricamente un referente topo-
gráfico, otros lo hacen con un instrumento (la guitarra: Mariano Gowland), un tipo
de música (el tango: Ambroggio, Nela Río), el mate, la siesta (Lila Zemborain),
una ciudad específica (Buenos Aires, Silvia Tandeciarz). La poesía de Ambroggio específicamente ha sido analizada por la crítica desde el enfoque de la memoria identitaria y en el contexto del discurso del poder, como en el artículo de
Adriana Corda "Identidad y memoria en la lírica de Luis Alberto Ambroggio" y
otros[136] yendo desde *Poemas Desterrados, Oda Ensimismada, El Testigo se desnuda, Laberintos de Humo, La desnudez del asombro, La arqueología del viento
hasta Todos somos Whitman* y el volumen publicado en el 2014 por la Academia
Norteamericana de la Lengua Española, *En el Jardín de los Vientos. Obra poética
1974-2014*, edición crítica de Carlos Paldao y Rosa Tezanos-Pinto. De *Los Habitantes del Poeta* de donde provienen aquellos versos que entroncan con la temática
prevalente en la poesía escrita en español en los EE.UU, el idioma como patria de
la memoria identitaria:

Me habitan dos lenguajes enemistados;
Me siento esclavo en mi propia carne.
Desheredo las palabras dulces,
Obedezco y me rebelo ante órdenes
Que me desprecian con sílabas mortales
Y huelo a gritos discordantes
Como pan quemado.

También los referentes a las dictaduras, las guerras sucias y torturas, expresiones
de la memoria histórica y política, como en sus poemas "La Celda", "El peso de
los cuerpos" que comienza con el epígrafe de Vicente Huidobro: *"Al fondo de las
tumbas/Al fondo de los mares/Al fondo del murmullo de los vientos"* y concluye:

La sentencia de un cuerpo
vence la apatía de los dioses
/.../

---

136 En el I Congreso Internacional de Literatura, Buenos Aires, Octubre, 2006. También de Adriana Corda,
"El Discurso de la Identidad en LOS HABITANTES DEL POETA de Luis Alberto Ambroggio", X Congreso
Nacional de Lingüística, Universidad Católica de Salta Julio 2005 ; "El discurso del poder, la memoria y el exilio en los textos poéticos de Luis Alberto Ambroggio", Universität Zu Köln, Facultad de Filosofía, 2006; "La
escritura poética de Luis Alberto Ambroggio como resistencia al discurso del poder", XIII Congreso nacional
de Literatura Argentina, Facultad de Filosofía y Letras, Universidad Nacional de Tucumán, Agosto 2005; "Diso-
ciación del signo poético en Laberintos de Humo de Luis Alberto Ambroggio", XXVI Simposio Internacional de
Literatura Presente y Futuro de la Literatura Hispanoamericana Universidad de Los Lagos, Puerto Montt, Chile
8 al 13 de Agosto, 2005. Además de los libros *El Cuerpo y la Letra. La poética de Luis Alberto Ambroggio* (Mayra Zeleny Ed.), Nueva York: Academia Norteamericana de la Lengua Española, 2010. Y *El exilio y la palabra.
La trashumancia de un escritor agerntino-estadounidense* (Rosa Tezanos-Pinto Ed.), Buenos Aires: Editorial
Vinciguerra, 2012.

Cuerpos-espíritus que se elevan
desafiando a la muerte
como una lumbre sin tregua.

¡Nosotros les damos a los cuerpos sus alas!

También destacamos a Zulema Moret, que en su introducción enfatiza el apego al cuerpo de la memoria, del idioma, de la cultura, de la familia, el cuerpo del amor y del amado, como característica compartida de las *Mujeres mirando al sur antología de poetas sudamericanas en US*[137], las poetas que integran su antología. Alicia Portnoy, con la presencia del encarcelamiento y tortura como trauma referencial, como en el poema "Venganza de la manzana":

Me arrojaron
como piedra,
yuyo, yerba mala;
separada,
la manzana podrida,
subversiva...
Pero ahora
fermentan
las manzanas
restantes,
es decir,
vienen fermentando
desde antes
de que a mí

De ese poemario son los versos con registros de denuncia:

Me sacaron de la tierra
de debajo
-a eso llaman destierro-
o sea que, de pronto,
me faltó el suelo
y me sobró distancia
/.../
y entonces,

---

137 Madrid, Ediciones Torremozas, S.L.: 2004.

cuando me faltaba el aire
y sobraban las rejas
... y en "Canción de la exiliada":

Me cortaron la voz:
dos voces tengo
./../
Me aislaron de mi gente
y hoy a mi pueblo
vuelve mi canto doble
como en un eco.

En "los molinos de la memoria" escribe *¿sobre qué muertos echaremos qué culpas/ cuando se nos desteja la trama del silencio"*. me sacaran del cajón[138].

De Bolivia: Eduardo Mitre, considerado como el catalítico de un vanguardismo boliviano tardío, cuya significativa producción poética en términos de prefiguración, configuración y refiguración de la memoria se agrupa bajo algunos títulos como *Morada* (1975), *Desde tu Cuerpo* (1984), *El Peregrino y la Ausencia: antología* (1988), *La Luz del Regreso* (1990), *Camino de cualquier parte* (1998) y *El paraguas de Manhattan* (2004). Yolanda Bedregal que estudió en el Barnard College de Columbia Univeristy; también Marty Sánchez Lowery, Edith Graciela Sanabria.

De Colombia: Luis Zalamea, Ramiro Lagos, Albalucia Angel, Agueda Pizarro, Alonso Mejía, Armando Romero, uno de los fundadores del Nadaismo (el nihlismo latinoamericano), Jaime Manrique, Consuelo Hernández, Miguel Falquez Certain, Gabriel Jaime Caro, Fabio Velazquez, Manuel Cortés Castañeda, Medardo Arias Satizabel, Juan Carlos Galeano, Don Gellver de Curra Lugo, Antonieta Villamil (organizadora de LA Poesía Féstival), Carlos Aguasaco (antologador de 10 poetas latinoamericanos en USA y director de la editorial Artepoética Press coeditando las antologías del *Festival Latinoamericano de poesía ciudad de Nueva York* (2013); *Festival Latinoamericano de poesía ciudad de Nueva York* (2012) del que es co-fundador; con sus poemarios: *Conversando con el Ángel, Nocturnos del Caminante, Antología de poetas hermafroditas*; Elisa Dávila, Oscar Osorio,Rafael Saavedra Hernández, Andrea Cote Botero, Nicolás Linares Sánchez, Diego Rivelino, Lucía de García, Arturo Salcedo, José Jesús Osorio[139] y la recientemente ganadora del premio "Carmen Conde" de poesía, Clara Eugenia Ronderos, con su poemario Estaciones en exilio. Su poema "Tierra Firme" que parte del epígrafe del Libro del Buen Humor *"En uno atados son los pies, en uno, las voluntades non."*, expresa así las gamas de emociones:

---

138 Para más información consultar mi artículo, "Poesía del exilio argentino en los EE.UU.: registros y figuras" en www.ildialogo.org/poesia/islanegra128especialeupoen.pdf.
139 Ver *15 poetas Colombianos en Estados Unidos. Poesía Migrante.* Bogotá: El Tiempo: 1998.

Piso el terreno de mis sueños
y dejo hundir el pie
profundo en el viscoso material.
Quiero decirlo todo.
De una vez dejar que salgan
la baba y la luz y la tiniebla.
Pero abajo, tira la gravedad
y aterra su cálida humedad
de muerte reciente,
de vida apenas retoñando,
de vientre convulso,
de estertor.
Y ya no quiero, no quiero, no.
Me agarro fuerte de la cuerda
donde seco cada mañana mis miserias
y jalo, asqueada,
y sacudo y seco y limpio
y corro a la vigilia sólida del miedo.

De Chile: Gabriela Mistral que vivió residencias extendidas en diversas partes de Estados Unidos, falleciendo en Nueva York, como se documenta en el volumen *Gabriela Mistral y los Estados Unidos* (2011) de la Academia Norteamericana de la Lengua Española, la presencia del representante eximio de la Generación del 38 Fernando Alegría, reconocido crítico y poeta que documentó la evolución nerudiana y los destacados poetas de la post-vanguardia chilena como Humberto Diaz Casanueva, Gonzalo Rojas, Enrique Lihn, Oscar Hahn y Pedro Lastra (*Baladas de la memoria*, 2010), cuya poesía se ha ubicado en el contexto del neomanierismo formulado por Dubois[140], en el sentido de que revela en su poética la pugna del yo contra las instancias represoras, como una manera de refigurar el pasado. De Pedro Lastra, por ejemplo, son estos versos del poema "Ya hablaremos de nuestra Juventud":

Ya hablaremos de nuestra juventud
casi olvidándola,
confundiendo las noches y sus nombres,
lo que nos fue quitado, la presencia
de una turbia batalla con los sueños.

---

140 Dubois, Gilbert. *El manierismo*. Barcelona: Península: 1980.

Y numerosos otros renombrados poetas como Enrique Giordano, Raúl Barrientos, David Valjalo, más tarde Marjorie Agosín, Juan Armando Epple, Javier Campos, Lilianet Brintrup, Alvaro Leiva, Cecilia Vicuña, Jesús Sepúlveda, Miriam Balboa, Mary Rosa Moraga Barrow, Oscar Sarmiento, Luis Correa-Diaz, Alicia Galaz Vivar, Andrés Fisher, Marcelo Pellegrini, Francisco Leal.

De Ecuador: Jaime Montesinos, Yvon Gordon Vailakis, José Ballesteros.

De Paraguay: Gustavo Gatti, Lourdes Espinola.

De Perú: Antonio Cisneros, Eduardo Chirinos, que se autodenomina poeta ochentero, exponente en su poética del culturalismo, Cecilia Bustamante, Miguel Ángel Zapata, Isaac Goldemberg (fundador y director del *Latin-American Writers Institute de Nueva York*), Raúl Bueno, José Cerna Bazán, Jaime Urco, Pedro Granados, Marita Troiano, Mario Montalbetti, José Antonio Mazzotti, Julio Ortega, Rafael Dávila-Franco, Sandro Chiri, Rocío Silva-Santisteban, Roberto Forns-Broggi, Renato Gómez, Jorge Frisancho, Mariela Dreyfus, Oswaldo Chanove, Roger Santiváñez, Alfredo Ejalde, Lorenzo Helguero, Ericka Ghersi, José Luis Falconi, Victoria Guerrero, Odi Gonzales, Rocío Uchoffen, Luis Chávez, Enrique Bernales, Chrystian Zegarra, Carlos Villacorta, Enrique Bruce y Ulises González, entre otros.

De Uruguay: Roberto Echavarren, exponente del androginismo y cuyo estilo poético ha sido calificado de gonzogongorismo, Eduardo Espina (director de *Hispanic Poetry Review*), parte de los novísimos uruguayos que hace acrobacias salvajes y atrevidas con el lenguaje en sus poemas, y Cristina Rodriguez Cabral.

De Venezuela han residido en EE.UU. por cierto tiempo: Antonio Arráiz de la Generación del 18, Rufino Blanco Fombona, *Ana TeresaTorres*, Lydia Zacklin (ensayista, traductora), Arturo Gutiérrez Plaza, María Auxiliadora Alvarez, Josefina López, Carmen Rojas Larrazábal.

Del exilio caribeño-centroamericano

En la poesía del exilio caribeño-centroamericano localizamos:
De Costa Rica: Aquileo J. Echeverría a quien Darío llamase poeta nacional de Costa Rica y que fungió como Agregado de la Embajada de Costa Rica en Washington, D.C., como Julián Marchena, quien sostiene una residencia prolongada en los EE.UU. en los años 1930 y también Laureano Albán, que hizo su doctorado en Nueva York y ejerció cargos diplomáticos en Washington, D.C., Alexander Obando, los hermanos Mark y Alan Smith-Soto de Costa Rica (éste último autor de los poemarios *Libro del lago y Fragmentos de alcancia* y editor de *International Poetry Review*).

De El Salvador: Gustavo Solano (1886), modernista y ya más vocero de un realismo social, como se puede ver en su drama en verso, publicado en California "La sangre: crímenes de Manuel Estrada Cabrera". Anotamos la residencia de Claudia Lars de padre estadounidense. Luego Lilian Serpas, que residió en los EE.UU. cultivando una poesía conceptual, con la formalidad del soneto y dentro del postmodernismo. En nuestro tiempo a Mayamérica Cortés, Jorge Argüeta y más recientemente Oscar Morales Aguilar, Julio Valencia, Karla Coreas, Mauricio Campos, director de *La Revista Cultural Hispanoamericana*, Juana Ramos, autora del poemario "Multiplicada en mí", que representa la ciudad como un monstruo antropófago que devora al sujeto, como lo indican sus versos: "Aquí, desde este lugar/ que me tragó entera,/ que me eructa, me vomita"; también Ario Salazar, Quique Avilés, Carlos Parada, Wladimir Monge, que parten del antes mencionado "guerrillerismo" y las características de su evolución literario-cultural.

De Guatemala: Luis Cardoza y Aragón en una estadía entre sus múltiples exilios; Efraín López Rodriguez.

De Honduras: Rafael Heliodoro del Valle, quien durante varios años de diplomacia en los EE.UU. (1915-1921), redactó el poemario *El perfume de la tierra natal* (1917), que lo colocó como una de las voces más destacadas de la joven poesía centroamericana. También Aída Ondina Sabonge Gutiérrez que dividió su tiempo entre su país y los EE.UU. y la poeta editora Amanda Castro.

De Nicaragua, entre muchos otros, a nombres como Santiago Argüello (1871-1940), poeta romántico-modernista (*El alma dolorida de la patria*), Salomón de la Selva, creador de la "otra vanguardia" (según Emilio Pacheco[141]); también en momentos críticos de su formación y creación literaria a Salomón de la Selva, Ernesto Cardenal y Claribel Alegría. Luego como ejemplo de los tiempos prefigurativos, configurativos y refigurativos de la memoria el caso de las poetas Gioconda Belli y Daisy Zamora, ambas residentes por períodos largos en California, cuyo discurso literario, luego de decepciones, fracasos, nuevos acuerdos de paz, dejan el guerrillerismo y se concentran en una redefinición de paradigmas estéticos en términos de modelos y proyectos culturales, nuevas prioridades e identidades, con el siempre presente magnetismo de una revolución ideal. También: Rubi Arana, Horacio Peña, Yolanda Blanco, Conny Palacios, Nicasio Urbina, Milagros Terán, Silvio Ambroggi, Francisco Larios, Roberto Cuadra.

De Panamá: José S. Cuervo. También la afropanameña Yvette Modestin. Las residencias como profesor del poeta Eduardo Ritter Aislán y del modernista José Guillermo Batalla.

---

141 En su ensayo "Nota sobre la otra vanguardia", *Casa de las Américas* 118 (Enero-Febrero 1980).

Del Caribe hispano, además de las ya mencionados poetas puertorriqueños y cuba-no-americanos, ennumeramos de la República Dominicana: Pedro Henríquez Ure-ña con varios períodos de residencia en los EE.UU., Sherezada "Chiqui" Vicioso, Fabio Fiallo, Andrés Francisco Requena, Rei Berroa, Yoselí Castillo Fuertes, Mi-riam Ventura, Carlos Rodríguez, Teonilda Madera, Josefina Baez, René Soriano, Leonardo Nin y los representantes de la Generación de los ochenta, post-moder-nidad, el así llamado El Grupo de Posguerra, en el que se destacan Marienela Me-drano, Yrene Santos y el más joven de esta generación, Alexis Gómez Rosas, y los integrantes de la metapoética Joel Almonó y Jorge Piña. Juan Tineo que organiza anualmente el espacio cultural de la Feria del Libro Hispano-Latina en Nueva York que ha homenajeado a autores como Junot Diaz, Carmen Boullosa, entre otros. También en este contexto nos limitamos a citar, como referencia, la "Antología: Poesía hispano-caribeña escrita en los Estados Unidos," de William Luis[142].

Es importante señalar que, si bien algunos de los autores señalados han tenido pe-ríodos limitados de residencia en los Estados Unidos, muchos de los autores aquí mencionados dentro de los exilios abarcados en estos listados necesariamente in-completos se han destacado no sólo por su importante creación poética, sino tam-bién por estar involucrados en actividades, instituciones, publicaciones, iniciativas editoriales de relevancia para la promoción de la poesía hispana en sus ciudades y centros de influencia.

Movimientos y actividades poéticas actuales

Es imposible abarcar todas las actividades y movimientos actuales relacionados con la poesía hispana de los EE.UU. Sin embargo, empezaremos destacando para enriquecer esta lista somera, la presencia de revistas y publicaciones bilingües en español e inglés como la que dirige la escritora premiada C.M.Mayo, de Washing-ton DC, Tameme, la obra de Elizabeth Miller Gamble en Texas, Terra Incognita, La Bilingüal Review Press de la Universidad de Arizona, Literal de Houston fun-dada por Rose Mary Salum; las contribuciones como las revistas Alba de América (Universidad de California dirigida por la Argentino-americana Juana de Aranci-bia, y las convenciones organizadas por su "Instituto Literario Cultural Hispáni-co"), Baquiana (Miami, dirigida por Maricel Mayor), la "Gaceta Iberoamericana de Cultura" (que publicó en Washington, DC. el Dr. Miranda Rico de Bolivia), el Hispanic Culture Review de la Universidad de George Mason, International Poetry Review de la Universidad de Carolina del Norte en Greensboro, Ventana Abierta del Instituto de Estudios Chicanos de la Universidad de California y finalmente la

---

142 Boletín de la Fundación Federico García Lorca, 18 (December, 1995), 17-93.

importantísima editorial Arte Público Press asociada con la Universidad de Houston y la labor exhaustiva, pionera y sobresaliente de investigación sobre la literatura hispana en los EE.UU., plasmada en volúmenes importantes de ponencias y textos (algunos citados aquí), como así también las prestigiosas ediciones bilingües de poemarios creados en los EE.UU., actividades ejecutadas bajo el liderazgo del profesor Nicholas Kanellos y su equipo.

Asimismo marcamos la función activa de colectivos poéticos, como inicialmente la Academia Iberoamericana de poesía que inicié hace veinte años en Washington D.C., "Para eso La Palabra" en Washington, DC, esfuerzos que si bien abarcan todos los géneros literarios, promueven en Estados Unidos el discurso y la memoria poética en español. De allí surge la reciente antología que editamos y publicó la Academia Norteamericana de la Lengua *Al pie de la Casa Blanca.Poetas Hispanos de Washington DC* (2010), También en Washington, el "Teatro de la Luna" que lleva organizados más de quince "Maratones de Poesía" en español, algo que otras organizaciones repiten en Los Angeles (por ejemplo, los colectivos de *La Poesía Féstival* bajo la dirección de la poeta colombiana Antonieta Villamil, *Poesía para la gente*, la organización cultural La Luciérnaga, de la que participa el poeta salvadoreño Mauricio Campos (director de la *Revista Cultural Hispanoamericana*), San Francisco (con la conducción de Festivales de Poesía Infantil bajo la organización de "Talleres de Poesía de San Francisco" con los poetas salvadoreños Jorge Argueta y René Colato), en Chicago (los recitales "Pura Palabra"), Boston (con la iniciativa de *Hispanic Writers Week* que ha contado con presencia de destacados poetas como Marjorie Agosín, Claribel Alegría, Luis Alberto Ambroggio, Martín Espada, Naomi Ayala, Rosario Ferre, Demetria Martínez, Daisy Zamora, Juan Felipe y ha producido antologías como *A toda Luz, 2011, y 2013 Hispanic Writers Week Anthology*), Nueva York (Festivales de Nueva Poesía Poetas en Nueva York, LatinoPoets NY, e innumerables series de lecturas poéticas como las llevadas a cabo en el Centro Cultural Rey Juan Carlos a cargo de Lila Zemborain y los organizados por Roger Caban, "hijo legítimo del Barrio", en Poetas con Café, por dieciocho años, que en el 2014 fue patrocinado por el Museo del Barrio), encuentros literarios y poéticos como los organizados por CUPHI en Los Ángeles en el 2014, los de Poetas y Escritores O-MIAMI, parte de Asociación Internacional de Poetas y Escritores Hispanos (AIPEH), liderada en Miami por Pilar Vélez, con sus Festivales Internacionales de Poesía Grito de Mujer, el Festival O Miami, su promoción del mes del Libro Hispano y otras actividades, como el concurso de Poesía hispana conducido por el Centro Cultural Español de Miami y el de El Centro de Literatura y Teatro del Miami Dade College (MDC), en colaboración con la Serie Nacional de Poesía, titulado Premio Paz de Poesía, galardón con el que se premia los mejores trabajos realizados en español por residentes en Estados Unidos; la revista *Suburbano* de escritores hispanos en Estados Unidos dirigida en Miami por la cubano-americana Daina Chaviano, incluye textos poéticos; el ciclo de lecturas

159

Tintero Readings que se realiza en el centro cultural Talento Bilingüe de Houston, encabezado por la poeta mexicano-estadounidense Guadalupe Méndez. Hablando de ciudades y la presencia de la poesía hispana, cabe dejar constancia del libro del poeta peruano Sandro Chiri, *Para Espanol, Marque 2: Escritores Hispanoparlantes en Filadelfia* (Latino Press 2010).

Como ejemplos de actos poéticos como los que tuve el honor de "curar" para el Smithsonian Institution en Washington D.C., "Celebrando las Raíces, Creando Comunidad: Una Noche de Música y Poesía Bilingüe" y "Celebrando el Bicentenario: Poetas Argentinos de los Estados Unidos" y la celebración anual por casi 20 de la poesía escrita en español en los Estados Unidos, en la Biblioteca del Congreso durante el mes de la hispanidad. Asimismo los organizados por Zulema Moret en Grand Valley State University "Building Community Through Poetry/Creando comunidades a través de la poesía". El Instituto Cervantes tanto de Nueva York, como Boston, Chicago, Albuquerque en Nuevo México han apoyado y promovido recitales poéticos y discusiones sobre la poesía hispana de los Estados Unidos.

Otros grupos poéticos que se expresan en antologías conjuntas como *Los Paraguas Amarillos* Los poetas Latinos en Nueva York, editada por Ivan Sillén (Bilingual Press, 1983), *Cool Salsa y Red Hot Salsa* (exitosas ediciónes bilingües de Lori Carlson, 1994), la antes citada antología *Piel Palabra* y la recientemente aparecida *Al fin del siglo: 20 poetas* editado por Francisco Alvarez-Koki y Pedro R. Monge Rafuls (Ollantay Press, 1999). También *La Ciudad Prestada, Poesía Latinoamericana posmoderna en Nueva York*, editada por Pedro López Adorno (2002), *Cruzando Puentes. Antología de Literatura Latina* (Centro de Estudios Chicanos, Universidad de California Santa Bárbara, California, Ventana Abierta: 2001) editada por Luis Leal y Victor Fuentes[143] y *Encuentro: 10 Poetas Latinoamericanos en USA* (New York 2003)[144]. La antología Poetas sin fronteras (Verbum, Madrid: 2000) editada por el poeta colombiano Ramiro Lagos que incluye una muestra de la poesía escrita en español de poetas residentes en los Estados Unidos, además de Ramiro Lagos y otros ya mencionados, a Antonio Barbagallo de Italia, Louis Bourne de los EE.UU., Andrés Berger-Kiss de Hungría. Nos abstenemos de una referencia más larga a la bien recibida antología *Paper Dance* por tratarse de poemas publicados exclusivamente en inglés por autores latinos, tal es el caso de la recientemente publicada antología *Looking Out, Looking In* (Editorial Arte Público Press, 2013) compilada por William Luis. En Chicago, *Desarraigos, cuatro poetas latinoamericanos en Chicago*, antología que incluye a Jorge Hernández, Febronio

---

143 Poetas incluidos en la Antología no mencionados anteriormente: Jorge Antonio Buciaga, Gabriela Gutiérrez, Omar de León, Angel Luis Méndez ramos, Angel González, Gabriela Tagliavini, Renato Rosaldo, Jorge Simán, Aracelis Collazo Mapa, Alfonso Rodriguez, Rusmesa y Estela Morena.
144 Poeta incluido en la Antología no mencionado anteriormente: David J. Labiosa..

Zatarain, Juana Iris Goergen, Leon Leiva Gallardo, Ediciones Vocesueltas (2008) y la actividad de la editorial y revista *Contratiempo* que, por ejemplo, durante el año 2014 colaboró con el Insituto Cervantes de Chicago y DePaul University en la organización del VII Festival Internacional de poesía en español Poesía en Abril: Centenarios, y otros concursos de poesía. Finalmente la recientemente publicada antología *Malditos latinos Malditos sudacas, Poesía Iberoamericana made in USA[145]* que incluye a poetas ya sea nacidos en los Estados Unidos o países hispanoamericanos que escriben en español, además de los mencionados en algunos de los cuerpos anteriores, como Gabriela Jauregui, Roberto Tejada, Rodrigo Toscano y *Nostalgias de Arena* (2011), antología de escritores de Comunidades Dominicanas en los EE.UU.

Concluyo el género poético hispanoestadounidense, festejando el reciente nombramiento de Juan Felipe Herrera como Poeta Laureado de los Estados Unidos, el primer hispano californiano de origen mexicano, en ocupar tan distinguida e icónica posición de reconocimiento nacional e internacional.

Prosa

Además de la nutrida producción poética que recorrimos, se publicaron también muchas obras en español en el género narrativo en los Estados Unidos, a partir del período colonial y en los siglos subsiguientes.

En el período colonial se encuentran los textos literarios de la *Relación* de Alvar Nuñez Cabeza de Vaca (escrito durante su travesía por territorio estadounidense entre el 1528 y 1537, publicado en Zamora en el año 1542) y *Descubrimiento de las siete ciudades de Cíbola* de Fray Marcos de Niza (escrito posiblemente en 1539 durante su misión a Nuevo México), de cuya página 150 proviene el siguiente fragmento: "Que en esta primer[a] provincia hay siete ciudades muy grandes…Y que las gentes de estas ciudades anda muy bien vestida. Y otras muchas particularidades me dijo, así destas siete ciudades como de otras provincias más adelante, cada una de las cuales dice ser mucho más cosa questas siete ciudades; y para saber de él como lo sabía tuvimos muchas demandas y respuestas, y hallele de muy buena razón".

Siguiendo esta breve sección dedicada a los textos en prosa escritos dentro de este período, cito además dos ejemplos de figuras, temas y motivos puntuales de esta literatura. Pedro Menéndez de Avilés Pedro forma también parte de esta lista con el

---

145 México, Ediciones El billar de Lucrecia, Fondo Nacional para la Cultura y las Artes: 2009, Editora: Rocío Cerón, Selección y prólogo de Mónica de la Torre y Cristián Gómez.

género epistolar ejemplificado con su carta a su sobrino, fechada en 1574 (citada en *San Agustín de la Florida*: 205), en la que –como destaca Victor Fuentes- expresa uno de los temas centrales de la literatura de la inmigración: el apego, en este caso amor, por la tierra de acogida. Un texto más extensivo de esta experiencia migrante en las tierras americanas es el que se considera el primer libro al respecto escrito en este territorio: es el de Álvar Núñez Cabeza de Vaca, *Los naufragios*, publicado en 1542, según las vivencias que tuvieron lugar entre 1527 y 1536: estos nueve años marcarán este texto literario y otros por venir, con características temáticas y estéticas, típicas de la literatura de inmigración de este período y de los Estados Unidos; temas a los que hemos aludido anteriormente y retocaremos en la conclusión en el análisis de la expresión poética como. Cabeza de Vaca incorporó a la literatura norteamericana -en lo que hoy consideraríamos su dimensión hispanounidense- todo el espacio y los territorios fronterizos de lo que serían las dos Floridas, y los espacios y lugares del Suroeste (Nuevo México, Colorado, Texas y Arizona), con significativos títulos de capítulos: "Cómo entramos por la tierra", "Cómo llegamos a Apalache", "De la manera que es la tierra", "Cómo partimos de Aute", "De lo que nos acaeció en la Villa de Malhado", "De cómo seguimos el camino del maíz" y otros que típicamente aluden a las fauna y flora de las comunidades indígenas, sus costumbres, características, convivencia, apreciaciones –sin bien a veces prejuiciadas-: "Cómo los indios nos trajeron de comer", "De cómo nos mudamos y fuimos bien recibidos", "De cómo nos dieron los corazones de los venados", "Cómo vimos rastro de cristianos".

Esta creación literaria sigue en los siglos venideros. Haremos aquí un breve recorrido de estos géneros durante el siglo XIX, XX y XXI con el intento limitado de apuntar a áreas para una expansión posterior, siguiendo un recuento generalizado basado en los artículos de Eduardo Lago, "La literatura hispana se convierte en potencia cultural en EE UU", en *El País*, 25-I-2014[146] y otros autores, como Jesús J. Barquet, en su artículo «Reflexiones sobre la literatura hispana en los Estados Unidos»[147], comenzamos citando la novela histórica *Jicotencal* (Filadelfia, 1826) del español liberal emigrado Félix Mejía, además de sus otras obras, *Vida de Fernando VII* y *Los retratos políticos de la revolución de España*. Las traducciones al español de una de las figuras que marcó una diferencia en el siglo XIX con su actividad de promoción cultural hispana y católica, el sacerdote cubano residente en Filadelfia y Nueva York, Félix Varela, como la obra de Thomas Jefferson *Manual de práctica parlamentaria*, habiendo fundado los periódicos *El Habanero* (el primero en espa-

146 http://cultura.elpais.com/cultura/2014/01/23/actualidad/1390479980_742205.html
147 La Ventana. Casa de las Américas, http://www.google.com/url?sa=t&rct=j&q=&esrc=s&frm=1&source=w eb&cd=1&ved=0CB4QFjAA&url=http%3A%2F%2Flaventana.casa.cult.cu%2Fmodules.php%3Fname%3DNe ws%26file%3Darticle%26sid%3D6340&ei=3PQSVbTyHsHSgwTsmISoBQ&usg=AFQjCNGAVAsE4retJ1_8u BtZo-rQ-4mO5w&sig2=OOSeE2VP2lCmH1Ay-SJoYQ&bvm=bv.89184060,d.eXY

ñol a principios del siglo) y *El Mensajero Semanal*. En 1851 el libro de Antonio María Osio sobre la *Memoria de la California Mexicana* con sugerentes referencias a la tradición literaria española desde el *Quijote* al *Lazarillo de Tormes* y muchas otras. La novela *The Squatter and the Don* (1885), de Amparo Ruiz de Burton, refleja la situación de los vencidos tras la firma del Tratado de Guadalupe-Hidalgo.

Luego en el siglo XX, la literatura en prosa del exilio y del inmigrante hispanoamericano en los Estados Unidos, la ficción narrativa, las biografías o libros de ensayo se expanden de una manera exponencial. Como las del género poético, estos tienen esas características propias que la definen e identifican en el concierto de una literatura internacional: el trauma del desarraigo, la memoria de allá, del pasado, la nostalgia y libertad para la protesta, el aferramiento a recuerdos, estudios especializados de personajes o autores, cuerpos de historia, cultura y otros referentes, tal cual es el caso del autor colombiano, José Eustasio Rivera, con su novela *La vorágine,* que murió en Nueva York en 1928 mientras escribía el manuscrito de *La mancha negra,* su segunda novela. También de 1928 la novela de Daniel Vanegas, *Las aventuras de Don Chipote o, cuando los pericos mamen.* En la opinión de Eduardo Marceles en su ensayo "La literatura del exilio: Escritores latinoamericanos en Nueva York"[148], "el patriarca de los escritores latinoamericanos en Nueva York es José Yglesias. Nacido en Tampa, Florida, descendiente de un padre gallego que emigró a La Habana, Yglesias llegó a Nueva York en 1937. Si bien escribió en inglés vale la pena mencionarlo por su interés y las características de su escritura que serán idiosincráticas de los escritores hispanos de los Estados Unidos: su primera novela, autobiográfica, *Home Again*, recuerda su niñez en Ybor City, el distrito hispano de Tampa, conocido por su industria tabacalera. Su novela más reciente *Tristán and the Hispanics* (1990) es el recuento humorístico de un joven en busca de sus olvidadas raíces latinas. Según Yglesias, la asimilación a los Estados Unidos no significa abandonar nuestra herencia, sino hacer nuestro mestizaje aún más rico. Su tesis apunta a que los hispanos en Estados Unidos no pierden a Bolívar ni a Martí, sino que ganan a Jefferson y Lincoln.

En el recuento de los autores antes citados, figuran además la narrativa de Felipe Alfau quien "publica *Locos* (1936), una refinada y vanguardista colección de cuentos escrita por un *americaniard*; siguió *Chromos* (1948), novela que narra las aventuras de un español en los Estados Unidos. *Mexican Village* (1945) de Josephina Niggli, de origen europeo pero nacida en México ofrece una visión más idealizada que vivida de la cultura mexicana a través de diez relatos que se entrecruzan de forma muy amena. El puertorriqueño Jesús Colón (1901-1974), coetáneo de Alfau y de humildísimos orígenes. Afroamericano y comunista, compuso una copiosa y

---

148 http://www.qcc.cuny.edu/foreignlanguages/rvci/marcelesliteratura.html

brillante obra periodística en inglés y en español: *Un puertorriqueño en Nueva York y otras estampas* (1961) es su obra más característica en una producción salpicada por una inmensa humanidad y sentido del humor, inaugurando una literatura nuyorricana que, junto a la emergencia de una identidad chicana, señala el comienzo de un movimiento de resistencia política y afirmación de los valores culturales latinos. En el 1962 recibió el premio nóbel de literatura John Steinbeck, cuya hechizante y desgarradora novela, traducida al español como *Las uvas de la ira* (1939) que trata sobre los desvalores de los migrantes a California le había merecido el premio Pulitzer en 1940. A lo largo de la década de los sesenta, surgen en ambas costas obras de importancia decisiva. El juez puertorriqueño Edwin Torres ofreció su visión de la delincuencia latina en *Carlito's Way* (1963), novela llevada al cine al menos dos veces. Ese mismo año, el chicano John Rechy publicó *City of Night*, que novela el mundo de la prostitución masculina en Nueva York, Los Ángeles, San Francisco y Nueva Orleáns. En *Down These Mean Streets* (1967), Piri Thomas escribe una novela autobiográfica sobre la vida en el Harlem español o Spanish Harlem, barrio hispano del Alto Manhattan. Aunque no vio la luz hasta 1984, la mejor crónica de la historia de la colonia puertorriqueña de Nueva York son las *Memorias* de Bernardo Vega, documento de gran valor sociológico y literario"[149].

A esto se deben añadir tres obras calificadas como cumbre de la literatura mexicano-americana:...*Y no se lo tragó la tierra* (1971), de Tomás Rivera; *Bless Me, Ultima* (1972), de Rudolfo Anaya, y *Estampas del valle* (1973) de Rolando Hinojosa-Smith. La primera y la tercera de estas novelas se escribieron originariamente en español. En la apreciación de los críticos, de gran interés, aunque diferente, es la *Autobiografía de un búfalo marrón* (1972) del activista chicano Óscar Z. Acosta. Esta trilogía de clásicos de la literatura chicana escrita por Anaya, Rivera e Hinojosa-Smith reconocen un precursor en *Pocho* (1959), de José Antonio Villarreal, y un continuador en Sabine Ulibarri, autor de los relatos recogidos en *Mi*.

Menciono, aunque algunas fueron escritas en inglés (o una mezcla de inglés-español puertorriqueño del barrio), también las obras de la niuyoricana Nicholassa Mohr, autora de *Nilda* (1973), *El Bronx Remembered* (1975), *In Nueva York* (1977), *Abuela fumaba puros y otros cuentos de Tierra Amarilla* (1977), *'Rituals of Survival'*, obras, según los críticos, de gran valor testimonial y literario. Aprovecho para resaltar aquí, la atención especial que merece la literatura de autores puertorriqueños por constituir en Nueva York la comunidad pionera hispanoamericana, como ya lo hemos visto en el análisis del cuerpo poético puertorriqueño continental. El área de la prosa la encabezan históricamente los escritos de Eugenio María de Hostos, Ramón Emeterio Betances y más recientemente la narrativa testimonial

---

149 https://es.wikipedia.org/wiki/Literatura_de_Estados_Unidos_en_espa%C3%B1ol

de autores, además de Nicholasa Mohr, de Pedro Juan Soto en *'Spiks'* y Edward Rivera en *'Family Installments'*, literatura que llega a una creciente manifestación y diversidad en las expresiones literarias como se puede comprobar en los libros *'Yerba Buena'* de Sandra María Esteves, las novelas de Esmeralda Santiago *Casi una mujer, Cuando era puertorriqueña, Las Mamis, Conquistadora, El sueño de América, Las Christmas: escritores Latinos recuerdan las tradiciones navideñas*, el teatro experimental de Tato Laviera, las novelas combativas de Edgardo Vega, por citar solo algunos ejemplos.

En la década de los ochenta, en 1983 debuta el destacado escritor, mi apreciado amigo Óscar Hijuelos, cubano del Bronx, con la excelente novela *Our House in the Last World*, quien luego con *Los reyes del mambo tocan canciones de amor*, obtendrá el Premio Pulitzer en el 1990. Algunos críticos sitúan en este contexto a Sandra Cisneros, chicana de Chicago que publica *La casa en Mango Street/A House on Mango Street* (1984), más que novela una colección de cuentos cuya influencia sigue perdurando hoy, traducida al español por Elena Poniatowska.

En Nueva York, otro de los importantes escritores de los ochenta y principios de 1990 es Reinaldo Arenas, nacido en Cuba en 1943 y parte del éxodo del Mariel en 1980, quien dejó luego de su muerte en 1990, además de poesías, el legado de una docena de novelas, y su biografía *'Antes que anochezca'* que, como señala Eduardo Marceles, "utilizó el director Julian Schnabel para su película 'Before Night Falls', protagonizada por el español Javier Bardem en el papel del novelista, trabajo que le mereció una nominación a los premios Oscar como mejor actor por su estupenda interpretación del personaje"[150]. Su libro de cuento *Las historias prohibidas de Marta Veneranda* ganó el Premio extraordinario de literatura hispana en Estados Unidos de Casa de las Américas en 1997.

En los noventa, además del Pulitzer de Hijuelos, son finalistas del National Book Award *Chromos* (casi medio siglo después de su publicación) del español Felipe Alfau, autor de *Locos*, una comedia de gestos y *Paradise*, de la española Elena Castedo, que ella misma tradujese al español, *Paraíso*. Esto estimula a más escritores. En 1992, quinto centenario del descubrimiento de América, Abraham Rodríguez, Jr. publica *The Boy Without a Flag: Tales of the South Bronx* (1992), Cristina García saca su *Soñar en cubano*, enfocada en el tema de la identidad como Julia Álvarez y Sandra Cisneros.. En 1993 el chicano Dagoberto Gilb, autor de *Gritos* (2003), *Hecho en Tejas* (2006), anticipa su talento con su colección de relatos *The Magic of Blood* (1993), altamente elogiada por la crítica y en 1994 Abraham Ro-

---

150 En su ensayo "La literatura del exilio: Escritores latinoamericanos en Nueva York", *Revista Virtual de Cultura Iberoamericana*, 2003, http://www.qcc.cuny.edu/ForeignLanguages/RVCI/ensayomarsales1.html

dríguez publica *Spidertown*, novela con un cruce de idiomas y preocupaciones en el mundo de las drogas en la zona norte de Nueva York. En 1997 *Marinero raso* ratifica a Francisco Goldman como autor de alcance internacional. Un año después Rolando Hinojosa-Smith, hijo de un campesino que había luchado en la revolución mexicana y él mismo veterano de la Guerra de Corea, candidato al premio Cervantes, profesor universitario, publica *Ask a Policeman*, con la que culmina la larga serie de Klail City un cuarto de siglo después de haberla iniciado con *Estampas del valle*". Hinojosa –en la información que nos provee Eduardo Lago- amalgama las más diversas influencias… Sus novelas se tornan en corales, repletas de personajes que protagonizan una auténtica voz colectiva: Klail City. La belleza del español de un corte clásico de sus cinco primeros libros es llamativa, pero a partir de la sexta entrega, *Rites and Witnesses*, Hinojosa-Smith utilizó solo el inglés.[151]

En las últimas décadas del siglo XX y primeras del siglo XXI, en la zona de Nueva York se destacó otro escritor cubano, Fernando Velázquez Medina, que debutó con su novela *Ultima rumba en La Habana* (2002) y también allí es preciso mencionar a otros notables novelistas (además de poetas), como el colombiano-americano, Jaime Manrique, autor de la novela *Latin Moon en Manhattan* (1992), el muy estimado colega y amigo peruano, Isaac Goldemberg, autor de *La vida a plazos de don Jacobo Lerner* (1978), *El nombre del padre* (2002) y otras novelas, la más reciente *Acuérdate del escorpión* (2010)., como así también a la dominicana Julia Alvarez (cuyas obras aparecen en inglés y español: *Había una vez una quinceañera*, *En el tiempo de las mariposas*, *Yo*, *Negocios*, además de su conocida novela *How the García Girls Lost Their Accents* y su libro de ensayos *Algo que declarar*; el ecuatoriano Ernesto Quiñonez , creador de la novela *El vendedor de sueños* (2001), el escritor boliviano Edmundo Paz Soldán, uno de los autores que mejor promueve la literatura hispana en Estados Unidos, profesor de Cornell, con su novela *La materia del deseo*. quien explora en sus capítulos ese tema compartido por todos los inmigrantes y exiliados de tratar de echar raíces estadounidenses sin querer cortar lo que los aferra a su país natal; y el hondureño Roberto Quesada con su novela *Nunca entres por Miami*. Daniel Alarcón, peruano residente desde niño en Estados Unidos, con su colección de cuentos *Guerra en la penumbra*; Junot Díaz, dominicano-estadounidense, el segundo hispano en obtener el prestigioso premio Pulitzer, gracias a su novela *La breve y maravillosa vida de Oscar Wao*, y otras obras publicadas como *Así es como las pierdes*. Ya en la Feria del Libro de Fráncfort de 1997, editores de todo el mundo pujaban por hacerse con los derechos de *Drown*, su libro de cuentos. El poeta novelista mexicano Juvenal Acosta que ahora reside en Berkeley, California, con su novela Terciopelo violento, Ray Loriga, escritor y guionista español, quien publicó su primera novela, *Lo peor de todo*, en 1992, con

---

151 Ver su artículo ya citado: *"La literatura hispana se convierte en potencia cultural en EE UU"*, en *El País*, 25-I-2014: http://cultura.elpais.com/cultura/2014/01/23/actualidad/1390479980_742205.htm

un estilo escriturario de la generación Beatnik, de Kerouac, Bukorsky, que desde entonces ha protagonizado el escenario con una temática urbana, con su pasión por la música, como puede comprobarse en sus obras *El hombre que inventó Manhattan, Lo peor de todo y Héroes*. Alberto Fuguet, chileno-estadounidense, uno de los fundadores en los noventa del grupo McOndo, autor de varias obras, entre ellas, la más famosa publicada en 1998 *Por favor, rebobinar*. El peruano Eduardo González Viaña con, entre otras, *El amor de Carmela me va a matar* (2010) y *Vallejo en los infiernos* (2010). El cubano-americano Antonio Orlando Rodríguez, ganador del prestigioso Premio Alfaguara de Novela 2008 con su obra *Chiquita*, autor de novelas, cuentos, literatura infantil y ensayo. La prolífica peruana de nacimiento, chilena de crianza y estadounidense de residencia, Isabel Allende con destacadas novelas desde *La casa de los espíritus, Eva Luna, Cuentos de Eva Luna, El plan infinito, Paula, Afordita, Hija de la fortuna, Retrato en sepia, Mi país inventado, Amor, Zorro, El juego de Ripper, La Ciudad de las Bestias (2002), El Reino del Dragón de Oro (2003) y El Bosque de los Pigmeos (2004), trilogía reeditada en la reciente publicación Memorias del Águila y del Jaguar.*

La lista de otros famosos hispanos que han publicado en español su biografía o libros de ensayos con un gran éxito editorial en los Estados Unidos, incluye al periodista y reportero mejicano Jorge Ramos quien ha explorado con pasión la realidad de la inmigración hispana en los Estados Unidos, con varios libros de ensayo, entre ellos *La otra cara de América*, la cubana Cristina Saralegui *Pa'arriba y Pa'delante. Mis secretos para triunfar en tu carrera, tu relación y tu vida* (2014), la actriz Cameron Díaz, *Ama tu cuerpo. El poder, la fortaleza y la ciencia para lograr un cuerpo sano* (2014), Eddie "Piolín" Sotelo, *¿A qué venimos? ¡A triunfar!, Cómo encontré mi voz entre la esperanza, la fuerza y la determinación* (2015), por traer a colación solo a algunos ejemplos, significativos incluso por sus títulos cuya temática explicita las preocupaciones antes citadas del inmigrante.

Hay muchos más escritores excelentes en el mundo literario en español de los Estados Unidos de hoy, como la cubana Daína Chaviano que vive en Miami (con más de una docena de libros de fantasía femenina y ciencia ficción, entre ellos, 2007: *Historias de hadas para adultos, La isla de los amores infinitos, Los mundos que amo, Fábulas de una abuela extraterrestre, Gata encerrada, Casa de juegos, El hombre, la hembra y el hambre, Confesiones eróticas y otros hechizos*); el uruguayo, profesor de Jacsonville University, Jorge Majfud (autor de libros de novelas relatos y ensayos como *Hacia qué patrias del silencio / memorias de un desaparecido, Crítica de la pasión pura, La reina de América, El tiempo que me tocó vivir, La narración de lo invisible / Significados ideológicos de América Latina, Perdona nuestros pecados, La ciudad de la Luna, Crisis, Cyborgs, El eterno retorno de Quetzalcóatl, Cuentos, Cine político latinoamericano, Herrmenéutica, El pasado siempre vuelve*); la cubana residente en Taos, Nuevo México, Teresa Dovalpage (*A*

Girl like Che Guevara, El Difunto Fidel, Habanera, Muerte de un murciano en La Habana, Posesas de La Habana, ¡Por culpa de Candela!, El retorno de la expatriada, La Regenta en La Habana, Llevarás luto por Franco, Orfeo en el Caribe); el peruano Pedro Medina León, editor y autor de de los libros *Streets de Miami, Mañana no te veré en Miami, Lado B y editor de la antología Viaje One Way.*); la escritora también peruana Ani Palacios Mcbride (editora de Contacto Latino en Columbus, Ohio y autora de *Nos vemos en Purgatorio, Plumbago Torres y el sueño american, 99 amaneceres*).

La lista de ensayos y ensayistas hispanos es abundantísima por lo que arbitrariamente opto por incluir solo algunos autores, además de los mencionados en los diversos capítulos: José Martí y su estudioso Roberto Agromonte, Humberto Piñera Llera, José Olivio Jimenez, Enrique Anderson-Imbert, Germán Arciniegas, Amado Alonso, Fernando Alegría, Emir Rodriguez Monegal, Angel Rama, Jorge Rufinelli, Ariel Dorfman, Julio Ortega y otros que tuvieron una residencia temporal en los Estados Unidos como Octavio Paz, Pedro Henriquez Ureña. Federico de Onís, Américo Castro, Francisco Ayala, Gonzalo Sobejano, José Ferrater Mora. Sus tópicos de escritura y análisis ensayístico con más o menos fondo académico cubren los campos, figuras, creaciones y eventos, históricos, literarios, filosóficos, socio-políticos, con referentes a todos los países hispanoamericanos y la cultura universal, principalmente occidental, en todas sus épocas y tradiciones.

En este contexto, no puedo omitir de resaltar la labor de algunas editoriales, entre ellas, la producción y los autores de Arte Público Press que, además de las obras antes citadas, ha publicado libros premiados en español o bilingües, como *Bailando en silencio: escenas de una niñez puertorriqueña* de Judith Ortiz Cofer, *A strugle for justice/la lucha por la justicia* de César Chávez, *Butterflies on Carmen Street/Mariposas en la calle Carmen* de Mónica Brown, *Tiro en la Catedral* de Mario Ben Castro, *Dear Rafe/Mi querido Rafa* de Rolando Hinojosa, *El corridor* de Dante de Eduardo González Viana, *Colored Men and Hombres Aquí: Hernández v. Texas and the Emergence of Mexican American Lawyering*, editado por Michael A. Olivas, *Fronterizas: una novela en seis cuentos* de Roberta Fernández, *En otra voz: Antología de literatura hispana de los Estados Unidos* editada por Nicholas Kanellos, *La flor de oro: un mito taíno de Puerto Rico* de Nina Jaffe, *Mi sueño de América/My American dream* de Yuliana Gallegos, *Salsipuedes* de Ramón Bentancourt, *Sangre en el desierto/ Desert Blood: Las muertas de Juarez/ The Juarez Murders* de Alicia Gaspar De Alba. Asimismo ha publicado numerosos libros de literatura infantil, que han merecido diversos reconocimientos, entre otros: *Estrellita se despide de su isla / Estrellita Says Good-bye to Her Island* de Samuel Caraballo, *Clara y la Curandera/Clara and the curandera, Lupita's Papalote / El papalote de Lupita* de Lupe Ruiz-Flores, *Grandma's chocolate/El chocolate de abuelita* de Pat Mora, *Growing up with tamales/Los tamales de Ana* de Gwendolyn Zepeda, *I am René, the boy/Soy René, el niño* de Rene Colato Lainez, *I kick the ball/pateo el balón* de Gwendolyn Zepeda, *Juan and the Chupacabras/Juan y el Chupacabras* de Xavier Garza, *The party for papa Luis/La fiesta para papa Luis* de Diana Gonzáles Bertrand, *No time for monsters/No hay tiempo para monstruos* de Spelile Rivas, R*ené has two last names/René tiene dos apellidos* de René Colato Lainez, *Sunflowers/Girasoles* de Gwendolyn Zepeda, *The battle of the snow cones/La guerra de las raspas* de Lupe Ruiz, *The Runaway Piggy/El cochinito fugitivo* de James Luna, *The Woodcutter's gift/El regalo del leñador* de Lupe Ruiz, *Upside down and backwards/De cabeza y al reves* de Diane Gonzales Bertrand y Karina Hernández.

Otra editorial, con un papel importante en la divulgación de libros en español en los Estados Unidos, es Vintage Español, división de Random House, fundada en 1994, dice en su presentación "como sello dedicado exclusivamente a publicar obras selectas de ficción y no ficción en español", de autores hispanos estadounidenses y del exterior, incluyendo la poesía completa de Jorge Luis Borges, Federico García Lorca, obras puntuales de otros autores como Gabriel García Márquez, Roberto Bolaño, Isabel Gómez-Bassols, Jorge Amado, Cristina García y algunas que hemos mencionado anteriormente de Isabel Allende y Junot Díaz, así como libros de interés actual tal cual es el caso de *Mi mundo adorado* de la primera integrante hispana de la Corte Suprema de los Estados Unidos, Sonia Sotomayor.

También la prestigiosa editorial Santillana USA (Ahora Prisa Ediciones) con oficinas en Miami, ha lanzado numerosos títulos, muchos de ellos contratados localmente, como *Conquistadora*, de Esmeralda Santiago, siendo una de las novedades más destacadas en este área *Sam no es mi tío*, una antología de ensayos y crónicas de autores en español que han vivido en Estados Unidos como Daniel Alarcón y el ya mencionado Edmundo Paz Soldán y la varias veces mencionada *Enciclopedia del español en los Estados Unidos*. Todo esto porque, como lo señalaba Andrea Aguilar en su artículo del Diario El País del 14 de Febrero del 2012, "Estados Unidos lee en español".

El Género dramático: Teatro

Me acompañan en este pantallazo del género dramático y el teatro hispano de los Estados Unidos, estudios detallados que documentan la presencia y actividad hispanounidense en este campo como los de Beatriz J. Rizk[152], Nicolás Kanellos[153],

---

152 Beatriz J. Rizk, "El teatro de las comunidades latinas en Estados Unidos y su relación con un contexto social determinado (Centro de Investigaciones del Nuevo Teatro), pp. 179-193, que se puede ver en su versión digital en http://dspace.uah.es/dspace/bitstream/handle/10017/4460/El%20Teatro%20de%20las%20Comunidades%20Latinas%20en%20Estados%20Unidos%20y%20su%20Relaci%C3%B3n%20Contexto%20Social%20Determinado.pdf?sequence=1
153 *A History of Hispanic Theatre in the United States: Origins to 1940*. Austin: University of Texas Press, 1990.

Matías Montes Huidobro y otros autores que han escrito, e iré mencionando, sobre, con la limitación de citar obras, eventos y teatros, sin un análisis crítico o pormenorizado de textos, montajes, actividades, organizaciones.

El teatro de la época colonial y el Mexicano-estadounidense

Ya aludimos en la introducción al origen del teatro en las primeras obras representadas en territorio estadounidense, una de carácter religioso en 1598 en el Paso, Texas, según Jorge Huerta[154], y la segunda que data de 1599, en la zona de lo que es la ciudad de Santa Fe, Nuevo México, *Moros y Cristianos*, escrita por un capitán de la expedición, de Oñate, Marcos Farfán de los Godos, y el capitán Gaspar de Villagrá. Como apunta Kanellos "esta forma popular, al igual que las de origen religioso como las Pastorelas que se celebran para la Navidad, pasaron al Nuevo Mundo implantándose fuertemente en la tradición oral de los pueblos que empezaban a gestarse bajo los signos de la nueva cultura hispánica" y, como lo documentan Parra J. Samora y P. Vandel Simón[155], siguen en la actualidad en celebraciones Navidadeñas y en otras oportunidades, en el suroeste y pueblos de Nuevo México como Alcalde, Jémez Pueblo, Taos Pueblo, Bernalillo. Douglas Kent Hall ha escrito exhaustivamente sobre *Los Matachines*[156] y Eva Jane Matson sobre *Los Pastores del Valle Mesilla*[157], dos ejemplos representativos de estas tradiciones. Son los precursores del así llamado teatro itinerante del suroeste estadounidense, como la compañía de los Los Nuevos Maromeros, que ponen en escena textos breves actuales sobre asuntos de gran vigencia actual, como el de los refugiados centroamericanos intercalados con danzas, canciones autóctonas y representaciones. En este contexto han proliferado desde el inicio del siglo XX los espectáculos de las Carpas o Tandas de Variedades. Entre las más famosas que ennumera T.Ybarra-Frausto está la Carpa García de San Antonio que funcionó desde 1914 hasta finalizar la década de los 40, la Carpa Escalona, y la Compañía de Tandas de la afamada "Chata" Noloesca, cuya popularidad la llevó a presentarse y trabajar en las tablas newyorquinas. T.Ybarra-Frausto destaca la década de los 20 a los 30 como la Edad de Oro del teatro hispano -en español- del suroeste.[158]

Esta tradición carpera se continúa en Texas con la Compañía de Actores de San

---

154 Jorge Huerta, *Chicano Theatre: Thenies and Fornis, Ypsilandi, Michigan*, Bilingual Press/Editorial Bilingüe, 1982, 192.
155 *A History of the Mexican-American People*, Notre Dame, Univ. of Notre Dame Press, 1977, 2003.
156 Douglas Kent Hall, "Los Matachines: Dancers Keep Old World Tradition Alive", *New México Magazine*, December, 1986, 43.
157 Eva Jane Matson, "Los Pastores del Valle de Mesilla: Packing Them in for 25 Years", *New México Magazine*, December, 1985.
158 Tomás Ybarra-Frausto, "I can Still Hear the Applause. La Farándula Chicana: Carpas y Tandas de Variedad", *Hispanic Theatre in the U.S.*, Ed. Nicols Kanellos, Houston, Arte Pblico Press, 1984.

Antonio que dirige Jorge Pina, fundada en 1986, en su sede del Guadalupe Arts Center, con la obra *Las Tandas de San Cuilmas-Los Carperas* (1989), comisionada al dramaturgo José Manuel Galván.

Los autores coinciden, sin embargo, en que el teatro chicano arranca en 1965 al fundar Luis Valdez el Teatro Campesino en Delano, a raiz de las huelga de los trabajadores del Valle San Joaquín en California, inspirado e impulsado por el compromiso social y el movimiento de César Chávez y la necesidad de establecer una identidad cultural con la raíces chicanas y escenificar protestas contra situaciones sociales o políticas del momento preocupantes, como lo hacen las obras *Vietnam Campesino y Soldado Razo*. Como establece Beatriz J. Rizk "En cuanto a la estructura del grupo, basada en la participación colectiva de todos sus miembros, la influencia del teatro popular latinoamericano, el llamado Nuevo Teatro ya en pleno desarrollo, es obvia. Aunque también Valdéz reconoce la aportación a su trabajo de la Commedia del Arte, a través del grupo San Francisco Mime Troupe con el que trabajó unos años, y de ciertas experiencias teatrales que marcaron sus inicios en la escena, como la de F. García Lorca y el grupo La Barraca en España...

A partir de la década de los 80, Valdéz experimenta con una nueva forma, los corridos, con bastante éxito. En 1987, adapta cuatro de los corridos (*El corrido de Rosita Alvarez, Delgadina, Soldadera y El corrido del lavaplatos*) bajo el nombre de *Corridos: Tales of Passion and Revolution* para la cadena de televisión publica, mereciendo el programa varias nominacionaes al premio Emmy -el premio por excelencia que se otorga en el campo de la televisión-. Los corridos son escenificaciones de las populares baladas conocidas con este nombre, que han acompañado y documentado al pueblo mexicano, y por ende al chicano, desde su derivación del romance español".[159]

El limitado espacio no nos permite referirnos sino rápidamente a una muestra reducida de grupos chicanos de teatro que ponen en escena obras chicanas o hispanas, como en Minesota, Indiana (el Teatro Desengaño del Pueblo), Illinois, Nebrasca y muchos otros como: el Teatro de la Esperanza de Jorge Huerta en Santa Bárbara y ahora en San Francisco con Rodrigo Duarte Clark autor de *Brujerías, Hijos, Once a Family*. También en California el Teatro Nacional de Aztlán con la figura de Carlos Morton, autor del *Corrido de Pancho Diablo*, el Teatro libre. El Tolteca, Troka, Teatro Zapata, Teatro ambulante de salud de Juan Felipe Herrera, el Teatro de la Gente (que dirigió Andrián Vargas, cuya puesta en escena del *Corrido* de Juan

---

159 Beatriz J. Rizk, "El teatro de las comunidades latinas en Estados Unidos y su relación con un contexto social determinado (Centro de Investigaciones del Nuevo Teatro), pp. 183-184, en http://dspace.uah.es/dspace/bitstream/handle/10017/4460/El%20Teatro%20de%20las%20Comunidades%20Latinas%20en%20Estados%20Unidos%20y%20su%20Relaci%C3%B3n%20Contexto%20Social%20Determinado.pdf?sequence=1

Endrogado 1973, tuvo una repercusión duradera), el Teatro Los Topes, el Teatro Urbano, todos fundados en los 70 en diversas ciudades de California. Más tarde el Culture Clash (1984), en San Francisco y Latin Anonymous (1989 en Los Ángeles, representantes como de la tendencia teatral del *performance*, como es el caso de los grupos Chusma y Chicano Secret Service. En Denver Su Teatro (1971), dirigido por Tony García que estrenó su propio centro en 1989 con la obra musical *Intro to Chicano History 101* (1986). El Teatro Libertad de Arizona (1975) cuya obra La vida del cobre solidariza la lucha de los mineros del cobre en Texas y Arizona en 1983 con los de Chile. Asimismo en Tucson el Teatro Chicano (1981), ahora llamado Teatro del Sol (1987) con obras que escenifican el conflicto entre culturas hispana y anglo, y otras basadas en la mitología chicana y comedia-picaresca moderna hispanoamericana, reflejadas por obras como *Anhelos por Oaxaca* (1984) y *Amor de hija* (1986). Además del mencionado Teatro Guadalupe dirigido por Jorge Piña desde 1986 en San Antonio, Texas, están el Teatro de los Pueblos de El Paso, Texas, el Teatro de los Niños, dirigido por Viviana Aparicio Chamberlain, con su conocida producción *La Bella y la Migra*. En Nuevo México, la Compañía Nacional de Alburquerque (1977), por ejemplo, con la obra *Tito* (1987) de Rómolo Arellano sobre la amenaza física y cultural del alcohol a la comunidad. Hay otros grupos, autores, dramaturgos importantes en este cuerpo no mencionados aquí como, por ejemplo, Estela Portillo Trambley (*Sor Juana*), Silvinia Wood, Arturo Martínez y las obras *Cuentos de Barrio* (1980), *La vida dulce de los campadres Mascazate* (1983).

Para concluir, como nota Manuel M. Martín Rodríguez en su artículo "El teatro chicano a través de los siglos: panorama crítico"[160], la renovación del teatro chicano en la actualidad tiene muchas manifestaciones, una de ellas es el revisionismo feminista que simboliza la prolífica dramaturga Cherrie Moraga. Y la obra de consolidación de autor que han elaborado, entre otros, E. A. Mares, Denise Chávez, Josefina López, Rudolfo A. Anaya, Rick Nájera, Judith y Severo Pérez, Edit Villarreal, Guillermo Reyes y Milcha Sánchez-Scott, la conocida y controversial figura de Guillermo Gómez-Piña protagonista con sus actuaciones cómicas y preocupaciones originales por lo multicultural, multilingüístico y fronterizo.

Así –en palabras de Manuel M. Martín Rodríguez en su artículo mencionado- "el teatro chicano contemporáneo, en conclusión, es el resultado de una larga historia de representaciones rituales, religiosas y folklóricas, así como de la constante aportación de dramaturgos autóctonos y extranjeros que han mantenido viva la llama dramática en los escenarios del suroeste y de los grandes centros urbanos de los Estados Unidos. Durante esa larga historia, el teatro chicano ha sabido balancear y

---

160 http://www.raco.cat/index.php/arrabal/article/viewFile/229320/327859

apropiarse de elementos de múltiples culturas y de diversas maneras de entender la práctica escenográfica, con el resultado de un producto que es hoy en día bilingüe, multicultural, transnacional, fronterizo y, al mismo tiempo decididamente original. Ha sabido, asimismo, acomodarse a los diferentes públicos que lo sustentan, desde las comunidades que hacen suyas las piezas folklóricas y religiosas hasta la creciente clase media que favorece el desarrollo del teatro de autor, pasando por los elementos más populares o politizados que favorecen la estética *rasquache* de los actos. Esta maleabilidad histórica es, sin duda, la mayor garantía de futuro para el teatro chicano."[161].

El teatro puertorriqueño[162]

Pasos iniciales. De la isla al continente, ida y vuelta. Al final de siglo XIX, y ya con una considerable presencia, los grupos teatrales de Puerto Rico, a causa de la misma historia que vivía la isla, van a producir sainetes políticos y críticos contra el Gobierno de España, en su lucha por la autodeterminación e independencia. A partir del 25 de julio de 1898, con el desembarco de las tropas norteamericanas en Puerto Rico primero y luego con la nueva realidad y dependencia política como Estado Libre Asociado a los Estados Unidos, se va a determinar el final de una época del teatro puertorriqueño y el inicio de otra con sus propias oportunidades y complicaciones.

El Gobierno estadounidense ya instalado en territorio isleño va a desplegar su cultura y poner de manifiesto sus expresiones artísticas con compañías teatrales que presentaban obras en inglés sin mucha aceptación por parte de la población puertorriqueña, que solicitaba a las compañías locales y españolas que hicieran una dramaturgia más a tono con la situación que se vivía. El crítico Frank Dauster, entre otros, afirma que el teatro puertorriqueño no gozó de una larga tradición durante el siglo XX y que solo a partir del año 1938 los puertorriqueños se van a dedicar más seriamente al fomento del teatro profesional en mayor escala, con las preocupaciones relacionadas con la identidad bicultural de la isla, problemática nacional y experiencia colonial que se hacía notar en la expresión dramática.

Sin embargo, estos temas motivan a principio de siglo obras como *Tres banderas*, de Eugenio Astol (1912); *Don Pepe,* de Jesús M. Amadeo (1913); *El Grito de Lares*, de Luis Lloréns Torres (1914), o *Por mi tierra y por mi dama*, de Matías González García (1929), temas que resurgen años más tarde en *La Resentida*, de

---

161 http://www.raco.cat/index.php/arrabal/article/viewFile/229320/327859.
162 Adaptado del artículo "El teatro puertorriqueño" que escribí para la *Enciclopedia del Español en los Estados Unidos*. New York: Instituto Cervantes y Editorial Santillana, 2008, pp. 738-742.

Enrique Laguerre (1944).

Además, incluso en esas primeras décadas del siglo XX, a pesar de la situación económica deprimida y la difícil realidad social y política, los movimientos europeos de revolución social y las lucha entre las clases, las creaciones se hicieron presentes en el quehacer teatral puertorriqueño con dos vertientes bien diferenciadas: el 'teatro de alta sociedad', expresión nostálgica de la España ida y de los grandes dramaturgos españoles, en el que se destacaron las comedias de José Pérez Lozada; y el 'teatro obrero', que pretendía enseñar a defenderse de las explotaciones, siendo los autores y actores más destacados de esta vertiente Ramón Romero Rosa (*La emancipación del obrero*, 1903), Enrique Plaza, José Limón de Arce (*Redención*, 1906), Magdaleno González, Luisa Capetillo (que estuvo entre 1912 y 1913 en Nueva York y Tampa, presente en piezas como *En el campo: Amor libre y Matrimonio sin amor, Consecuencia el adulterio*, 1906), y Franca de Armiño, que tendrá especial importancia en el desarrollo del teatro puertorriqueño en los Estados Unidos.

Más allá de la catastrófica depresión económica, los años veinte y treinta se caracterizaron por un clima de gran inestabilidad política a raíz de las campañas del Gobierno en la isla por reprimir el nacionalismo que reafirmaba la identidad puertorriqueña ante el impacto de la cultura estadounidense; y que tenía antecedentes en las campañas patrióticas de independencia y autonomía. En este contexto, el público frecuentaba el teatro para divertirse, por un lado, y por otro, para apoyar las expresiones de los temas preocupantes en dichos montajes. Los autores y los actores de entonces que mejor articularon estas sensaciones en sus obras teatrales fueron: Nemesio Canales, con *El héroe Galopante*; Luis Lloréns Torres, con la ya mencionada obra *El Grito de Lares*, de gran éxito, siendo el actor y dramaturgo puertorriqueño Juan Nadal Santa Coloma el empresario propulsor del teatro nacional más reconocido en estos primeros treinta años del siglo, cuyo esfuerzo se extendió hasta Nueva York, donde con el Teatro Variedades, en 1932, monta la zarzuela puertorriqueña *Días de Reyes* y otras obras en los años 1933-1934. El montaje de la obra *El Grito de Lares* en el Teatro Hispano de Nueva York tuvo una gran repercusión e importancia para el teatro puertorriqueño en los Estados Unidos.

El Certamen de Teatro del Ateneo Puertorriqueño del año 1938 fue una de las actividades más importantes del siglo en lo que se refiere a su influencia en las características temáticas y producciones del teatro puertorriqueño futuro. Ante la convocatoria para dramaturgos a que sometieran obras de teatro de alto sentido puertorriqueño, obras de la nacionalidad y de la actualidad palpitante, concurren numerosos participantes, de los que emergieron eximios ganadores: Manuel Méndez Ballester, con su obra *El clamor de los surcos* (1938), Fernando Sierra Berdecía, con su obra *Esta Noche juega el jóker*, y Gonzalo Arocho del Toro, con *El desmonte*. Tres obras que marcaron una nueva era en el teatro puertorriqueño, con temas fundamentales y aún vigentes de la sociedad puertorriqueña: la usurpación de la tierra, la emigración de puertorriqueños a Nueva York y la emigración del campo a la ciudad.

Manuel Méndez Ballester escribiría después la más importante tragedia puertorriqueña hasta la fecha, *Tiempo Muerto* (1940), una de las obras claves en el esfuerzo por encontrar la esencia de la puertorriqueñidad, y fundaría un grupo, juntándose con importantes grupos de teatro como Tinglado Puertorriqueño y Areyto (creado en 1940 por el importante dramaturgo de la época Emilio S. Belaval y Marrero Núñez), para quienes la consigna era —según las palabras del propio Belaval— 'crear un teatro puertorriqueño, donde todo nos pertenezca'. Con ese entusiasmo y convicción de un teatro nacional varios actores, autores y diseñadores salieron del país en busca de nuevos horizontes, conocimientos y experiencias, camino espiritual y psicológico de ese ir y regresar tan característico de la identidad contemporánea puertorriqueña.

Manhattan, es otra isla con nuevos escenarios. A los Estados Unidos viajaron René Marqués y el afropuertorriqueño Francisco Arriví, a España viajó el actor José Luis 'Chavito' Marrero. De los Estados Unidos llegó el director Leopoldo Santiago Lavandero, quien crea, a mediados de los años cuarenta, el Teatro Rodante Universitario. Bajo su tutela se desarrollaron jóvenes que luego llegarían a ser grandes directores como Victoria Espinosa, Nilda González y, posteriormente, Myrna Casas, acaso la más importante dramaturga de este siglo, cuya obra y logros detallaremos luego y cuya formación teatral la realizó en los Estados Unidos (Vassar College, Boston College y finalmente la Universidad de Nueva York), donde vivió por un extenso período.

En este contexto se desarrollaron las actividades de los dramaturgos más destacados del teatro contemporáneo en Puerto Rico, los antes mencionados Francisco Arriví y René Marqués, inmersos en el Teatro de la Resistencia, así llamado por tener un tema en común: la resistencia cultural, social y política del pueblo puertorriqueño ante la americanización y la lucha por definir y defender la identidad puertorriqueña.

Con la creación del Instituto de Cultura Puertorriqueña, surge la División de Teatro del mismo, que dirigirá Francisco Arriví. Se crea el Festival de Teatro Puertorriqueño y su Festival Internacional, que tanta importancia e influencia ha tenido y sigue teniendo en el cultivo y la promoción de la dramaturgia puertorriqueña, a nivel nacional e internacional. Entre las obras de Arriví se encuentran *Vejigantes, Sirena, Bolero y Plena y Cóctel de Don Nadie*, recogida esta última en el tercer tomo de *Teatro selecto contemporáneo hispanoamericano* de Orlando Rodríguez Sardiñas

175

y Carlos Miguel Suárez Radillo (1971). Una de las piezas más conocidas de René Marqués, considerada como una de las más importantes de todos los tiempos y el inicio del teatro puertorriqueño en Nueva York, La Carreta, que se estrenara en la Sala del Ateneo, tuvo una enorme acogida y un gran impacto en el desarrollo del teatro puertorriqueño en los Estados Unidos cuando en 1953 la monta Roberto Rodríguez en la iglesia de San Sebastián en Nueva York. Como dice Beatriz J. Rizk , "la obra tuvo tan buena acogida por parte del público que una de las jóvenes actrices de la pieza, Miriam Colón, junto con el director Roberto Rodríguez, decidieron fundar una compañía que a pesar de su corta existencia -tan sólo duró cuatro años- alcanzó a tener sede propia: el Nuevo Círculo Dramático"[163]. Otro residente de la ciudad de Nueva York lo fue, por un tiempo, Manuel Méndez Ballester, dramaturgo de esta época que produjo obras teatrales de crítica social como *Arriba las Mujeres*, *Bienvenido Don Goyito y Los cocorocos*.

Entre los autores puertorriqueños que experimentan con el teatro del absurdo se destacaron Myrna Casas, con sus obras *Absurdos en soledad* (1963) y *Tres* (1974), y Luis Rafael Sánchez, que aúna influencias universalistas con su experiencia insular en obras como *La pasión según Antígona* (1968), *O casi el Alma y Sol 13, interior*. Pero Myrna Casas experimentó otros lenguajes y estilos dramáticos a lo largo de su prolongada, polifacética y exitosa carrera de dramaturga, que se inicia en 1960 y continúa en el siglo XXI, como lo hace también Sánchez. Dos dramaturgos que ejemplifican uno de los tantos casos en que el teatro puertorriqueño de la isla y de los Estados Unidos se confunden. Myrna Casas desarrolló una innovadora serie de piezas en las que enjuicia la sociedad puertorriqueña actual, como, la exitosa pieza teatral, con la cual participó en el Cuarto Festival de Teatro Hispanoamericano de Miami en 1989 y que recibe una gran acogida por parte de la crítica de Nueva York, *Este país no existe* (1993) y también su obra *El Gran Circo Eucraniano*. Otras obras suyas son *Cristal roto en el tiempo* (1960), *Eugenia Victoria Herrera* (1964), *La Trampa* (1963-1964), *El impromptu de San Juan* (1966), *Voces* (2000), y algunas aún inéditas: *No todas tienen* (1975, revisada en 1994), *Al garete* (1994), *Flash* (1997) y *Qué sospecha tengo* (2001). Luis Rafael Sánchez escribe en 1985 los monólogos recogidos en la obra *Quíntuples*, con influencias de Brecht y Pirandello, muy bien recibida por el público y ampliamente representada hasta el presente en los Estados Unidos.

El teatro colectivo de finales de los años sesenta, acaso provocado en parte por una actitud de rechazo y protesta contra la guerra de Vietnam, marcó el comienzo de una revolución teatral que se extenderá hasta mediados de los setenta. El Teatro

---

163 Artículo citado, p. 186, citando a Pablo Figueroa, *Teatro: Hispanic Theatre in New York City/1920-1976*. Pub. por Off-Off Broadway Aliance Inc y el Museo del Barrio, New York, 1977.

del 60 formado en la isla, que en 1974 se consagra con la obra *Puerto Rico Fuá*, del argentino-puertorriqueño Carlos Ferrari, también tuvo su sede en Nueva York y logra montajes históricos como la pieza colectiva *La verdadera historia de Pedro Navajas*. Cabe también mencionar el grupo formado por Avelo Puerto Rican Youth Defense Committee, creado por la actriz y dramaturga Piri Fernández de Lewis, que escribió y montó en 1968, en forma colectiva, las obras *El grito en el tiempo* y *Tributo*. Posteriormente, algunos de los autores de estos colectivos empezaron a trabajar individualmente y sus obras se estrenaron con éxito, como las de Jaime Carrero, Samuel Molina, Jacobo Morales, José Luis Ramos Escobar, Edgar Quiles y Rosa Luisa Márquez.[164]

Otra de las expresiones dramáticas puertorriqueñas más originales e importantes en los Estados Unidos en la década de los sesenta-setenta fue la generada por el Movimiento Neoyorriqueño, concentrada en el de Nuyorican Poets' Cafe. Si bien el Teatro Neoyorriqueño no es una forma específica de teatro, sino más bien un conjunto ecléctico de expresiones teatrales que va desde el teatro callejero, monólogos o producciones en algunos de los teatros ya mencionados como el Teatro Rodante Puertorriqueño (The Puerto Rican Traveling Theater), que lleva a cabo producciones en español de clásicos como son los entremeses de Cervantes, por ejemplo; los Festivales del Teatro de Shakespeare de Nueva York de Joseph Papp y en los teatros de Broadway. Ya Jaime Carrero reconoció en los sesenta esta identidad peculiar del barrio puertorriqueño en Nueva York creando y aplicando el término 'nuyorican' a esta expresión literaria y teatral, que plasma en el desarrollo estilístico y temático de algunas de sus piezas, como *Noo Jall* y *Pipo Subway no sabe reír*. En el grupo de dramaturgos del Movimiento Neoyorriqueño se destacaron Miguel Algarín; Lucky Cienfuegos, con *America Congo Manía*, y Tato Laviera y Pedro Pietri, con las obras escritas en español previamente citadas.

Algunos de ellos compusieron sus piezas en la cárcel; este es el caso de Lucky Cienfuegos y de Miguel Piñero. Todas ellas van a reflejar la realidad del 'barrio', de la calle, con temas como el crimen, la droga, los comportamientos sexuales y de otros tipos que desafían la 'normalidad'. Más recientemente, algunos exponen-

---

164 En este período se destacaron en la isla actores, escritores, escenógrafos que componen teatros colectivos como el Tajo del Alacrán, con obras como *Brecht to Brecht*, 1967, *Estamos en algo*, luego *La nueva vida*, en 1969, y finalmente, entre los años 1970 y 1971, presentan pequeñas piezas representadas en las calles como *La tumba del jíbaro*, *La venta del bacalao rebelde*, *Las huelgas*, *La despropiación* y *Qué importa un muerto más*. La pieza *Gloria, la boletera*, de Lydia Milagros González (1971), sobrevivió al grupo. El Teatro Anamú, que duró tres años, entre 1972 y 1975, estrena las obras *Este solar es mío y tú lo sabías* (1972), de Jorge Rodríguez y Emanuel Logroño; *Bahía Sucia-Bahía Negra* (1972), escrita por los autores recién mencionados y otros; *Ya los perros no se amarran con longanizas* (1973), de Jorge Rodríguez y José Luis Ramos, y *Pipo Subway no sabe reír*, de Jaime Carrero; cabe destacar, asimismo, los Teatros Moriviví, el Teatro de Guerrilla, el Colectivo Nacional y el arriba mencionado Teatro del 60.

tes de este movimiento han producido obras con la ayuda de talleres teatrales y planteles universitarios y residencias; se pueden mencionar algunas como *Bodega*, de Federico Fraguada; *Family Scenes* —obra traducida al español y representada en esta lengua—, de Ivette M. Ramírez; *Ariano*, de Richard V. Irizarry; *First Class*, de Cándido Tirado y Eduardo Gallardo, piezas que han sido recogidas en una interesante antología de John Astush publicada en 1991. Además de en el Nuyorican Poets' Cafe, las obras de estos se han representado en Aquarius, el Latin Insomniacs, The Family, Teatro Otra Cosa y en The Puerto Rican Bilingual Workshop, fundado en 1973 por Carla Pinza, que con Woody King Jr. produjo en 1975 *Mondongo*, una 'salsa musical' de Ramón Ramírez, pieza que en 1979 también se estrena en Broadway.

En las últimas décadas del siglo XX y los primeros años del XXI, a pesar de las crisis del teatro tanto en la isla como en el continente, entre los años ochenta y noventa el teatro puertorriqueño adquirió fuerza y se expandió, aunque no se produjeron rupturas o creaciones destacables en cuanto a su posible importancia literaria histórica.

El Teatro Repertorio Español, uno de los más activos teatros hispanos de la ciudad de Nueva York, llevó a escena en 1990, en el Gramercy Arts Theater de Rhode Island, que también ha ofrecido sala para el Teatro Rodante Puertorriqueño, *El Huésped*, de Pedro Juan Soto, una obra sobre la tragedia de una familia puertorriqueña en Nueva York, y también *Los jíbaros progresistas*, una especie de representación musical, sobre el Puerto Rico rural de hace 130 años, obra del compositor puertorriqueño Manuel González, con un libreto basado en una pieza de Ramón Méndez Quiñones.

En Nueva York, el Teatro Pregones, sin duda uno de los más destacados teatros hispanos en los Estados Unidos, prolongó en esta década de principios de siglo sus entregas de piezas teatrales puertorriqueñas, con En Tres Actos, de Janis Astor del Valle y Tere Martínez, en 2000; Los ángeles se han fatigado, de Luis Rafael Sánchez, en 2001; *The Ballad of María Sabida*, basada en un cuento de Judith Ortiz Cofer, en 2001; *Gení y el Zepelín*, pieza de José Luis Ramos Escobar, en 2001. En 2005, Teatro Pregones abrió las puertas de su nueva sede con la puesta en escena de *La Rosa Roja*, una pieza desarrollada y dirigida por Rosalba Rolón, que tiene como personaje principal a Jesús Colón, símbolo de la experiencia migratoria puertorriqueña. Colón (1901-1974) llegó a Nueva York en 1917, donde participó y creó agrupaciones cívicas, culturales y políticas que beneficiaron la formación de la comunidad puertorriqueña, desempeñándose paralelamente en diversas áreas de la escritura. Colón, en 1959, desafió al Comité de Actividades Anti-Americanas del Congreso. A esta obra le siguió *El bolero fue mi ruina*, basada en una historia de Manuel Ramos Otero, escrita en 1997, y la première del musical *Betsy*. En su temporada 2006-2007 se presentó *El último rosario de Medea*, obra del galardonado poeta y dramaturgo puertorriqueño José Manuel Torres Santiago, uniéndose al elenco la actriz Lupita Ferrer en el rol de Medea. Fundado en 1979 por tres actores puertorriqueños, entre ellos la directora del mismo Rosalba Rolón, el grupo teatral Pregones comenzó con una colección de escenas del teatro puertorriqueño, además de las arriba mencionadas, *Joel Rose, A Battle Report Direct from the Lower Depths, Bienvenido Don Goyito de Manuel Méndez Ballester; La carreta y Carnaval afuera Carnaval adentro* de Rene Marqués, que dirigió el reconocido director y autor, Víctor Fragoso. También experimentaron con obras colectivas y de la dramaturgia latinoamericana sobre problemas específicos, como *Voices of Steel/Voces de acero* (1989), muy aclamada por la crítica, sobre el tratamiento recibido por los prisioneros políticos puertorriqueños en cárceles norteamericanas.

También, en los últimos años, el Teatro del 60 enriqueció su trayectoria de montar obras puertorriqueñas en Nueva York con *Quíntuples*, de Luis Rafael Sánchez, en 2001-2003, y Recital del Nuyorican Poets' Cafe en septiembre de 2004, *Tiempo muerto* de Manuel Méndez Ballester, en el año 2004. Aquí, como en otros espacios teatrales, los dramaturgos puertorriqueños nacidos en los Estados Unidos, junto a otros que viajan entre Borinquen y Manhattan con mucha frecuencia, han seguido la labor escénica, que integran generaciones nuevas y menos nuevas en los nombres de Rosalba Rolón, Pedro Pietri, Alfredo Mantilla, Myrna Casas, Orlando Rodríguez, Pedro Juan Soto, Miguel Piñero, Eduardo Iván López, Rubén González, Eva Cristina Casas, Carlos Vega Abreu, Janis Astor del Valle,Tere Martínez, José Luis Ramos Escobar, Cándido Tirado, Migdalia Cruz, Carmen Rivera, Nancy Nevárez y otros autores más que hemos mencionado previamente.

Las nuevas generaciones de dramaturgos, en las cuales hay muchos grupos, productores, actores y directores trabajando en estos momentos, persisten en la búsqueda de nuevas formas y contenidos novedosos. Eventualmente, las luchas entre las formas teatrales disminuirán, aunque nunca se podrá agotar la imaginación, y se acentuarán los contenidos —planteamientos y cuestionamientos—, que son los que motivan al público a acudir al teatro, una de las expresiones más candentes de la rica, compleja y cambiante identidad puertorriqueña. Esta historia, que nos toca vivir, recién comienza a ser escrita.

El teatro cubano

Seguimos en este cuerpo los ensayos del experto en el tema, Matías Montes Huidobro, especialmente en su extenso capítulo sobre "El teatro cubano" que aparece en la *Enciclopedia del Español en los Estados Unidos* antes citada (pp. 743-768). Valorando la dificultad en abordar el género dramático en su complejidad de texto, publicación y montaje, según Matías Montes Huidobro, las primeras muestras de la dramaturgia cubana de los Estados Unidos se desarrollarían en torno al "Teatro Bufo" con sede en Miami, si bien cuenta con antecedentes que datan del siglo XIX, con el movimiento de los independentistas de los que se hace eco el nombre y actividad del "Teatro Mambí" con actuaciones desde Tampa en Florida a Nueva York y con textos incluso de Martí. A ese comienzo pertenece la obra *Dos cuadros de la insurrección cubana* (1869) de Francisco Víctor y Valdez.

En la documentación somera e incompleta de esta producción cubana verdaderamente generacional, asociada con inmigraciones desde la Revolución de 1959 hasta el éxodo de Mariel de los 80, saltando por razones de espacio a Los Ángeles, nos concentramos en los centros principales, empezando por Nueva York con la década de los 60, en la que –según Beatriz J. Rizk- "cualquier revisión histórica de la producción teatral de la inmigración cubana tendrá que empezar con Fornés. Llegada a los Estados Unidos en 1945, ya para los años 60 la autora ocupa un sitio relevante dentro de la escena del Off-Broadway newyorquino, empezando a ganar Obles, siete en total (el más alto galardón que se otorga a una obra fuera de Broadway por el periódico The Village Voice), por piezas como *Promenade* (1965), *The Succesful Life of 3* (1977), *Feju and her Friends* (1979), etc., hasta el más reciente en 1988, por *Abingdon Square".*[165] Con el apoyo de instituciones de la zona (INTAR y otras) surgen luego las obras de autores cubanos exiliados y locales como las de Jose Cid *El primer cliente* (1965), *Su última conquista* (1968), *La rebelión de los títeres* (1977), *La comedia de los muertos,* Eduardo Machado, *Las damas modernas de Guanabacoa* (1986), *Revoltillo* (1988); Gloria González, *Café con leche* (1985), *Padre Gómez y Santa Cecilia* (1988), Dolores Prida, *Botánica* (1991), en Repertorio Español y Manuel Martín Jr., *Swallows* (1980) y *Union City Thanksgiving* (1983); Ana María Simóu, *Exiles* (1982) y *Alma* (1988); Dolores Prida, *Savings* (1988) y Luis Santeiro, *Our Lady ofthe Tortilla* (1987), *The Ladies from Habana* (1990). Sin olvidar, por supuesto, al destacado escritor del exilio de Mariel, Reinaldo Arenas, con su obra finalizada en Nueva York en 1985, *Persecución* (1986), compuesta por cinco piezas de teatro experimental (*El traidor, El paraíso, Ella y yo, El reprimero y El poeta*).

El Teatro Dúo, fundado por Magaly Alabau y Manuel Martín, es otra de las instituciones neuyorquinas que impulsó obras de autores de la comunidad hispana, como

---

165 En "El Teatro latino de los Estados Unidos", Tramoya 22 (1990), p. 18 : que se puede leer también en la versión digital: http://cdigital.uv.mx/bitstream/123456789/3826/2/199022P5.pdf, como así también en el artículo que hemos utilizado a lo largo de esta sección como referencia, "El teatro de las comunidades latinas en Estados Unidos y su relación con un contexto social determinado" (Centro de Investigaciones del Nuevo Teatro), pp. 179-193, que se puede ver en su versión digital en http://dspace.uah.es/dspace/bitstream/handle/10017/4460/El%20Teatro%20de%20las%20Comunidades%20Latinas%20en%20Estados%20Unidos%20y%20su%20Relaci%C3%B3n%20Contexto%20Social%20Determinado.pdf?sequence=1 p.190.

las de la mencionada Dolores Prida, que influenciados por el teatro anglosajón, produjeron piezas musicales como *Beautiful Señoritas* (1977), *The Beggars Soup Opera* (1979), en palabras de Beatriz J. Rizt "sobre *La ópera de los tres peniques,* de B. Brecht, y Crisp (1981), basada en Los intereses creados, de Benavente"[166], siendo una de sus creaciones más recordadas *La era latina,* escrita con Víctor Fragoso, representada en parques y plazas de la ciudad de Nueva York en el verano de 1980, parte del programa del Teatro Rodante. Otros autores a mencionar en este campo son José Fernández, con *El bravo y Fame* (1988) y en el género no-musical *El súper,* de Iván Acosta, estrenada en el Centro Cultural Cubano de Nueva York en 1977. Esta como la mayor parte de las piezas cubanas abordan los temas de la identidad, el choque cultural, conflicto generacional, la ida y vuelta entre el aquí y el allá. Con un largo etcétera cerramos esta presencia teatral cubana en el área metropolitana de Nueva York mencionando las obras de Manuel Pereiras, Randy Barceló, Renaldo Ferradas, Pedro Monge.

La historia del teatro cubano en la Florida y particularmente en Miami es voluminosa e imposible de abarcar en su totalidad en este esbozo. Como nexo entre Nueva York y Florida, recordamos al periodista, escritor, marino, nacido en Ybor City, vecindades de Tampa, José Yglesias, si bien escribió sus obras nacionalmente reconocidas en inglés y en Nueva York. En Miami, acaso surge el teatro cubano con el estreno de la ya poco recordada obra mundial de *Hamburguesas y sirenazos* de Pedro Román. Destaca a lo largo de sus cuarenta años de historia, la presencia y liderazgo del Teatro Teatro Avante con la organización de Treinta Festivales Internacionales de Teatro, que dirigió Mario Ernesto Sánchez, con piezas como *Alguna cosita que alivie el sufrir* de Rene Aloma, si bien escrita originalmente en inglés, que ha superado la audiencia local presentándose en Nueva York y otras ciudades. También el Teatro Prometeo que se funda en 1972.

Pero remontándonos a la década anterior, cabe mencionar los nombres de Leopoldo Hernández, Matías Montes Huidobro (originaria y actualmente en Miami con residencia prolongada en Hawaii), Raúl de Cárdenas (luego residente de California). Específicamente, el estreno en 1969 de la pieza realista costumbrista de Hernández *940 SW Segunda Calle y Guáimaro, Lección de Historia y Liberación.* Como resume el dramaturgo, reconocido estudioso del teatro Matías Montes Huidobro en su ensayo "El Teatro cubano" del que nos nutrimos en este rápido recorrido: "en los primeros años de los sesenta, el negrito y el gallego siguieron vigentes en los escenarios miamenses, maro, Leccicon Federico Pineiro, Alberto Garrido, Leopoldo Fernandez y Rosendo Rosell, entre los mas populares. No solo en Miami, sino en Hialeah, donde Nestor Cabell creo el negrito *'Bijirita'* en 1964, y algunos otros artistas hicieron teatro folclórico con los populares personajes del negrito y el ga-

---

166 Beatriz J. Rizt Artículo citado, p. 190

llego. En la calle 8, Chela Castro tiene éxito con *La Nalgada*. Menos suerte tiene Miguel Ponce con Teatro 66 y Teatro 67."[167]

La antes mencionada figura de Leopoldo Hernández escribe Hollywood 70, Hollywood 73 y otras obras como *No negocie, Sr. Presidente* (1976), y los monólogos *Nadie* (1973), *Tipit* (1973, finalista del Premio Gala de 1988), *Retorno* (1978), *Cheo* (1975) y *Los pobres ricos* (1979), siendo su obra más importante Siempre tuvimos miedo, escrita en 1981. Como apunta Matías Huidobro, la actividad teatral en los setenta se incrementa con "la fundación de numerosas agrupaciones teatrales, que van de proyectos de caracter popular a otros más ambiciosos: en 1970, Las Máscaras (Salvador Ugarte y Alfonso Cremata); 1971, Teatro Marti (Leopoldo Fernandez); 1972, Los comediantes (Mario Martin, Osvaldo Calvo, Norma Zuniga y Aleida Leal); 1973, La Comedia 1 (Ernesto Capote); 1973-1975, Teatro Carrusel (Enrique Beltran); 1976, Repertorio Español (Mario Arellano); 1977, Teatro Experimental. La Danza Estudio (Armando Navarro); 1978, Teatro Blanquita Amaro (Blanquita Amaro); 1979, Teatro La Comedia 2 (Ernesto Capote), Teatro Versailles (Fermin Borges), Café Teatro Cabell (Nestor Cabell) y Teatro Avante (Mario Ernesto Sanchez y Alina Interian)".

Como muestra de algo que ha pasado confrecuencia con autores cubanos, en esa partida y llegada desde la Isla geográfica, política y temáticamente, traigo a colación a Victor Varela, quien en 1988 crea en Cuba un proyecto experimental con el montaje de *La cuarta pared*, y luego trata de llevar a cabo algo similar en Miami a través del Teatro Obstáculo, con la escenificación de sus textos: *Melodrama cuarta pared II* (1998), *Aplaude con una mano* (2001), *Nonato en Útero* (2003).

Otros montajes de mayor importancia, según el erudito análisis de Matías Huidobro, han sido los de *Una caja de zapatos vacía* (Avante), *Dos viejos pánicos* (ACME Acting Company), y *Falsa alarma* (Prometeo), todas del reconocido autor residente en Cuba, Virgilio Pinera; *El Chino* (Prometeo), de Carlos Felipe; y varios montajes de *La noche de los asesinos* (Avante, Teatro Garabato). Las obras cubanas, escritas originalmente en español por autores residentes en los Estados Unidos y puestas en escena mayormente en Miami, en la enumeración de Matías Huidobro en sus artículos citados[168] son las siguientes: *La navaja de Olofé* (Teatro Nuevo), de Matías Montes Huidobro, *Juego de damas* (Teatro Nuevo), de Julio Matas; *Los tres cerditos y el lobo carnicero* (Avante), de René Ariza; *Invierno en Hollywood* (State of the Arts), de Jesús Hernández Cuellar; *Café con leche* (Repertorio Español), de Gloria González; *El extravío* (Avante), de Julio Matas; *Patio Interior*

---

167 En la *Enciclopedia del Español de los Estados Unidos*, p. 805-806.
168 Que aparecen en la *Enciclopedia del Español de los Estados Unidos*, pp. 743-768 y 805 al 815

(Taller del Garabato), de José Ignacio Cabrera; *Ojos para no ver* (Prometeo), de Matías Montes Huidobro; *La época del mamey* (Avante), de Andrés Nobegras; *Matacumbe* (Avante), de Mario Ernesto Sánchez; *La Peregrina*, de Hector Santiago; *Lola* (Avante), de Rafael Blanco; *Oscuro total*, de Matías Montes Huidobro (Trigolabrado y Pro Teatro Cubano); *El hombre inmaculado* (Avante), de Ramón Ferreira, y *La mujer de Antonio* (Maderamen), de Frank Quintana, *La pequeña intrusa* (Chicos), de José Vicente Quiroga; *Esto no tiene nombre y Los quince de Yaniré* (International Art Center), de Julio O'Farril, y *La sorda* (International Art Center), de Andrés Nobregas. También: *A quien pueda interesar*, de Miriam Acevedo (Avante y Comité Italiano por los Derechos Humanos de Cuba) y *Desde la orilla*, espectáculo montado por Grisela Pujala Soto, Lilliam Vega y Sandra García.

Además de los dramaturgos cubanos de Miami antes mencionados, en la lista de Matías Montes Huidobro figuran: Marcos Miranda, Raúl Garcìa Huertas, Maricel Mayor Marsán, Jorge Trigoura, Rolando Moreno, Antonio Orlando Rodríguez, Víctor Varela, Carmen Duarte, Ernesto García, Eddy Diaz Souza, Armando Roblán, Nestor Cabell, Alfonso Cremata, Roberto Antinoo, Orlando Rossardi, Tomás Fernández Travieso, José Enrique Puente, Pedro Román, Cristina Rebull, Jorge Valls, Guillermo Hernández, Nena Acevedo, Uva de Aragón, Mary Calleiro, Julie de Grandy, Concepción T. Alzola, Ivonne López Arenal, Miguel González Pando, Evelio Taillacq, Rafael Blanco, Orlando González Esteva, José Ignacio Cabrera, Mario Ernesto Sánchez, Fernando Villaverde, José Carril, Rafael Blanco, Frank Quintana, José Vicente Quiroga, Julio O'Farril, Teresa María Rojas, Félix Lizárraga, Federico Piñeiro, Alberto Garrido, Alfonso Cremata, Salvador Ugarte, María Julia Casanova, Vivián Ruiz, Luis G. Basurto, Angel Nodal, Blanca Pereda, Ivonne Martín, Marily A. Reyes, José Sánchez Boudy, Jorge Valls, con la oportuna observación de "y muchos más, palabras estas últimas que me salvan de cualquier omisión involuntaria"[169] y a mí me excusan de tratar sus creaciones más detalladamente en términos de su trama, recepción, montaje, análisis de texto y autor, además de otros datos histórico-anecdóticos.

Teatro de España, de América Central y del Sur, Festivales de Los Estados Unidos

El teatro de España se hace presente en el territorio actual de los Estados Unidos, ya con la representación antes mencionada de *Moros y Cristianos*, escrita por un

---

169 Matías Montes Huidobro "La Dramaturgia Cubana de Miami", Conferencia dictada el 3 de noviembre del 2010 durante las actividades del TEMFest que se puede leer en: http://www.ellugareno.com/2010/11/la-dramaturgia-cubana-de-miami-por.html

capitán de la expedición, de Oñate, Marcos Farfán de los Godos. Cabe comenzar esta sección con la obervación general de Beatriz J. Rizk de que "la primera ola emigratoria trajo consigo los sectores de la alta y media burguesía, entre los que surgen varios de los promotores culturales que siguen hoy en día a la cabeza de instituciones teatrales, como es el caso de Max Ferrá, director de INTAR (International Arts Relations), y Rene Buch, director del Repertorio Español. Ambas organizaciones operan en la ciudad de Nueva York desde finales de la década de los 60. Durante muchos años se dedicaron a preservar y fomentar la herencia hispánica a través tanto de los clásicos españoles como de los latino-americanos. Repertorio Español, por ejemplo, continúa promoviendo activamente el género de la zarzuela, con uno o dos montajes por año, esfuerzo al que se le suma en la última década el Thalia Spanish Theatre, operando desde Queens, bajo la dirección de Silvia Brito. INTAR, por su parte, ha sido más dada a la experimentación, trayendo novedosos montajes de clásicos, como la adaptación de La vida es sueño, de Calderón, por María Irene Fornés, en 1981".[170]

En la documentación de Gerardo Piña-Rosales[171], en el que basamos este resumen, se establece que "A principios del siglo XX las obras dramáticas españolas gozaron de gran popularidad en los Estados Unidos. Las obras de Jacinto Benavente, Martinez Sierra, los hermanos Alvarez Quintero (Serafín, 1871-1938, y Joaquín, 1873-1944) y, algo más adelante, Federico Garcia Lorca (1898-1936), alcanzaron un éxito considerable en los escenarios norteamericanos. En 1920, el Theater Guild monto La malquerida, de Benavente (traducida por John Garrett Underhill), que obtuvo un gran éxito de taquilla.También logró mucho éxito Canción de cuna, de Martinez Sierra, que se representó por vez primera en Times Square Theater en 1921. Otra obra de Martinez Sierra, El reino de Dios, inauguró el Ethel Barrymore Theater. En la temporada de 1929-1930 se presentaron en Nueva York nada menos que tres comedias de los Alvarez Quintero. Una obra muy representada por entonces fue El gran Galeoto, de Echegaray, mientras que de Garcia Lorca se representaron con gran frecuencia y éxito El amor de don Perlimplín con Belisa en su jardín, Bodas de sangre, Yerma, La casa de Bernarda Alba, Doña Rosita la soltera y La zapatera prodigiosa".[172]

Como se mencionó anteriromente, el teatro que lidera esta actividad en Nueva York es el Repertorio Español, fundado en 1968 y que ahora opera en teatro Gramercy Arts. En Queens Silvia Brito fundó el Tearo Español de THALIA, en 1977 y desde entonces ha llevado a cabo cientos de obras de teatro, zarzuelas, con la

170 De su artículo antes citado "El teatro de las comunidades latinas en Estados Unidos y su relación con un contexto social determinado" (Centro de Investigaciones del Nuevo Teatro), pp. 189-190.
171 En su artículo "Teatro español", en la Enciclopedia del Español en los Estados Unidos, pp.818-821
172 En su artículo "Teatro español", en la Enciclopedia del Español en los Estados Unidos, pp.818.

participación en ocasiones de figuras famosas como Antonio Gala, Jaime Salom y Jerónimo Lopez Mozo. Según el juicio de Gerardo Piña Rosales "una de las producciones mas interesantes de THALIA fue la presentación, bilingüe, de *El Guernica de Picasso/Picasso's Guernica*, en el año 2000, montada por el director español Gil Orrios". Las obras de autores españoles también se han montado en el Teatro Duo de Manhattan junto con nuevas creaciones de dramaturgos hispanos de los Estados Unidos. Allí y así también operan los teatros Amistad World Theater, que data del 1981, la compañía del Teatro Círculo, que desde 1994, en el Auditorio Proshansky del Centro de Graduados de la City University of New York, montara tres entremeses de Miguel de Cervantes —*El juez de los divorcios, El viejo celoso y Los habladores*—, particpando luego en el 1995 con éxitos y reconocimientos en el XX Festival del Siglo de Oro en El Paso e inaugurando en el 1996 el XXI Festival del Siglo de Oro de El Paso con *La dama duende*. En el otoño de ese mismo año estrenó en Nueva York *La celosa de sí misma*, de Tirso de Molina. Como otros teatros de Estados Unidos, estas compañías teatrales incluyen asimismo en sus producciones obras de otros autores españoles e hispanoamericanos contemporáneos, como el montaje de Zanahorias en el Teatro The Duke de Broadway en el 2001, *Divinas Palabras* de Ramón del Valle Inclán por el Centro Dramático Nacional, en el 2007, en el Rose Theater, del Lincoln Center.

Como en Nueva York (y lo que ya hemos recorrido en Florida, el Suroeste y California) en otros lugares de los Estados Unidos existe una vibrante actividad teatral hispana. Ejemplifico esta aserción destacando este hecho en la Capital de los Estados Unidos, con la presencia en la zona de Washington D.C. de dos teatros activísimos que he vivido por casi cuatro décadas: el Teatro Gala (Grupo de Artistas Latino-Americanos), fundado en 1976 por Hugo Medrano y Rebecca Read, surgido del Teatro Doble y el Teatro de la Luna, creado en 1991 y dirigido desde entonces por Mario Marcel. El Teatro Gala preeminentemente y con frecuencia ofrece la representación de obras clásicas españolas comenzando en 1984 con *La casa de Bernarda Alba* de Federico García Lorca, en1985 con *El caballero de Olmedo* de Lope de Vega (España) dentro de su temporada de tradición clásica repetida en la temporada del 2010, en el 2008 *Bodas de sangre* y en el 2010 *El retablillo de Don Cristóbal*, ambas de Federico García Lorca, por mencionar solo algunas y el Teatro de la Luna, con *El Público* también de Lorca, entre las varias que recuerdo haber disfrutado. Esto además de obras de reconocidos dramaturgos españoles y de otros países hispanoamericanos. Entre los españoles en los Festivales de Teatro Hispano del Teatro de la Luna citaremos, como ejemplos a: 1993 *Noche de primavera sin sueño*, de Jardiel Poncela (1993); *Los sirvientes,* de Alfonso Paso (1994); *La barraca de Federico*, de Cervantes, Casona y Lorca (1998); *Trafalgar*, de Agustín Iglesias (1999); *Entremeses del Siglo de Oro* (2000), y la obra *El paso del cometa; Chiquilladas*, de Raymon Cousse (2001); *El hombre gato-gallo* de Dario Cardona (2003); en 2005, *Ñaque o de piojos y actores* de Jose Sanchis Sinisterra (2005),

2007, *Que nos quiten lo bailao*, de Laila Ripio (2007).

En ambos teatros las obras de autores hispanoamericanos son muy numerosas para citarlas aquí. Como ejemplo, de algunas de las muchas que he personalmente disfrutado: *La nona y El saludador* de Roberto Cossa, *Lejos de aquí* de Roberto Cossa y Mauricio Hartun, *Quererte como te quiero*, collage de Mario Marcel sobre obras de García Lorca, *La caja de sorpresas* de Juan Enrique Acuña, pero pueden verse con los detalles de su montaje (autoría, dirección, elenco, personal de producción) en la historia que incluyen en sus páginas de internet[173].

En Miami, por aludir a solo un caso, el reconocido dramaturgo Fernando Arrabal, con el grupo teatral Prometeo presentaron la pieza *Picnic en el campo de batalla*, En el 2007 en el Miami-Dade College los alumnos del taller Actor's Arena interpretaron *Los dos verdugos, Oración y Picnic*. Anterior y posteriormente se pusieron en escena muchas de sus obras, entre ellas, *El Jardín de las delicias, El arquitecto y el emperador de Asiria, y Los verdugos*. También en los Festivales Internacionales del Teatro Hispano, liderado por el Teatro Avante se han puesto en escena obras clásicas como *Yerma* de Federico García Lorca y muchas otras en el Teatro Miracle de Coral Gables, el Teatro Abanico en Miami y los otros teatros mencionados en esta zona del sureste estadounidense.

En este contexto comparto, a modo ilustrativo, la acotación de Gerardo Piña-Rosales que "desde marzo de 2002, la Association for Hispanic Classical Theater, de Arizona, posee un cibersitio (http://www.trinity.edu/ora/comedia/textlist.html/), donde se pueden consultar textos teatrales preparados por especialistas en el Siglo de Oro español"[174].

Concluimos con una enumeración de Festivales de Teatro y Teatros con montajes en español, simplemente como una muestra de esta dinámica presencia dramatúrgica hispana en nuestro país. Para un informe detallado de los participantes en algunos de estos Festivales se puede consultar, entre otros, el artículo extenso "Los Festivales de Teatro" de Esther Sánchez Grey en *La Enciplopedia del español en los Estados Unidos*[175]. El Teatro Chicano, antes aludido organizó una serie de Festivales en California, Nueva York, Colorado, Seattle, con más de una docena de realizaciones, a veces incluso con la participación del teatro puertorriqueño Teatro Cuatro de Nueva York, como en su VI versión, que al año siguiente a su vez tuvo

---

173 Para el Teatro Gala: http://www.galatheatre.org/system/file.php?id=1029 y, en el caso del Teatro de la Luna: http://www.teatrodelaluna.org/homes/obras.htm
174 En su artículo "Teatro español", en la *Enciclopedia del Español en los Estados Unidos*, p. 821
175 Pp. 822-845.

una participación en el Primer Festival de Teatro Popular Lainoamericano, junto con otros 40 Teatros. En la Iglesia San Clemente en Nueva York ya en 1972 se celebró un festival en el que se presentaron piezas de autores argentinos, peruanos, chilenos, colombianos.

Como parte de la historia más destacada y conocida, traemos a colación los Festivales Internacionales de Teatro Hispano de Miami, iniciados en el año 1986, y que se han llevado a cabo anualmente con excelentes representaciones de producciones y compañías de todo el mundo hispano, en diversas partes de Miami y Florida, anunciándose ya su convocatoria para el XXX Festival a celebrarse desde el 7 al 24 de julio del 2016, como siempre patrocinado por el Teatro Avante, y también ahora por el Adrienne Arsht Center, el Teatro Prometeo y el Miami-Dade County Auditorium. El Teatro Gala, estableciéndose como un National Center for Latino Performing Arts, organiza en la zona metropolitana de Washington D.C., además de las aludidas funciones teatrales de temporada, Festivales anuales del Flamenco, homenajes a Poetas como Pablo Neruda, representaciones populares, cursos de instrucción en el género dramático: actores, directores, escenógrafos, como lo hace también el Teatro de la Luna en la comunidad, incluyendo talleres y clases en escuelas de la zona en sus diversos niveles. Algo que la mayoría de los teatros hispanos mencionados llevan a cabo en sus áreas de actividad.

El Teatro de la Luna ha llevado a cabo hasta la fecha diecisiete Festivales Internacionales de Teatro Hispano, además de 22 Maratones de Poesía y numerosas otras actividades, durante sus 24 años de existencia. A mero título ilustrativo de su variedad y alcance, en el 1er. Festival que tuvo lugar en 1998, se presentaron las obras *El Amateur* de Mauricio Dayub (de Argentina), *Don Quijote y Sancho Panza* de Miguel de Cervantes Saavedra (Teatro Gayumba de la República Dominicana), *Más se Perdió en Cuba* de Agustín Iglesias (Teatro Guiriguay de España), *Calisto* de Julio Salvatierra Cuenca (Teatro Meridional de Portugal), *Quimera* de Roberto Ramos Perea (Compañía El Cemi de Puerto Rico), *Las cosas del cantar* de Dahd Sfeir (Uruguay), *Monte Calvo* de Jairo Aníbal Niño (Teatro La Tea de Estados Unidos), *Comegato* de Gustavo Ott (Venezuela), *Las Fórmulas del Abuelo* de Daniel Dimauro y Raul G.Aguirre (Teatro de Títeres La Pareja, Venezuela). En el último, el XVII Festival acaecido en el 2014, se presentaron las siguientes piezas: *Gracias Por Todo* de Julio César Castro (Uruguay), *Loca la Juana* de Juana Estrella (Ecuador), *Pasos al Azar* de Angeles Páez (España), *Mea Culpa* de Felipe Acosta (Grupo Teatral BAMBU, Honduras), *Vegetal* de Claudio Pazos (Argentina), *El Tsunami* de Manuel García Cartagena (Teatro Guloya de Rep. Dominicana). Además en el mismo Festival en el Teatro para Niños se montaron: *Siempre Amigos, Sanos y Contentos* de Neher Jacqueline Briceño (Teatro de la Luna, Estados Unidos) y *Platero y Yo*, adaptación teatral de Claudio Rivera sobre libro de Juan Ramón Jiménez (Teatro Guloya de Rep. Dominicana).

187

Y así se proyecta esta presencia literaria, teatral, hispanoamericana en los Estados Unidos a la que solo nos hemos asomado con unos pocos ejemplos puntuales que pretenden decir esto que sucede aquí y ahora (en los lugares mencionados), pero que también acontece con mayor o menor impulso a lo largo y ancho de los Estados Unidos, con un mayor crecimiento y respeto del diálogo, de las identidades distintas y compartidas, de los problemas y posibles soluciones culturales, políticas y sociales representadas en sus obras y actvidades.

Instituciones emblemáticas y actividades

Mencionaremos una letanía de asociaciones antes de cerrar el libro, pero aquí quiero comenzar con una de las instituciones pioneras en este campo de la documentación y promoción de la Literatura, Historia, Cultura Hispánica (y la poesía en español) en los Estados Unidos: la División Hispánica de la Biblioteca del Congreso bajo el liderazgo de la Dra. Georgette Dorn, que no solo ha grabado en sus archivos literarios más de seiscientos poetas de habla hispana tanto residentes en los EE.UU. como en los otros paises de España y América (incluyendo los laureados como Neruda, Paz, al autor de este libro y muchos otros), sino que mantiene un programa activo de presentaciones, paneles, recitales poéticos en español, la edición del *Latin American Handbook* con importantes colaboraciones críticas sobre la literatura, sociología, humanidades en los paises de Latinoamérica.

Otra preeminente entidad aglutinadora de la actividad cultural y literaria en español ha sido la Academia Norteamericana de la Lengua Española que cuenta como uno de sus fundadores y director al poeta, crítico y eximio linguista español Dr. Odón Betanzos Palacios en compañía de otros grandes poetas y académicos como del cubano Eugenio Florit y que contado en su seno con prestigiosos poetas de la generación del 27 y actuales. Ahora bajo el liderazgo del escritor, ensayista, linguista, novelista y poeta de la fotografía, Dr. Gerardo Piña-Rosales, la Academia, desde Nueva York, con delegaciones regionales, inspira y congrega con sus actividades, publicaciones y liderazgo, no sólo el cultivo cuidadoso del español sino también su expresión literaria y poética. Su contribución más importante hasta la fecha se centró en *La Enciclopedia del Español en los Estados Unidos*, documento pionero publicado por Santillana, como anuario del Instituto Cervantes en el 2008 y la Revista de la Academia (RANLE) que incluye textos poéticos. En este contexto también debe considerarse la organización ALDEEU con Gerardo Piña Rosales, Nicolás Toscano, Rafael Corbalán y otros hispanistas y creadores que colaboran con sus publicaciones como los poetas Mordechai Rubin de Columbia University y Fernando Operé de la Universidad de Virginia; de esta organización es la publicación, editada por Ana Valverde Osán, *Poesía Hispana en Los Estados Unidos* (2011), la edición de la Revista de la Academia *Ranle* que incluye importantes creaciones literarias, además de reseñas, entrevistas a destacados autores hispanos actuales, bajo la dirección editorial del Dr. Carlos Paldao. Añadimos la Asociación Americana de Maestros de Español y Portugués (AATSP) y su revista *Hispania y Albricias!* de la Sociedad Honoraria Hispánica, que publican ensayos en español sobre poetas y textos de creaciones poéticas, además de sus artículos pedagógicos, linguísticos sobre el idioma hispano.

Numerosas universidades actúan como centros de programas y grupos de escritores en español basados e inspirados en sus destacados elencos y planes académicos de literatura española (Citamos simplemente como ejemplos: la Universidad de Maryland donde enseñara Juan Ramón Jimenez y más recientemente José Emilio Pacheco; las Universidades de Harvard, Princeton, Yale, con numerosos respresentantes de los poetas aquí mencionados; Columbia University, Boston College, la Universidad de Virginia, de Georgetown, la Universidad de Duke, las Universidades de California, Florida, de Nueva York, de Houston, de Iowa, la Universidad de Pittsburg y su prestigioso Departamento de Literatura Hispana con la publicación de la *Revista Iberoamericana* que incluye numerosos ensayos sobre poesía y poetas hispanos, el Centro de Estudios Latinos –que incluye literatura hispano-unidense- de Indiana University-Purdue University Indianapolis a cargo de la Dra. Rosa Tezanos-Pinto y un largo etcétera). Y, por supuesto, el Instituto Cultural Literario Hispano, creado y dirigido por la Dra. Juana de Arancibia, con más de 40 Simposios Internacionales, Publicaciones y la revista *Alba de América*. De ser específico en las contribuciones de cada uno de estos centros, ocuparía el tiempo de otro volumen. Sobre cada cuerpo poético, movimiento literario y escritores hispanos, período definido y/o poeta/escritor mencionado (u omitido), se han hecho ya o se podrían hacer estudios críticos detallados, un desafío para otros investigadores actuales y futuros.

Resumen de características temáticas y estéticas de la literatura hispana

La literatura hispana, como el idioma literario hispano en general (y el poético en particular) en los EE.UU., pertenece y al mismo tiempo exhibe peculiaridades con respecto al idioma que se habla desde la Patagonia hasta Alaska. Se caracteriza en los diversos géneros (de poesía, prosa, drama) a lo largo de su prolongada y multifacética historia, por una riqueza multicultural, voz antigua y nueva, constituyendo esta creación poética una dialéctica a la inversa en la que la tesis es el deseo, la antítesis la experiencia del presente y la síntesis el recuerdo, la unidad de la memoria idealizada, como apertura del porvenir, que describe Yves Bonnefoy[176].

---

176 *Sobre el origen y el sentido*, Córdoba, Alción Editora: 2011. Traducción de Arturo Carrera y Silvio Mattoni, pp. 58-59.

Se expresa en diferentes códigos (español, inglés, bilingüe, spanglish) que en ocasiones aparecen mezclados con naturalidad, lo que da una dimensión peculiar e idiosincrática a esta memoria poética, a la pluralidad de su polifonía linguística dentro de la pluralidad textual, a las figuras y expresiones formales de la misma que, si bien conserva la raigambre hispana, incluye influencias nativas, de mestizaje, criollismo y angloamericanismo.

Se convierte así en un legado, una memoria y lengua literaria única y valiosa. El estilo, las imágenes, los ejes discursivos que reflejan el dinamismo de esta prefiguración (historia), configuración (experiencia) y refiguración (deseo) siempre multiculural en sus diversas plasmaciones de conquista, lucha, opresión-oprimido-opresor, esfuerzo de preservación, identidad, orfandad, relaciones étnicas, inmigración y exilio, peregrinaje, melancolía y rencor, desgarramiento y nostalgia en una voz a la vez diversa generacional y geográficamente y coincidente, aculturación, aspiraciones de superación, en fin, en el amor y en la muerte en este contexto definitorio de búsqueda por un mundo mejor.

Contiene representantes de todos los movimientos literarios desde el Barroco hasta la post-globalización [177] y con una presencia femenina cada vez más predominante que ha cuestionado, resistido e ido liberándose desde su realidad y expresión, con su poesía dialógica, solidaria, relacional, contra el sometimiento dogmático, la violencia, el guerrerismo, el poder viril y dominación patriarcal, como lo he documentado en otros ensayos[178].

Otros estudiaron o estudiarán críticamente a algunos de los escritores, poetas y creaciones aquí mencionados, conscientes de la siempre válida observación de Octavio Paz de que el poeta y el poema "es el producto de una historia y una sociedad, pero su manera de ser histórico es contradictoria. El poema es una máquina que produce, incluso sin que el poeta se lo proponga, anti-historia."(325)[179]. La prosa y el teatro por igual. Este largo recorrido de nombres y caprichosas atribuciones generacionales y de movimientos, responde a un esfuerzo ambicioso por documentar siquiera a vuelo de pájaro ciertas presencias relevantes de los mismos en la poesía, prosa, teatro escritos en español en los Estados Unidos dentro del universo de la literatura hispanoamericana y universal, en la línea de los postulados de Hans Robert Jauss en su ensayo "From Literary History as a Challenge to Literary Theory"

---

177 He documentado más detalladamente esta aproximación en el artículo "Representantes de los movimientos literarios en la poesía escrita en español en los Estados Unidos: Modernismo, Pre/Post/Neo y otros ismos" en : ALBA DE AMERICA VOL. 30 N° 57 Y 58, 2011. pp 214-227.
178 Como lo he destacado en mi ensayo "Voces femeninas en la poesía escrita en español de los Estados Unidos", Conferencia plenaria dictada durante el XXXVI Simposio Internacional de Literatura en Asunción Paraguay, Universidad Uninorte, Agosto, 2011.
179 Octavio Paz, *Los hijos del limo*, Seix Barral, Barcelona, 1974.

(1406-20)[180] en cuanto además del genio del autor individualmente importa reconocer el contexto histórico en el que la obra literaria es creada y recibida. El historiador literario de esta manera organiza las obras y sus autores con un cierto nivel de objetividad, si bien tal organización es dialógica porque tal percepción y clasificación cambia con la historia, y que si bien pareciera esta presentación como la de una colección de monumentos permanentes, sin embargo en su dinamismo sufre mutaciones conforme al horizonte de las expectativas y las nuevas percepciones socio-políticas de los lectores, las audiencias, la crítica. Se configura así ese juego constante, la dialéctica vital de la creación, frente al artificio de los ismos (pre-, post-, neo, modernismo y otros ismos) con que pretendemos definirla, encapsularla en un tiempo y determinados cánones estéticos que, en su genio incontenible, todos ellos y ellas con sus creaciones en español en los Estados Unidos, representan, establecen y, a la vez, transcienden.

Pero más allá de las épocas, las generaciones y sus teóricos, en una sincronía dentro de la diacronía, los ejes discursivos y estéticos de esta memoria literaria, en sus diferentes cuerpos comparten ciertas características: 1) su comunión con el idioma conservado, la raiz identitaria y el entorno popular en el que se forman y se explican, re-creación del pueblo vivido e imaginado, corriente y dejado, de sus almas plurales, hibridez y dualismo, más allá de un mero costumbrismo; 2) su compromiso social, político, rebelde, de independencia, cuestionamiento y resistencia a la cultura dominante; 3) poética revolucionaria, transgresora, no sólo en su contenido sino también en sus formas: populismo vernáculo y hasta vulgar adrede en algunos casos ("feismo"), lecturas solapadas bajo una apariencia inocua y hasta humorística; pero siempre con una integración del bilingüismo, síntesis multicultural de forma y fondo, más allá de las técnicas inovativas de la poética del siglo XX. 4) Más recientemente en la poesía de los exilios, se expresan los jugos de un cruce fertilizante, la distancia y presencia crítica, los tires y aflojes del proceso de adaptación espiritual, material y la soledad bulliciosa en una reencarnación llena de adioses y casi sin repercución en la belleza y diversidad del grito. 5) Siempre y en todo caso, aferramiento al cuerpo del idioma, de la cultura, de la familia, de los seres amados, las idiosincracias nativas, identitarias, al cuerpo de ese imaginario, como lo señala Zulema Moret en su introducción a la antología *Mujeres mirando al sur. Antología de poetas sudamericanas de USA*[181]. Con la peculiaridad de cada cuerpo y expresión literaria, esa voz rica en matices y luchas, es el coro de "la voz a tí debida", por no ser aún no del todo tenida en cuenta, como resume Juan

---

180 Ensayo traducido por Timothy Bahti y publicado en *The Norton Anthology of Theory and Criticism*, Segunda Edición, editada por Vincent B. Leitch, Nueva York, W.W. Norton & Company, 2010, pp.1406-20.
181 Madrid, Ediciones Torremozas, S.L.: 2004.

Armando Epple utilizando el título de Salinas[182], memoria literaria, hispana de los Estados Unidos, que este capítulo pretende simplemente aproximar y homenajear. Un recorrido de figuras, obras, temas, para documentar la presencia y estimular el futuro estudio dedicado a cada una de ellas, aquí solo aludidas.

Me permito concluir este capítulo, bajo el embrujo de Juan Gelman de que "el poeta se habla por lo que escribe", con un poema de mi autoría que atenta captar este sentimiento de presencia hispana y que he recitado en muchas parte del mundo, incluyendo el templo de duendes, recinto sagrado de la cultura de todos los Estados Unidos (la Biblioteca del Congreso), como representante de la América hispana que vive en los Estados Unidos:

Paisajes de Estados Unidos

Si cada ladrillo hablara;
si cada puente hablara;
si hablaran los parques, las plantas, las flores;
si cada trozo de pavimento hablara,
hablarían en español.

Si las torres, los techos,
los aires acondicionados hablaran;
si hablaran las iglesias, los aeropuertos, las fábricas,
si cada surco de este país hablara,
hablarían en español.

Si los sudores florecieran con un nombre,
no se llamarían piedras, sino Sánchez,
González, García, Rodriguez, José o Peña.

Pero no pueden hablar.
Son manos, obras, cicatrices,
que por ahora callan;
o quizás ya no.
2003.

---

182 Juan Armando Epple, "La voz a ti debida: la Poesía Hispánica de los Estados Unidos" en Lilianet Brintrup Juan A. Epple, Carmen de Mora, eds., *La Poesía Hispánica de los Estados Unidos,* Sevilla, Universidad de Sevilla: 2001, p. 19. Un libro importante en la evaluación crítica de diversos aspectos de la creación poética hispana de los Estados Unidos por parte de poetas y ensayistas residentes de Estados Unidos y otros países en un Encuentro sobre el tema en la Universidad de Sevilla.

CODA

PERSPECTIVAS DE VISTA AL PORVENIR

SONIA SOTOMAYOR

Aunque quisiera, no sé si comparto del todo la aserción de Daniel Ureña de que "el futuro de Estados Unidos será hispano", pero sí que el futuro de los Estados Unidos no puede ser planteado sin un amplio y profundo componente hispano, esencial y decisivo, no sólo por el crecimiento demográfico, sino también dado el modo cómo en los últimos años los hispanos en los Estados Unidos han ido ganando terreno en el campo empresarial, universitario, en los medios de comunicación, la cultura, la política y un importante etcétera que marca una proyección significante abarcando todos los aspectos de nuestra nacionalidad y vida ciudadana.

No es algo del todo sorpresivo, sino la cimentación de la historia, la presencia centenaria y el reconocimiento con validez influyente de hechos ignorados tales como, por ejemplo, el del comerciante originario de Navarra, España, Pedro Casanave, agente inmobiliario, quien luego de llegar a Estados Unidos en 1785, en pocos años alcanzó un sitio privilegiado en la alta sociedad de Georgetown, convirtiéndose en su quinto alcalde y, como tal, colocó la primera piedra en la Casa Blanca, por entonces conocida como Casa del Presidente. Más aún que la fecha elegida para el inicio de esta construcción no fue al azar: el 12 de Octubre de 1792, coincidiendo con el tercer centenario del descubrimiento de América. Y que la capital del país, la ciudad de Washington D.C., se funda en 1790 al este de la ya existente Georgetown, debiendo su nombre de Distrito de Columbia (D.C.) precisamente al descubridor de América, Cristóbal Colón, cuya estatua se edifica al frente de la Estación de Tren y al costado de los edificios del Congreso. Casanave, líder de la masonería, amigo de George Washington, fue instrumental en que su tío, Juan de Miralles, actuase como enlace entre la Corona Española y los revolucionarios americanos durante la Guerra de la Independencia.

Desde Washington, y hablando de la Casa Blanca, la Corte Suprema, el Capitolio (todos edificios hermosísimos), más allá de la piedra, lo fijo, los museos, se debe dejar sentado que en el curso de la presente década, además de la influencia electoral del voto hispano que hemos señalado y de que aún no está adecuadamente representada en relación a su porcentaje demográfico, observamos la primera hispana integrante de la Corte Suprema, Sonia Sotomayor. A la historia de la participación de hispanos en el Congreso de Estados Unidos que comienza en 1822, tras la elección de Joseph Marion Hernández. Y sigue tres décadas después con José Manuel Gallegos delegado de Nuevo México para el Congreso. Y luego en 1877, Romualdo Pacheco representante de California, siendo el primer hispano que presidiera un Comité del Congreso. Durante el año en curso, tenemos el primer candidato presidencial del Partido Republicano, el hispano Ted Cruz para las elecciones del 2016. El protagonismo en ese mismo partido del senador cubano-americano, Marco Rubio, que ahora también se postula como candidato presidencial para las elecciones del 2016. El único senador hispano demócrata es Robert Menéndez, el senador por Nueva Jersey. Presenciamos hace dos años, la primicia histórica del senador demócrata de Virginia, Tim Kaine, ex gobernador del estado, flúido en español, presidente del Consejo Americano Español, quien fue el primero en dar su discurso en español durante un debate legistativo sobre el tema de la inmigración en el Congreso de los Estados Unidos el 11 de junio del 2013. En el otro lado del pasillo (como se refieren aquí a la ubicación en el Congreso de las Cámaras de Legisladores según su afiliación partidaria), Jeb Bush acaba de declarar a la prensa que no es hispano, aunque vive en Miami y con orgullo practica su bilingüismo inglés-español y, de hecho, acaba de elegir a un hispano, Danny Diaz, como el director de su campaña presidencial en el 2016. Marco Rubio, a quien Mitt Romney consideró como un posible candidato para Vicepresidente en su postulación, habla de la admiración familiar por Martí, a quien leía su "papa", manifestando al *Diario de las Américas*, su afecto por la cultura cubana y por haber estado expuesto al racismo y a la discriminación, aunque "hablaba muy bien el español...lo hablaba solo en casa, ahora con amigos". El Congresista hispano Mario Diaz-Balart, elegido para el Senado de Florida cuando tenía solo 31 años, protagoniza la primicia de ser la persona más joven elegida para el Senado en la historia del Estado. También fue el primer hispano Jefe del importantísimo Comité de Apropiaciones/Modos y Medios/ Finanzas e Impuestos (Chair of the Combined Appropriations/ Ways and Means/ Finance and Tax Committee). Los congresistas Nydia Velázquez (D), la primera puertorriqueña en ser elegida a la Cámara de Representantes de Estados Unidos, en 1992, los también puertorriqueños José Enrique Serrano (D), Luis Gutiérrez (D), la mexicano-americana Loretta Sánchez (D) y otros mencionados más adelante, teniendo en la actualidad más hispanos que nunca, un total de 23 miembros hispanos demócratas y cinco republicanos en la cámara de diputados. Como muestra de amplitud de esta representación y presencia cabe destacar su procedencia diversificada, siendo California el estado que más congresistas hispanos aporta en conjunto, tanto representantes como senadores, con un total de nueve, seguido de Texas, con siete, y Florida, con cuatro. Arizona, Nuevo México, Nueva Jersey y Nueva York proporcionan dos cada uno y los estados de Washington, Illinois e Idaho, uno cada uno. Es también altamente significativo que uno de los dos representantes de Idaho es hispano, el republicano Raúl Salvador, sumando la comunidad hispana solo un poco más del 10% del total de la población. Sin embargo, y a pesar de las declaraciones al contrario de la importancia y necesidad del voto hispano para el Partido Republicano (GOP), aprendiendo de sus derrotas en las campañas presidenciales del 2008 y 2012, parecen actuar en contra de su prédica. Me imagino para complacer a la derecha dominante, ya que solo uno (el neuro-cirujano afro-americano Ben Carson) de los posibles 16 candidatos presidenciales para la campaña del 2016 se hizo presente en la convención anual política latina (Latino political convention de NALEO: la National Association of Latino Elected and Appointed Officials) que tuvo lugar en Las Vegas en Junio del 2015. Ted Cruz, Rubio, Jeb Bush, Rand Paul y los otros 12 posibles candidatos republicanos, presentaron solo excusas. Al contrario de los candidatos demócratas Hillary Clinton, el Senador Bernie Sanders que participaron en la convención. Sin embargo, ambos partidos están ya tratando de ganar votos hispanos para las elecciones del 2016: Hillary Clinton prometiendo que como Presidente eliminará las deportaciones (ojalá que cumpla esa promesa electoral). Jeb Bush insinuando que nombrará como vicepresidente y compañero de campaña a Brian Sandoval, gobernador de Nevada, de manera que Cristóbal Alex, presidente del Proyecto de triunfo Latino, ha declarado que nunca ha visto el que se diese tal prioridad al voto latino –y tan temprano en la campaña- de un modo significativo. Daniel Garza, Director Executivo de la asociación LIBRE respaldada por el republicano Koch, ha confesado asimismo su intención de redoblar sus esfuerzos para ganar los votos hispanos para el partido republicano. Desde ambos lados, una indicación más de la creciente importancia política de la comunidad hispana.

Entre los numerosos integrantes hispanos del poder ejecutivo contamos a Julian Castro, actual Secretario de Vivienda y Desarrollo Urbano, en la segunda presidencia de Obama, precedido décadas antes por Henry Gabriel Cisneros, luego alcalde de San Antonio, Texas[183]; también el Gabinete del presidente Obama: Hilda Solis, Secretario de Trabajo; Ken Salazar, Secretario del Interior y muchos otros . Estos ejemplos siguiendo las huellas de los primeros hispanos demócratas en diferentes áreas de Gobierno, como Lauro Fred Cavazos Jr., Secretario de Educación en el gobierno de Reagan y George H.W. Bush de 1988 a 1990, el primer hispano con un puesto en Gabinete de los Estados Unidos; Dionisio "Dennis" Chávez, demócrata de Nuevo México, que en el Congreso de Estados Unidos fue Diputado entre 1931 al 1935 y Senador de 1935 a 1962; Ezequiel Cabeza De Baca, el primer hispano elegido en la primera elección de Nuevo México en 1912, como vice-gobernador, fungiendo como su segundo gobernador en 1917; durante la administración de Bill

---

183 Fue precedido en ese cargo 140 años antes por la figura histórica de Juan Seguín, que luchó por Texas en el Alamo junto a Davy Crockett y fue el primer Alcalde hispano de San Antonio, luego por varios períodos, hasta ser echado a mano armada en el 1842 por hispanofóbicos que promulgaron en Texas la discriminación contra los mexicanos. Otro hecho ignorado por la historia oficial.

Clinton, Aída M. Álvarez, fue la primera mujer hispana en tener un cargo en el Gabinete de la Nación; William Blaine "Bill" Richardson III gobernador de Nuevo México y anteriormente Diputado, fue Embajador ante las Naciones Unidas, Secretario de Energía durante la administración de Clinton.

Al igual entre los republicanos se han dado primicias: Alberto R. Gonzáles fue el primer fiscal general de la nación hispano durante el gobierno de George Bush; y en el de su padre, la puertorriqueña Antonia Coello Novello, la primera hispana Directora General de Salud Pública (Surgeon General). Romualdo Pacheco (Primer diputado hispano elegido en 1877), luego gobernador de California. La cubanoamericana Iliana Ros-Lehtinen, la primera mujer diputada, que desde 1989 aún opera como tal, siendo la única mujer que ha presidido el poderoso comité del Congreso para Asuntos Exteriores; Octaviano Larrozolo, nacido en Mexico, elegido como el primer Senador hispano de los Estados Unidos por el Estado de Nuevo México en 1928, republicano que también fue gobernador de Nuevo México; en ese estado, Susana Martinez, se convirtió en el 2010 en la primera mujer hispana gobernadora del país. El veterano de la segunda guerra mundial, Benjamin Fernandez, el primer hispano-americano en postularse como candidato presidenncial en 1980.

Valga el hecho de que el alcalde de Los Ángeles, el hispano Antonio Villaraigosa, presidió la Convención Demócrata del 2012, año en el que la portada del *Times Magazine* con rostros latinos exhibió el título "Why Latinos will pick the Next President" en su edición del 24-2-2012. "Todos estos indicios aseguran protagonismo cada vez mayor de la vida política, cultural y artística en los Estados Unidos" de la comunidad hispana, asegura Víctor Fuentes[184]. Hasta el poeta elegido para la ceremonia de la inauguración presidencial del reelecto Presidente Obama en el 2012 fue, por primera vez hispano, mi apreciado amigo Richard Blanco, cuya poesía, si bien escrita en inglés (con incursiones en el español) versa en gran parte en su identidad y cultura cubano-americana. Con quien, como comenté en el capítulo anterior, fuimos orgullosos representantes de la diplomacia cultural estadounidense bajo el lema "Estamos Unidos" en el Festival Internacional de Poesía del 2015 en Granada, Nicaragua, con nuestros recitales, poemas, presentaciones compartidas, El Partido Demócrata impulsará también en las próximas elecciones legislativas, que se celebran en el mes de noviembre, las candidaturas de otros líderes como Angel Taveras, el primer alcalde hispano de Providence (Rhode Island) y ahora candidato a gobernador del Estado; Lucy Flores, representante estatal en Nevada y también aspirante a gobernadora; o Amanda Renteria, demócrata de California que puede convertirse en representante por aquel Estado. Y así se irán expandien-

---

184 O.C., p. 184.

do organizaciones de influencia como el *Congressional Hispanic Caucus* y otras derivadas como el Instituto de Liderazgo Hispano (*Congressional Hispanic Leadership Institute*), *Congressional Hispanic Caucus Institute*, El grupo republicano *The Congressional Hispanic Conference* (CHC) y otras. Aunque el ser un representante hispano no garantice en todas las instancias que lucharán por los intereses hispanos o la dignidad de su presencia en los Estados Unidos, como fue el caso del Congresista Henry B. González de Texas, quien votó contra la incorporación de mejicanos-americanos en el texto legislativo del Acto sobre derechos electorales, se opuso a la formación de MALDEF (El fondo de defensa legal y educación de mejicanos-americanos) y rehusó formar parte del arriba mencionado *Congressional Hispanic Caucus*.

Y el futuro del poder político de la comunidad hispana estadounidense se engrandece con la cantidad de potenciales votantes de origen hispano en los EE.UU, hispano-parlantes o bilingnües, que según el Pew Research Center alanzará en 2030 la cifra de 40 millones (casi el doble que la actual).

Además de la historia, la presencia, nos enorgullecen y estimulan los logros de otros activistas como César Chávez, héroe de la Causa con su United Farm Workers (UFW), de la que Dolores Huerta fuera una de sus creadoras y que Martin Luther King bendijo con estas palabras que le escribiese en varios telegramas. En uno le dice: "Estoy profundamente conmovido por su valentía en su huelga de hambre como su sacrificio personal para obtener justicia a través de la no-violencia... Ud. surge hoy como un ejemplo vivo de la tradición Ghandiana con su gran poder para el progreso social... Mis colegas y yo lo aplaudimos por su valentía, lo saludamos por su incansable trabajo contra la pobreza e injusticia, y rogamos por su salud y su servicio continuo como uno de los hombres más destacados de América"[185]; y en otro telegrama: "Estamos juntos con Ud. en espíritu y en la determinación de que nuestros sueños por un mañana mejor lleguen a ser realidad".[186] Los mismos hermanos Kennedy (Robert y John), se adhidieron y ayudaron a Chávez en sus luchas y huelgas de hambre.

Lo positivo supera lo negativo, aunque tenemos mucho camino por andar y áreas en las que avanzar. Con el optimismo de Silvia Puente, la mexicana-americana de Chicago, que empezó militando en el grupo de United Farmers Workers (UFW) y ahora es directora del Latino Policy Forum, podemos hoy proclamar que "la cultura

---

185 "I am deeply moved by your courage in fasting as your personal sacrifice for justice throu non-violence... You stand yoday as a living example of the Ghandian tradition with its great force for social progress... My coleagues and I commend you for your bravery, salute for your indefatigable work against poverty and injustice, and pray for your health and your continuing service as one of the outstanding men of America"
186 "We are together with you in spirit and in determination that our dreams for a better tomorrow will be realized." (Sept. 1966).

del *nosotros* va a prevalecer". Más allá incluso de lo que expone la clásica obra *West Side Story*, que trata precisamente de la problemática convivencia de la cultura hispana (específicamente puertorriqueña) con la cultura blanca predominante en un barrio de Nueva York, con los estereotipos, resentimientos, cuestionamientos en proceso de integrar la nacionalidad americana con una románticamente trágica resolución del conflicto. Dicho sea de paso, en esas producciones tan estadounidenses como son el arte cinematográfico, Hollywood y la televisión, la presencia hispana se ha hecho sentir más y en estos momentos continúa en auge, aunque aún se evite para el papel de un personaje hispano la selección de un actor hispano y tradicionalmente se haya presentado a los hispanos en situaciones negativas. Pero superar estas fallas, resaltando los aspectos positivos en este campo que ilustran las actuaciones e influencia de los pioneros como Antonio Moreno, del cubano Desiderio Alberto Arnaz (Desi Arnaz), y después las de Chita Rivera, de la puertorriqueña Rita Moreno, primera hispana en ganar un Oscar actuando como Anita, en *West Side Story*, entre tantas de sus películas como *The fabulous señorita, Latin Lovers*, En la actualidad contamos en Hollywood y otros medios masivos de espectáculos con la presencia de José Ferrer, primer hispano en ganar el Oscar, por su trabajo en *Cyrano de Bergerac*, Eugenio Derbez, luego del arrollador éxito de su película *No se aceptan devoluciones*, Javier Bardem, el actor español ganador del Oscar por su actuación en No Country for Old Men, Michael Peña, Gael García Bernal, George López, John Leguizamo, Antonio Banderas, Diego Luna, William Levy, Andy García, Jenniffer López, Salma Hayek, Benicio del Toro, Eva Longoria, Sofía Vergara, la española Penélope Cruz, ganadora del Oscar por su interpretación en *Vicky Cristina Barcelona*. Actualmente, decenas de actores, directores, compositores, fotógrafos, guionistas y diseñadores hispanos residen y trabajan en Hollywood, la llamada meca del cine y fábrica de sueños que ha cautivado al universo por más de un siglo con actuaciones memorables, efectos especiales y otras innovaciones encaminadas a inspirar la imaginación y, al mismo tiempo, garantizar el éxito de taquilla. Nombres como los arriba mencionados y muchos otros, entre ellos, Andy García, Cameron Díaz, Eva Mendes; los directores premiadosAlfonso Cuarón y Alejandro González Iñárritu, el director de fotografía Emmanuel Lubezk que durante dos años consecutivos, 2014 y 2015, han sorprendido a Hollywod con sus producciones; el hispano-cubano Néstor Almendros quien en 1978 recibió el Oscar por su dirección de fotografía; y ahora el director y guionista Rodrigo García, hijo de Gabriel García Márquez, uno de los más importantes realizadores de la televisión de Estados Unidos, habiendo dirigido episodios de las series populares como *Six Feet Under, Carnivale y The Sopranos*. Esto además de las figuras legendarias como el compositor argentino Gustavo Santaolalla quien recibió el Oscar durante dos años consecutivos, por las bandas sonoras de *Brokeback Mountain* en 2005 y Babel en 2006; el afamado Pedro Almodóvar, premiado en 1999 por *Todo sobre mi madre*, que me parece haberla visto ayer. Su compatriota el español Alejeandro Amenábar ganó la estatuilla en 2004 por *Mar adentro*. La película española

Belle Epoque, dirigida por Fernando Trueba y coronada con el Oscar en 1993. *La historia oficial*, del argentino Luis Puenzo, la obtuvo en 1985, y el español José Luis Garci con su cinta *Volver a empezar*, que fue merecidamente galardonada en 1982. Para cerrar con el maestro de maestros Luis Buñuel, cuya película *El discreto encanto de la burguesía* fue la primera en español en ser premiada con un Oscar, en 1972. Un breve pantallazo de lo que expanden detalladamente Roberto Fandiño y Joaquín Badajoz en sus artículos antes citados sobre "El cine en español en los Estados Unidos"[187] y en los que a la afirmación de Fandiño de que "el cine en español no ha tenido la presencia ni la fuerza que nuestro idioma ha logrado en otros campos –la literatura, la televisión" (p.904), Joaquín Badajoz opone seguidamente su documentación del "Siglo XXI. El *boom* 'latino' en Hollywood" (p. 904).

Aún más, el periodista Jossette Rivera en su nota titulada "Hispanos: ¿el secreto del éxito en taquilla para Hollywood?" en BBC Mundo del 1 de Octubre de 2013 sostiene que "Hollywood parece haber encontrado una fórmula comercial cada vez más efectiva para conseguir éxito en taquilla para sus películas: convocar a los latinos. Eso parecen haberlo entendido cintas como *Actividad Paranormal*, una serie de terror que va por su quinta parte y que debe parte de su éxito a la enorme cantidad de hispanos que acudieron a los cines –muchos de ellos en barrios latinos. Con una recaudación de más de US$350 millones, el estudio decidió que esta nueva secuela reflejaría a una familia latina típica en EE.UU. y hasta incluyó algunos diálogos en español, sin subtítulos. Según escribe el periodista Ben Fritz en un artículo en el Wall Street Journal, "la película bilingüe, de Viacom Inc., una división de Paramount, marca la primera vez que un gran estudio ha tomado una franquicia *mainstream*, dirigida a la audiencia general, y la hace girar alrededor de personajes latinos y su cultura […] Un estudio de la firma Nielsen asegura que los hispanos – que representan poco más de 16% de la población en EE.UU.- compran una cuarta parte de la taquilla estadounidense anualmente. Superan así proporcionalmente a los anglosajones, afroamericanos y asiáticos".

Ese optimismo y progreso se ve en muchos otros campos, como en el caso de Willie Velázquez, quien recibió en 1995, el más alto reconocimiento civil, la Medalla Presidencial de la Libertad (Presidential Medal of Freedom), por su éxito en promover programas de educación electoral y trabajar en el registro de millones de votantes. Honor que también le otorgó el Presidente Obama en el 2012 a la antes mencionada Dolores Huerta por su vida de activismo a favor de los trabajadores. Linda Lou Chávez (esposa de Christopher Gersten), activista social, luchadora por la igualguad y los derechos civiles de los hispano americanos, a veces parece un

---

187 *Enciclopedia del Español en los Estados Unidos*, pp. 867-911.

portavoz conservador de posturas aparentemente contradictorias, fue la mujer de más jerarquía en la Casa Blanca de Ronald Reagan. Otra Linda Chávez-Thompson ha sido Vice-Presidente del Comité Nacional Demócrata por muchos años y luedo primer presidenta de la Confederación de Sindicatos laborales de las Américas.

Todos los logros y avances someramente aludidos sirven para valorar la realidad exitosa de la presencia hispana estadounidense y contrarrestar ese universo inmenso, territorio vasto de ignorancia, de racismo, de discriminación, de estereotipos y prejuicios, con el apoyo de grupos neo-nazis, del Ku Klux Klan y su terrorismo, que alimentam los crímenes de odio ("hate crimes") contra los hispanos, la comunidad que sufre en mayor número estos crímenes en los EE.UU., como la encabezada por el acusado de varios crímenes y abusos el Sheriff Joe Arpaio de Arizona y su ilegal "racial profiling" (evaluación por perfil racial) que creó-en sus propias palabras- "un campo de concentración"; como asimismo por la reciente y antes mencionada aserción de Donald Trump en el lanzamiento de su candidatura para presidente republicano en el 2016 que pretende expresar creencias de la ultra derecha, denigrando a los inmigrantes mexicanos , tildándolos con generalizaciones insultantes que por su falsedad me repugna repetir. A lo largo de medio siglo de interactuar con esta mayoría de la población hispana en los Estados Unidos, he encontrado en la casi totalidad de ellos a individuos trabajores, sacrificados, decentes, que contribuyen positivamente a nuestro país. Queda, en efecto, mucho espacio por conquistar (aunque este término no sea uno de mis preferidos). Estados Unidos tampoco debe tolerar las posturas y expresiones antes mencionadas repetidamente (para no olvidar) de un Newt Gingrich, supuestamente historiador y lider político quien ignorantemente sostuvo que el español es el "lenguaje del gheto", a no ser que piense que todo el país es un gheto. O las vergonzosas, ofensivas e igualmente ignorantes afirmaciones de Samuel Huntington en sus escritos sobre "la amenaza hispana al sueño Americano" (lo paradójico es que este modo de pensar es la verdadera amenaza al sueño Americano). Más equivocado no puede estar, por ejemplo, cuando sostiene con ceguera etnocéntrica que "There is no *Americano* dream. There is only the American Dream created by an Anglo-Protestant society. Mexican-Americans will share in that and in that society only if they dream in English" ("No hay sueño Americano. Hay solamente un sueño Americano creado por la sociedad Anglo-protestante. Los mejicanos-americanos van a compartirlo y la sociedad solo si sueñan en inglés") o la angustia etnocéntrica expresada por Richard Lamm en su libro *The Immigration Time Bomb*[188], que ignora la realidad constitutiva y el desarrollo multicultural de nuestro país. Muchos de mis amigos y conocidos anglosajones ya sueñan en bilingüe, en español, en una nacionalidad verdaderamente multilingüe, multicultural, abierta, como la que inspiró la construcción de

---

188 New York, NY: Truman Talley Books, 1985.

la Basílica de la Inmaculada Concepción, que resplandece en Washington D.C., vecina al campus de la Universidad Católica y que tienen capillas de Vírgenes anglosajonas, de la Virgen de Guadalupe, de vírgenes asiáticas, afro-americanas, esa inclusión religiosa significativa de esa Iglesia que jugó un papel importante en la formación de la identidad hispana, sin desestimar los aspectos negativos. De esa Universidad (que considero mi Universidad), el profesor Enrique Pumar postula la humanización de los inmigrantes que son más que trabajadores, son familia, son una contribución personalizada a la constitución y desarrollo de la nación, una nación de inmigrantes desde sus raíces y que, por lo tanto, como se ha observado, no puede estar contra los inmigrantes. Cabe dejar constancia sobre la importancia de la Ley de Control y Reforma inmigratoria (IRCA)firmada en el año 1986 por el Presidente Reagan en cuanto, sin ser perfecta y con serias complicaciones, abrió un camino para la legalización de millones de inmigrantes (en su mayoría hispanos), que de todos modos ya eran parte de la vida de este país, aunque hubiesen llegado al mismo ilegalmente.

Y, en este contexto y el del sueño americano, es curioso que el ahora famoso proyecto de apoyo a los jóvenes inmigrantes con aspiraciones y calificados para una residencia legal, haya sido llamado el "DREAM Act" , "Ley del Sueño" (del sueño Americano abarcador, aunque las siglas se concreticen como Development, Relief and Education for Alien Minors) y que el Presidente Obama en el año 2012 bajo su programa DACA ordenara que no se deportasen, escuchando la voz generalizada del pueblo americano y los verdaderos "soñadores". Con optimismo, voy a adoptar las soluciones de Aviva Chomsky en su libro *Undocumented. How Immigration Became Illegal*[189] para plantear un futuro en la que nuestra actitud como país frente a la inmigración (que afecta principalmente a la población hispana) se formulará cambiando las premisas discriminatorias de ciudadanía y eliminando los referentes de ilegalidad basados en criterios elitistas y exclusivistas de ciudadanía, al crear fronteras y diferencias, requerimientos de documentación imposible de obtener, para proteger los intereses y prosperidad de unos pocos privilegiados explotando a la mayoría y que nuestra comunidad de inmigrantes será bienvenida e integrada como individuos que han contribuido, contribuyen y contribuirán a la continua formación y avance de la nación. Y proclamo el "sí, se puede" de la dignidad de las marchas del 2006 que triunfaron contra la propuesta antiinmigratoria de Sensenbrenner y enarbolaron a lo largo y ancho del país el aprecio, la aceptación de los inmigrantes en los EE.UU., el auspicioso futuro de nuestra comunidad.

La adaptación a estas nuevas realidades es doble: por una parte la cultura y población anglosajona debe adaptarse a la hispanidad de Estados Unidos y la creciente

---

189 Boston: Beacon Press, 2014

población y cultura hispana, sin perder ni menospreciar su identidad cultural, abolengo y legado, debe integrarse con la cultura y población anglosajona y otras comunidades estadounidenses, sumando no restando las respectivas contribuciones.

Ante estas perspectivas de progreso, de mayores alcances e implicaciones de la realidad hispana de nuestro país, debe aumentar y destacarse nuestra responsabilidad y activismo como comunidad, por ejemplo, en la creación de museos de primera línea en la Capital de los Estados Unidos y otras ciudades que contengan la historia, cultura, contribución hispana al país, en una substancial inversión en la cultura, en conservar el idioma hispano como riqueza de la familia, de la comunidad, del país en el proceso de crianza, en apoyar a las iniciativas de todo tipo que enriquezcan no solo nuestra comunidad sino la identidad estadounidense en general. Desarrollar la cantidad y valor del voto como presencia y poder en todos los puestos de liderazgo de la ciudadanía. Invertir y promover la educación en nuestra comunidad como factor de enriquecimiento y progreso, hacer valer unidos en la diversidad nuestro peso demográfico, continuar el esfuerzo de recuperar y hacer conocer, teniendo orgullo, nuestra historia, cultura, idioma, presencia, realidad del Estados Unidos hispano, no solo como tal sino como integrante decisivo de nuestra nacionalidad estadounidense multicultural, que no se puede ya más entender ni explicar sin incluir este componente fundamental. Todo esto dentro y más allá de asociaciones profesionales representativas que encabezan la batalla como la Cámara de Comercio Hispana de EE.UU. (USHCC), Sociedad de Ingenieros Profesionales Hispanos, Sociedad de Ingenieros y Científicos Latinos, Asociación Nacional de Médicos Hispanos (NHMA), Asociación Nacional de Enfermeras Hispanas , Asociación Nacional de Abogados Hispanos, Sociedad Nacional de Hispanos MBA, Asociación de Profesionales Latinos en Finanzas y Contabilidad, Asociación Nacional de Periodistas Hispanos (NAHJ), Sociedad de Ingenieros Profesionales Hispanos, Asociación Nacional de Profesionales de Bienes Raíces (NAHREP)[190]. A estas debemos añadir otras Instituciones políticas, sociales y comunitarias como LULAC, Consejo Nacional de la Raza/National Council de la Raza, CARECEN (que ahora opera como Central American Resource Center), National Association of Latino Elected and Appointed Offical, We are America Alliance, Mi Familia vota Educational Fund, Democracia USA, los ya mencionadosThe Congressional Hispanic Leadership Institute, The Congressional Hispanic Caucus Institute, además de las asociaciones académicas, culturales antes ennumeradas y otras, como los Departamentos Universitarios, The Hispanic Society of America, The Spanish Institute ambas en Nueva York, Los Institutos Cervantes de Nueva York, Chicago, Albuquerque, Seattle y la Universidad de Harvard, El Centro Cultural Español de

---

190 Más información sobre las mismas puede obtenerse en: http://www.impactony.com/las-diez-asociaciones-profesionales-latinas-mas-valiosas/#sthash.RUGGqrl8.dpuf

204

Miami, Fundación Cultura Hispánica de los Estados Unidos, la Association for Hispanic Classical Theater (ACHT), Cervantes Society of America (CSA), Latin American Studies Association (LASA), National Association of Hispanic and Latino Studies, numerosos Centros Culturales de paises o grupos hispanos como el de Cuba en Miami, Centro Cultural Puertorriqueño en Springfield, Massachussets, National Hispanic Cultural Center (NHCC) en Alburquerque, Nuevo Méjico, de Cleveland, de Miami, de San Marcos, Texas, de Nueva York, de Connecticut, de Idaho y de numerosas otras localidades. Las relacionadas con las artes como NALAC (Association of Latino Arts and Cultures), el Smithsonian Latino Center, además de la antes mencionada National Hispanic Foundation for the arts. Esta lista no es para nada exhaustiva y sirve solo de indicador de la efervecencia de la presencia hispana actual en los Estados Unidos.Cabe también señalar que esta expansion y muchas de estas asociaciones han surgido en los últimos treinta años, una señal prometedora del florecimiento cada vez más expansivo de la comunidad hispanounidense.

Como he ilustrado con lujo de puntualizaciones, hoy en día y en el futuro, los escritores, los artistas, los líderes, no necesitamos ser cautos sobre nuestros orígenes, ni en el uso de nuestro idioma en nuestro país, porque nos pertenece y pertenecemos al mismo como todos los otros ciudadanos y somos ciudadanos de la hispanoamérica estadounidense. Superando lo que señaló William Carlos Williams, uno de los poetas más influyentes del siglo XX, de origen hispano, hijo de una madre puertorriqueña que insistió en su formación bilingüe y bicultural, "De muchos modos, España y los españoles del siglo XVI y XVII están más cercanos a nosotros en Estados Unidos hoy que lo que acaso Inglaterra alguna vez lo estuviera. Es un punto digno de al menos ser tomado en consideración. Nosotros en los Estados Unidos estamos climáticamente en lo que se refiere a latitud y clima más cercanos a España que Inglaterra, como también en la volatidad de nuestros espíritus, en la mezcla racial más parecidos a la España gótica y mora". Porque más allá de España, como lo destacaba nuestro fundador, Thomas Jefferson, somos parte de la América hispánica que se extiende del polo norte al polo sur, y que literalmente conforma con individuos de toda esa procedencia nuestra ciudadanía hispanounidense histórica, actual y venidera.

En el futuro, en el compromiso de desarrollo y prosperidad de nuestro país, tal cual dice un escudo que da la Embajada de los Estados Unidos en Nicaragua representando nuestra nación: ESTAMOS UNIDOS. El Decano de Educación de la UCLA, Marcelo Suárez Orozco, sostuvo "sin un futuro feliz para nuestra comunidad latina no hay un futuro feliz para Estados Unidos", palabras con las que concluyen los expertos que tomaron parte en el *Foro El futuro es hoy*, celebrado en el 2013, con la participación destacada de la actriz y activista Eva Longoria, moderado por la personalidad televisiva Jorge Ramos.

En el 2012 en la Cumbre Nacional de Hispanos Estadounidenses se estableció que "es un momento crítico para nuestro país, y el papel de la comunidad hispana estadounidense en nuestra nación. La Cumbre Nacional de NAA tiene dos propósitos: el primero, cambiar el tono y el contenido del discurso referente a los hispanos estadounidenses de un enfoque estrecho a la definición más amplia y exacta de quiénes somos, y de lo que representan nuestras contribuciones al liderazgo global y prosperidad continua de nuestra nación" (palabras del Honorable Roel C. Campos, ex Comisionado de Valores e Intercambio de los Estados Unidos, Presidente de la Junta de New American Alliance (NAA). Hoy, celebramos todo el año, todo el tiempo presente y futuro de nuestro país, más que el mes de la Herencia Hispana, que se estableció en 1968, cuando el Presidente Lyndon B. Johnson declaró una semana en septiembre como la Semana Nacional de la Herencia Hispana y que se extendió en 1988 a un mes entero, del 15 de septiembre al 15 de octubre, para –según el texto oficial del gobierno- "honrar la herencia hispana de este país. Durante este mes, Estados Unidos celebra la cultura y las tradiciones de aquellos residentes que tienen sus raíces en España, México y los países hispanos de América Central, Sudamérica y el Caribe… Hoy más que nunca los estadounidenses de origen hispano desempeñan un papel integral en el desarrollo y crecimiento del país. Cada vez más hispanos alcanzan posiciones de liderazgo en el Gobierno, el sistema judicial, la aeronáutica, los negocios, las fuerzas armadas, los deportes, las ciencias de la salud y del medio ambiente, las artes y muchas otras ocupaciones clave en el crecimiento económico y desarrollo social del país. La influencia de la cultura hispana se refleja en múltiples aspectos de la vida cotidiana de los estadounidenses, contribuyendo a su progreso y diversificación." Las "industrias" culturales observan un crecimiento prometedor en el campo cultural hispano-unidense. Radio, TV, Música, Cine, Empresas editoriales pueden contribuir y sustentar este crecimiento no solo por motivos económicos, de consumo, sino también con la responsabilidad de plasmar de vista al futuro, considerando el presente y pasado, sus contenidos, con la gestión de la identidad, cultura, temas, preocupaciones, configuración de la comunidad hispana de los Estados Unidos, el segundo país hispano-parlante del mundo. Y, en este campo identitario me permito aludir, como ejemplo en la historia del Cine, en la que a pesar de la discriminación, racismo, ha habido una rica realidad de convivencia con la más "famosa" cultura dominante. Como destaca Victor Fuentes, la Organización Nacional "Congreso del Pueblo de Habla Española", impulsada por activistas como Luisa Moreno y Josefina Fierro de Bright, Roberto Galvan, Carlos Montalvo, en su campaña de lucha por la justicia social, dignidad del pueblo, antifacismo, fue apoyada financiera y políticamente por celebridades de la talla de Anthony Quinn, Dolores del Río, Orson Welles, los famosísimos de Hollywood Gary Cooper, Judy Garland y John Wayne, quien en aquel entonces admiraba al presidente Roosevelt y las causas progresistas, casándose con Josefina Alicia Sáenz, y le puso un nombre hispano a una de sus hijas, María Antonia, y pidió que en su tumba se pusiera el epitafio de "Feo, fuerte y formal".

Hay incluso otro aspecto interesante que nos permite ser optimistas en relación al mañana. El Centro de Control de Enfermedades de Estados Unidos (el CDC) acaba de anunciar que la población hispana de los Estados Unidos tiene paradójicamente indicaciones estadísticas de ser más saludable que la población blanca no-hispana de los Estados Unidos, sufriendo un 35% menos enfermedades cardíacas, un 49% menos de cáncer; también menos Alzheimer, enfermedades cerebrovasculares, neunomía, etc. A pesar de su desventaja socio-económica, la población hispanounidense vive más tiempo (un promedio de dos años), debido según el CDC, a varios factores, incluyendo modos de vida, un porcentaje menor de fumadores, ser un promedio de 15 años más joven que la población blanca estadounidense.

Vale la pena sí, que, además de la libre y acelerada presencia y expansión de nuestro idioma español de y en los Estados Unidos, como lo ha hecho entre otros, el destacado, valiente y desembarazado periodista Geraldo Rivera, autor de *His-panic. Why Americans fear Hispanics in the U.S.*[191], que nuestra comunidad también pese y se haga valer en inglés. Lo haga en todas las faces en las que los hispanos actuemos orgullosos de ser hispanos, ante la comunidad anglosajona predominante, con el "Sí, se puede" presidencial, luchando contra la discriminación, el racismo, el antagonismo, el trato de los inmigrantes hispanos, reclamando que se reconozca y adopte nacionalmente el valor de nuestra historia, cultura, idioma y contribución hispana a la gran e inclusiva nación de los Estados Unidos, en todo su vigor, competencia, valentía, compasión, adaptabilidad, sentido de justicia social y dignidad humana, apertura en su vida doméstica y responsabilidades universales. Esta presencia en inglés de la comunidad hispanounidense debe estar en todas las esferas: el Gobierno, la económica, la educativa, la informática (en las radios y canales de televisión del establecimiento o mainstream), la social, la histórica, la planificación, en fin, repitiendo a Whitman, como una "de las partes más necesarias a esa compleja identidad Americana" (también, en sus palabras "grandiosas").

Las estadísticas aquí utilizadas de diversos años y décadas pasadas se actualizarán con una progresión ilusionante. Nuestra rica historia y realidad se consolidará positivamente. Por eso en vista de todo lo expuesto y las curiosas divagaciones, antes, con y después de "Los peregrinos", la vigorosa presencia hispana hará que se cumpla para siempre en nuestro contexto y felizmente, la visión de mis versos en el poema "La versión oficial"

Esa historia ya está escrita
en la piedra inalterable del tiempo

---

191 Nueva York, Celebra, Penguin Group, 2009.

que desafía temporales y temperamentos
y a los que quieren dictatorialmente
jugar con los hechos.
La historia se quedó allí sólida
con la elocuencia sobria
de su presencia solemne
de ese pasado que no ha permitido
ni ha podido ser forzado al silencio.
La historia tiene la eternidad del hombre
y la complicidad del universo.

(13 de mayo de 1987)

Y así celebraremos para siempre y cada vez más **¡El Estados Unidos hispano de ayer, hoy y siempre!** Estas páginas han pretendido simplemente servir de estímulo, de testimonio, de una invitación a conocer y promulgar nuestra presencia de 500 años, un grito de orgullo y esperanza.

BIBLIOGRAFÍA

Alegría, Fernando, Jorge Ruffinelli. *Paradise Lost or Gained?: The Literature of Hispanic Exile*, Ed. Arte Publico Press, 1991.

Ambroggio, Luis Alberto. "La poesía puertorriqueña". *Enciclopedia del Español en los Estados Unidos*. Humberto López Morales, Coordinador. Madrid: Ed. Santillana, 2008. 672-77.

"Poesía de Estados Unidos en Español". *Hispanos en los Estados Unidos*. Gerardo Piña et al, Ed. Nueva York: Columbia University, 2004. 197-213. Actualizado en www.ildialogo.org/poesia/islanegra128especialeupoen.pdf -

"Poesía del exilio argentino en los Estados Unidos". *Isla Negra* 3:128, Febrero 2008, 21-28 en www.ildialogo.org/poesia/islanegra128especialeupoen.pdf -

"Poesía mexicano-americana en los Estados Unidos". *Correo Cultural* Guanajuato, Julio 2007, en http://www.correo-gto.com.mx/notas.asp?id=33442 .

Homenaje al Camino, Córdoba: Ed. Alción, 2012.

Poemas Desterrados. Buenos Aires: Allicia Gallegos Ed., 1995.

Al pie de la Casa Blanca. Poetas Hispanos de Washington, D.C., coeditada con Carlos Parada Ayala, Nueva York, Academia Norteamericana de la Lengua Española, 2010.

En el jardín de los vientos. Obra Poética 1974-2014. Carlos Paldao y Rosa Tezanos-Pinto eds. Nueva York: Academia Norteamericana de la Lengua Española, 2014.

Anzaldúa, Gloria. *Borderlands/ La Frontera: The New Mestiza*. San Francisco: Aunt Lute Books, 1999.

Bloom. Harold. *The Anxiety of Influence: A Theory of Poetry*. New York: Oxford University Press, 1973; 2nd ed., 1997.

Brintrup, Lilianet, Juan A. Epple, Carmen de Mora, eds. *La Poesía Hispánica de los Estados Unidos*. Sevilla: Universidad de Sevilla, 2001.

Crespo-Francés, J.A. *El legado de Juan de Oñate: los últimos días del Adelantado*, Sevilla : Arboleda, 2003.

Don Pedro Menéndez de Avilés: deuda histórica con un soldado ignorado de Felipe II. Madrid : J.A. Crespo-Francés, 2000.

Juan de Oñate y el Paso del Río Grande: el Camino Real de Tierra Adentro (1598-1998), editado con Mercedes Junquera, Madrid: Ministerio de Defensa, 1998.

La expedición de Juan de Oñate: 30 de abril de 1598. Madrid : Sotuer, D.L. 1997.

Cota-Cárdenas, Margarita. *Noches despertando inConciencias* . Tucson: Scorpion Press, 1975. 2.ª ed. , 1977.

De Arrieta Martinez, Mónica (2005), "Cuando escribir también es recordar: Michel Tournier y Jorge Luis Borges". De Martíni, Cristina Elgue et al, eds. *Espacio, Memoria e Identidad, Configuraciones en la Literatura Comparada*. Vol. II. Córdoba: Comunic-arte Editorial, 2005. 865-78.

De Martini, Cristina Elgue et al, eds. *Espacio, Memoria e Identidad, Configuraciones en la Literatura Comparada*, Córdoba, Comunic-arte Editorial, Vol. II. Córdoba: Comunicarte Editorial, 2005.

Dumitrescu, Domnita, *El español en los Estados Unidos: E Pluribus Unum? Enfoques Multidisciplinarios* (Colección Estudios Lingüísticos), Nueva York: Academia Norteamericana de la Lengua Española, 2013.

Falconí José Luis and José Antonio Mazzotti, Eds. *The Other Latinos*. Nueva York: David Rockefeller Center Series on Latin American Studies, 2008.

Fernández-Armesto, Felipe, *Our America: A Hispanic History of the United States*. Nueva York, W.W. Norton and Company, 2014.

210

Fuentes, Víctor, *California Hispano-Mexicana*, Nueva York: Academia Norteamericana de la Lengua Española, 2014.

García Canclini, Néstor. *Culturas híbridas. Estrategias para entrar y salir de la Modernidad.* México: Grijalbo, 1990.

García, Jorge, *Hispanic/Latino Identity. A Philophical Perspective*, Malden, MA: Blackwell Publishers, 2000.

González, Ángel, *Palabra sobre palabra*, Barcelona: Seix Barral, 2005 (Poesía completa).

González, Juan, *Havest of Empire, A History of Latinos in America*, Nueva York, Penguin Books; Revised edition, 2011.

Grüner, Eduardo, *El sitio de la mirada*, Buenos Aires: Norma, 2002.

Halliday, E.M., *Understanding Thomas Jefferson*, New York, HarpersCollins Publishing: 2001.

Hayes, Kevin J., *The Road to Monticello, The Life and Mind of Thomas Jefferson*. Oxford University Press: 2008.

Jefferson, Thomas, *The Life and selected writings of Thomas Jefferson*, editado por Adrienne Koch y William Pedren, New York, The Modern Library: 1998. (Citada en las notas "*Life*:1998").

The papers of Thomas Jefferson. Colección de 32 volúmenes iniciada por Julian P. Boyd et al., Princeton N.J., Princeton University Press: 1950- (Citados en las notas "*Papers*").

The papers of Thomas Jefferson, Retirement Series. J. Jefferson Looney et al, eds., Princeton: Princeton University Press: 2004. (Un volumen publicado hasta la fecha. Citado en las notas "*Papers*").

The Jeffersonian Cyclopedia, a comprehensive collection of views of Thomas Jefferson. John P. Folley, ed. New York: Funk and Wagnalls Company: 1900. (Citada en las notas "Cyclopedia").

Jiménez, Juan Ramón. *Diary of a Newly Wed Poet, a bilingual edition of Diario de un poeta recién casado*, Trasnlation by Hugh A. Harter, Cranbury, NJ: Associated University Presses, 2004.

Tercera antolojía poética (1898-1953). Madrid: Editorial Biblioteca Nueva, 1957.

"A Enrique Díez-Canedo". *Cartas literarias*. Ciudad, Editorial, ¿1943?

Kanellos, Nicholas, Ed. *En otra Voz*. *Antología de la literatura hispana de los Estados Unidos*, Houston: Arte Publico Press, 2002.

Leal, Luis. "Las cuatro presencias en el patrimonio literario del pueblo chicano". *Antología de literatura latina, Cruzando puentes II, Ventana Abierta*. 7.25 (Otoño 2008): 8-18.

Lipski, John M., *El español de América*, Madrid: Cátedra, 1996.

Lomeli, Francisco, Nicholas Kanellos and Claudio Esteva-Fabregat, Eds. *Handbook of Hispanic Cultures in the United States: Literature and Art*. Houston: Arte Público Press, 1993.

López García-Molins, Ángel, *El español de Estados Unidos y el problema de la norma lingüística*. Nueva York: Academia Norteamericana de la Lengua Española, 2014.

López, Heriberto. "Canclinización de la frontera. Lo post-transfronterizo". *Literal. Latin American Voice* (verano 2010): 26-28.

López-Luaces, Martha. "Nueva York como motivo de ruptura estética en la poesía española: Juan Ramón Jiménez, García Lorca y José Hierro", en *Fundación Carolina*, Junio 2007, pp. 1-6.

López Morales, Humberto, Coordinador de la edición. *Enciclopedia del Español en los Estados Unidos*, Madrid: Ed. Santillana: 2008.

Mapp, Alf J. Jr. *Thomas Jefferson: A Strange Case of Mistaken Identity*, Lanham, Madison Books: 1987.

Thomas Jefferson: Passionate Pilgrim, Lanham, Madison Books: 1993.

Mier, Matt S. and Ribero, Feliciano, *Mexican-American/American Mexican. From Conquistadores to Chicanos*, Hill and Wang; Rev Sub edition, 1994.

Mora, Pat. *My own true name: new and selected poems for young adults*, 1984-1999. Houston: Arte Público Press: 2000.

Nagy, Silvia *El arte de vivir: Aproximaciones críticas a la obra poética de Pedro Lastra*. Co-edición con Luis Correa-Díaz. Santiago de Chile: RIL/La Biblioteca Nacional de Chile, 2007.

O'Connor, Kathleen. Curso "Modernism and the Avant-Garde Movements in Latin America". SUNY Old Westbury College, Primavera 2010.

Palau de Nemes, Graciela. "El fondo del exilio de Juan Ramón Jiménez". *El exilio de las Españas de 1939 en las Américas: ¿adónde fue la canción?* José María Naharro Calderón, ed. Madrid: Anthropos, 1991.

Piña-Rosales, Gerardo, ed. *Escritores españoles en los Estados Unidos*. New York: Academia Norteamericana de la Lengua Española, 2007.

Randall, Willard Sterne, *Thomas Jefferson. A life*, New York, Henry Holt and Company: 1993.

Rivera, Geraldo, *His-panic. Why Americans fear Hispanics in the U.S.* Nueva York, Celebra, Penguin Group, 2009.

Rizk, Beatriz J., "El teatro latino de Estados Unidos,", *Tramoya*, 22, 1990, 7-20.

"Latino Theater in the Unites States: the Importance of Being the Other", en Luis Ramos García By Luis Ramos-García *The State of Latino Theater in the United States: Hibridity, Transculturation, and Identity*. Ramos-Garcia, Luis, Routledge, 2002. 2002, pp. 1-13

"El teatro de las comunidades latinas en Estados Unidos y su relación con un contexto social determinado". (Centro de Investigaciones del Nuevo Teatro), pp. 179-193.

Silva-Corvalán, Carmen, *Sociolingüistica y pragmática del español*, Washington DC, Gerogetown University Press, 2001.

Soldán, Paz y Fuguet, Alberto, *Se habla español: voces latinas en USA*, Alfaguara, 2001.

Solís, Pedro Xavier. *Pablo Antonio Cuadra Itinerario*, Academia Nicargüense de la Lengua, Managua: 2008.

Stevens, Wallace. *El elemento irracional en la poesía*. Córdoba: Alción Editora, 2010.

Suárez, Ray, *Latino Americanos: El legado de 500 años que dio forma a una nación*. Nueva York, Calebra, Penguin Group, 2013

Tezanos-Pinto, Rosa. *El exilio y la palabra. La trashumancia de un escritor argentino-estadounidense*. Buenos Aires: Ed. Vinciguerra, 2012.

Zeleny, Mayra, Editor. *El cuerpo y la letra. La poética de Luis Alberto Ambroggio* Nueva York: Academia Norteamericana de la Lengua Española, 2008.

SOBRE EL AUTOR

LUIS ALBERTO AMBROGGIO (Argentina 1945), calificado por la Revista de la Casa de América, como *"Representante destacado en la vanguardia de la poesía hispanoamericana en los Estados Unidos"*, es miembro de la Academia Norteamericana de la Lengua Española, la Real Academia Española y del PEN. Ciudadano de los EE.UU. donde reside desde 1967 con un Doctorado en Filosofía, estudios doctorales en Ciencias Sociales (PhD AbD) y Administración de Empresas (MBA). Ha impartido seminarios como Profesor invitado en las Universidades de Massachusetts y Florida Gulf Coast University. Ganador de la Convocatoria de la TVE sobre poemas de la soledad en 2004, del premio internacional Simón Bolivar, la beca *Fullbright Hays*, Orden de los Descubridores de la Hispanic National Honor Society, entre otros premios y reconocimientos, como el Doctorado Honoris Causa por la WAAC, Israel, Ambroggio es miembro, de instituciones literarias como la Academy of American Poets, Prometeo, la Asociación Canadiense de Hispanistas. Nombrado Enviado Cultural del Departamento de Estado en Nicaragua y El Salvador y Curador del Smithsonian Institution para eventos poéticos.

Más de veinte libros publicados hasta la fecha contienen su escritura que abarca más de medio siglo de creación: *Poemas de amor y vida* (1987), *Hombre del aire* (1992), *Oda ensimismada* (1992), *Poemas desterrados* (1995), *Los habitantes del poeta* (1997), *Por si amanece: cantos de Guerra* (1997), *El testigo se desnuda* (2002), *Laberintos de Humo* (2005), *Los tres esposos de la noche* (2005), *La desnudez del asombro* (2009), *Homenaje al Camino* (2012), *Todos somos Whitman* (2014) y la edición crítica publicada en el 2014 por la Academia Norteamericana de la Lengua Española a cargo de los académicos Carlos Paldao y Rosa Tezanos-Pinto, *En el Jardín de los vientos. Obra poética* 1974-2014, elegido como uno de los libros más importantes del 2014 en una encuesta a diez de los más destacados escritores argentinos. Cross-Cultural Communications de Nueva York publicó la antología bilingüe *Difficult Beauty* cuya editora es la poeta Yvette Neisser Moreno

(2009: con prólogo del ganador del premio Pulitzer Oscar Hijuelos) y Vaso Roto Ediciones de Barcelona y México, *La arqueología del viento/The wind's archeology* (2011: 2013 International Latino Best Book Award, traducido por la poeta Naomi Ayala). Además del inglés, sus poemas han sido traducidos al francés, hebreo, coreano, chino, japonés, catalán, portugués, italiano, turco y rumano, y forman parte de Antologías en la red, Europa, Oriente Medio, América Latina y los EE.UU. (entre ellas: *Antología de la Nueva Poesía Hispanoamericana, Muestra del siglo XXI, Tigertail Annual Florida Southwest Anthology, Prometeo, Tejedores de Palabras, Poetic Voices Without Borders, DC Poets Against the War, Red Hot Salsa y Cool Salsa* descripta por *Publishers Weekly* como picante como jalapeños y suave como jazz que sirve "inglés con salsa"), de numerosas revistas (*Linden Lane Magazine, Hispanic Culture Review, International Poetry Review, Beltway Poetry, Alba de América, Scholastic, La Pájara Pinta, La Urpila, O Boemio*), suplementos culturales (*El Universal de Caracas, La Prensa y El Nuevo Diario de Nicaragua ,La Gaceta Iberoamericana, La Gaceta de Tucumán*) y en textos de Literatura como Pasajes, *Encuentros y Bridges to Literature*. Ha participado invitado por Instituciones oficiales y Privadas en Congresos, Festivales, Encuentros en Europa, el Oriente Medio, Centroamérica, América del Sur, México, Estados Unidos y Canadá, dando conferencias en más de treinta universidades y Bibliotecas Nacionales.

La Academia Norteamericana de la Lengua Española también ha publicado un volumen con estudios críticos sobre su poética titulado *El Cuerpo y la Letra*, editada por Mayra Zeleny (2008), el Centro de Estudios Latinos de la Universidad de Indiana bajo la dirección de la Dra. Rosa Tezanos-Pinto ha editado *El exilio y la Palabra. La trashumancia de un escritor argentino-estadounidense* (2012) y la Universidad Nacional de Tucumán, *La metáfora del poder en la lírica de Luis Alberto Ambroggio* de la Dra. Adriana Corda. (2015).

Luis Alberto Ambroggio compiló las antologías: *Argentina en Verso* (1993), *De Azul a Rojo. Voces de poetas nicaragüenses del siglo XXI* (2011), y *Labios de Arena* (2014). Coeditó con Carlos Parada *Al pie de la Casa Blanca. Poetas Hispanos de Washington D.C.* (2010), publicada por la Academia Norteamericana de la Lengua Española, la *Antología Festival Latinoamericano de Poesía. Ciudad de Nueva York 2012*. Nueva York: Urpi Editores, 2012, con Carlos Aguasaco et al., Mutilingual Antholgy, (The Americas Poetry Festival of New York, Arte Poética Press, 2014). Ha traducido del inglés al español, entre otros, poemas de D.H. Lawrence, Dylan Thomas, William Carlos Williams y publicado en edición bilingüe la poesía selecta de Robert Pinsky (*Ginza Samba*, Vaso Roto Ed. 2014).

Su trabajo como crítico se concentra en las áreas de la poesía escrita en español en los EE.UU. con artículos publicados en el volumen *Los Hispanos en los Estados Unidos* de Columbia University, en el Fondo Documental de Prometeo de Madrid y en el documento extraordinario de la *Enciclopedia del Español de los Estados Unidos*, publicada por el Instituto Cervantes y la editorial Santillana. También en las áreas de Filosofía y Poesía, Thomas Jefferson y el Español, el elemento hispano en la democracia poética de Walt Whitman, habiendo publicado el libro de ensayos *El arte de escribir poemas. Apuntes para no llevar necesariamente el apunte* (2009) y en narrativa *Cuentos de viaje para siete cuerdas y otras metafísicas* (2013: con prólogo de Lauro Zavala).

Asimismo ha contribuido con ensayos sobre bilingüismo e identidad en Canadá y sobre grandes poetas como, entre otros, Jorge Luis Borges, Gabriela Mistral, Pablo Antonio Cuadra y Rubén Darío (aparecidos en las Revista Centroamericana de ensayos *Decenio, El Suplemento Cultural del Diario La Prensa de Nicaragua,* la Revista Literaria *Carátula* dirigida por Sergio Ramírez), siendo reconocido por esta labor crítica como miembro honorario del Instituto y Patrimonio Cultural Rubén Darío de Nicaragua, del Centro Poético Colombiano, del Instituto Literario Cultural Hispano de la Universidad de California, entre otras instituciones. Sus artículos han aparecido en libros y periódicos como *El Universal de Venezuela, The Chicago Tribune, La Gaceta Iberoamericana, Conscientization for Liberation, Gabriela Mistral y los Estados Unidos*, entre otros. Como miembro de PEN ha escrito sobre literatura y algunos de sus más destacados exponentes de la actualidad como Mario Vargas Llosa, Umberto Ecco, Salman Rushdie y otros escritores internacionalmente reconocidos.

Su obra poética ha sido seleccionada para los Archivos de Literatura Hispano-Americana de la Biblioteca del Congreso de los EE.UU.

Este libro se terminó de editar
el 9 de Septiembre de 2015
en el condado de Suffolk, Long Island, Nueva York,
bajo el sello de Long Island al Día Editores
33 Chestnut Street
Central Islip, New York 11722
Teléfono (631)241-0913

―――――――

Segunda edición revisada Agosto 3 de 2017

94867673R00124

Made in the USA
Columbia, SC
08 May 2018